Que ferait **Freud** à ma place ?

Sarah Tomley

Que ferait **Freud** à ma place ?

La PSYCHO appliquée à mon quotidien

Sarah Tomley

hachette

Publié pour la première fois au Royaume-Uni en 2017 par Cassell, une filiale du groupe
Octopus Publishing Group Ltd - Carmelite House - 50 Victoria Embankment- London EC4Y 0DZ

58, rue Jean Bleuzen – 92178 Vanves Cedex

Direction Hachette Pratique : Catherine Saunier-Talec
Responsable d'édition : Stéphane Rosa
Édition : Séverine Corson-Schneider
Responsable artistique : Antoine Béon
Traduction et mise en pages : Anne-Laure Estèves
Correction : Margo Vitrac
Fabrication : Amélie Latsch
Responsable partenariats : Sophie Morier (smorier@hachette-livre.fr)

Dépôt légal : février 2018
2378005/ 01
ISBN : 978-2-01-391920-3
Imprimé en Chine

Sommaire

Introduction 6

Chapitre 1 : Qui suis-je vraiment ? 8

Je ne devrais pas, mais tu me donnes le dernier morceau de gâteau ? • J'aime rester tout.e seul.e dans mon coin. C'est bizarre ? • Pourquoi est-ce que je fais toujours tout au dernier moment ? • Suis-je attentionné.e ou suis-je une carpette ? • C'était juste une blague ! • Pourquoi faut-il toujours que ça m'arrive ? • Il n'y a pas que le travail dans la vie… • Si j'étais plus égoïste, est-ce que je m'éclaterais davantage ?

Chapitre 2 : Pourquoi est-ce que j'agis ainsi ? 40

Je regarde mon téléphone sans arrêt. J'aimerais réussir à me concentrer... • J'ai quarante ans et je rêve d'une Ferrari. Où est le problème ? • Je suis d'un naturel calme, mais au volant, je suis parfois pris.e de fureur. • Pourquoi fais-je tout ça bénévolement ? • Je mens toujours quand elle demande : « Est-ce que ça me fait de grosses fesses ? » Pourquoi ? • J'ai peur de l'avion. Que puis-je faire ? • Hier, j'ai conduit excessivement vite. Où avais-je donc la tête ? • Pourquoi est-ce que je continue à regarder un feuilleton télé tous les soirs ? • Je me comporte bizarrement face aux parents de mon ami.e. Pourquoi ? • Pourquoi est-ce que j'achète toujours la même marque ?

Chapitre 3 : Les autres 84

Pourquoi je ne trouve pas l'amour ? • Pourquoi ce nouveau se montre-t-il si gentil envers moi ? • Comment convaincre mon ado de fille de ne pas se faire tatouer ? • Je vis avec un.e imbécile... • Mon couple va très bien, alors pourquoi je songe à avoir une liaison ? • Comment empêcher qu'il me retire de sa liste d'amis sur les réseaux sociaux ? • Pourquoi mon chef est-il si méchant ? • Ma famille est un cauchemar. Devrais-je couper les ponts ? • Ma moitié me ment-elle ? • Ma chef est géniale : elle est rapide, claire, organisée et même bien habillée. Pourquoi ne suis-je pas comme elle ?

Chapitre 4 : Que se passe-t-il ? 128

Pourquoi dis-je toujours des choses gênantes ? • Qu'est-ce qui nous plaît vraiment dans *Harry Potter* ? • Je regrette d'avoir vendu cette maison. • Dois-je travailler pour le plaisir ou l'argent ? • Pourquoi j'achète toujours ce qu'il y a de plus cher ? • À quoi bon ?

Chapitre 5 : Comment m'améliorer ? 158

Pourquoi je n'arrive pas à perdre du poids ? • J'ai peur d'évoluer dans ma carrière. Comment puis-je changer ça ? • Comment puis-je être plus creatif/ive ? • Parler en public, quel enfer ! • Dois-je faire du droit, comme le veut mon père, ou créer un groupe de rock ? • J'ai du mal à gérer les moments difficiles...

Bibliographie 184

Index 188

Introduction

La psychologie est une discipline récente, née à la fin du XIXe siècle, par l'entremise des deux « pères » de la psychologie modernes : le scientifique allemand Wilhelm Wundt, qui a ouvert le premier institut (et laboratoire) de psychologie au monde, et le philosophe américain William James. Wundt basait ses études sur des données scientifiques, tandis que James avait une approche plus subjective. Son ouvrage célèbre, *The Principles of Psychology* (Les principes de la psychologie) (1890), explorait des sujets fondamentaux tels que la conscience, la mémoire, l'imagination, la réflexion, l'intention et le courant de pensée.

Le phénomène de la conscience était déjà difficile à appréhender, mais les travaux de Jean-Martin Charcot, médecin à l'hôpital de la Salpêtrière à Paris, ont encore compliqué les choses. Il a émis l'hypothèse que certains symptômes physiologiques lourds, comme la cécité ou la surdité, pourraient être liés à des troubles psychologiques. Selon Charcot, ce serait dû au fait que la conscience est divisée en deux parties distinctes qui, selon les termes de James, « s'ignorent mutuellement ». C'est ainsi qu'est apparue la notion d'inconscient.

Quelques années plus tard, en 1885, un jeune médecin du nom de Sigmund Freud est arrivé à Paris pour étudier avec le grand Charcot. Fasciné par l'idée d'une zone inconsciente à l'intérieur même de l'esprit humain, il a acquis la conviction que c'était cette partie inatteignable du cerveau qui gouvernait nos pensées et nos actions. Freud a compris que les symptômes « hystériques » qu'étudiait Charcot n'avaient pas seulement une cause psychologique, mais qu'ils étaient aussi porteurs de sens. Il s'est dit que, s'il était possible d'atteindre l'inconscient – peut-être à travers ses manifestations dans les rêves, les lapsus et les actes manqués –, on pourrait déterminer cette signification et soulager les symptômes de la personne. C'était le début de la « cure par la parole », ou psychanalyse.

Une discipline divisée

La psychologie et la psychothérapie (dont la psychanalyse) n'ont pas du tout la même approche et ne se sont pas toujours vues d'un bon œil. Les psychologues ont tendance à se rallier derrière Wundt et considèrent leur travail comme scientifique et objectif; la plupart d'entre eux pensent que l'efficacité des psychothérapeutes est inquantifiable et n'a pas fait ses preuves. Pour eux, elle est donc très discutable. Dans l'autre camp, les avis sont tout aussi sceptiques : les psychologues étudient peut-être le fonctionnement du cerveau, font remarquer les psychothérapeutes, mais ils perdent la personne de vue. L'esprit ne se résume pas au cerveau et les êtres humains ne sont pas des machines, même si les comportementalistes ont tenté de nous le faire croire. Ils pointent du doigt des psychologues comme B F Skinner (voir p. 44) et John Watson (voir p. 80), dont les travaux faisaient autorité (et ont éveillé l'intérêt du public) dans les années 1950 et qui ont cherché à démontrer que les gens pourraient être conditionnés pour répondre à des stimuli de façon aussi prévisible que des animaux.

Leurs travaux ont été remis en question par les thérapies cognitives, puis par les thérapies cognitivo-comportementales (TCC), apparues dans les années 1950 et portées par les travaux d'Albert Ellis (voir p. 107) et d'Aaron Beck (voir p. 29). Pour ces psychologues, un processus intermédiaire, comme l'attention, la perception ou la mémoire, prend place entre le stimulus et la réponse étudiée par les comportementalistes. Selon eux, c'est la différence fondamentale entre nous et les autres animaux, et en étudiant ces processus, nous pourrions comprendre tout notre fonctionnement mental.

Malgré les attaques, les psychanalystes ont persévéré en insistant sur l'existence d'un degré de l'esprit humain qu'aucune approche cognitiviste ou comportementale ne pourra jamais amener à un niveau explicite. Dans les années 1990, les neurosciences ont établi des faits allant dans le même sens : certaines zones du cerveau fonctionnent (pensent) de façon implicite, au-delà de toute action consciente, et contrôlent la majeure partie de ce que nous faisons, supposons et escomptons. Plus récemment, le psychologue Daniel Kahneman (voir p. 52) a étudié les biais cognitifs inconscients, tandis que le neurobiologiste Jaak Panksepp (voir p. 50) a montré que les sept types primaires de systèmes d'émotions sont situés dans la région sous-corticale.

Psychothérapeutes et psychanalystes continuent à s'intéresser à la psyché, cette part mystérieuse de l'individu qui se manifeste à travers des actes irrationnels (voir p. 46) et des préférences (voir p. 150) que même la personne concernée ne saurait expliquer. Comme le suggèrent Eric Berne (voir p. 59), et Karen Horney (voir p. 176) nous n'avons pas un seul esprit, mais plusieurs. Et nous séparons les autres personnes également en deux, d'après Melanie Klein (voir p. 123). Et une grande partie de tout cela dépend des tout premiers apprentissages (voir p. 98), qui semblent mettre en place notre compréhension de nous-mêmes, des autres et du monde (voir p. 30).

De la théorie à la pratique

Ce livre repose sur un système de questions/réponses, pour montrer comment les théories de certains des plus grands psychothérapeutes, psychanalystes et psychologues peuvent être appliquées à notre quotidien. L'ouvrage vous fera ainsi découvrir différentes voies pour comprendre l'esprit humain, le fonctionnement du cerveau et l'unicité de chaque être. Comme le psychologue Endel Tulving le notait « *Nous sommes les seuls animaux capables de voyager dans le temps à l'intérieur de notre tête* », et ce livre vous invitera à examiner le passé, l'avenir et le présent de très près. Vous opposerez sûrement une résistance à certaines idées, mais comme Freud le disait « *Celui qui va chez le dentiste avec une rage de dents intolérable peut très bien se surprendre à repousser le bras du dentiste au moment où celui-ci s'approche avec des pincettes.* » Nul n'est vraiment prêt à accepter toutes les facettes qui le composent, et Freud ne faisait pas exception à la règle. Libre à vous de choisir vos vérités et de repérer ce que vous rejetez « instinctivement ». Nous en savons plus que nous le pensons, et nous pensons plus que nous le croyons.

Qui suis-je vraiment ?

P. 10 : Je ne devrais pas, mais tu me donnes le dernier morceau de gâteau ?

P. 15 : J'aime rester tout.e seul.e dans mon coin. C'est bizarre ?

P. 19 : Pourquoi est-ce que je fais toujours tout au dernier moment ?

P. 23 : Suis-je attentionné.e ou suis-je une carpette ?

P. 27 : C'était juste une blague !

P. 30 : Pourquoi faut-il toujours que ça m'arrive ?

P. 33 : Il n'y a pas que le travail dans la vie...

P. 37 : Si j'étais plus égoïste, est-ce que je m'éclaterais davantage ?

Chapitre 1

Je ne devrais pas, mais tu me donnes le dernier morceau de gâteau ?

Sigmund Freud

Voici le genre de pensées coupables au cœur de notre vie quotidienne, selon Freud. Des désirs naissent, sont jugés, s'ensuit une bataille interne rapide, puis nous décidons quoi faire. Encore et encore. Cela est dû, d'après Freud, au fait que l'esprit est constitué de trois instances en conflit permanent – le Ça, le Moi et le Surmoi – auxquelles on ne peut échapper. En général, nous n'avons même pas conscience de ce qu'ils font... même s'ils président à tous nos actes et toutes nos paroles.

La psychanalyse telle que l'a conçue **Freud** couvre un vaste domaine : elle ne se contente pas d'expliquer un élément – pourquoi nous avons peur des araignées, pourquoi nous tombons amoureux ou pourquoi nous aimons les frites... Elle explique tout. Freud s'est mis en devoir de décrire avec précision la strucure et le fonctionnement du cerveau, alors même qu'il ne disposait d'aucun outil scientifique. Ironiquement, beaucoup de neurobiologistes relisent ses travaux pour comprendre ce qu'ils observent grâce à l'imagerie cérébrale (Freud étant lui-même neurobiologiste, il aurait adoré jouer avec un scanner).

Mais, dans les années 1890, le seul moyen qu'il avait pour sonder l'esprit humain était l'*hypnose*. Freud travaillait avec un médecin du nom de Breuer, qui avait découvert que les symptômes des femmes « hystériques » (toux, suffocation et paralysie des membres) étaient provoqués par des scènes traumatisantes de leur vie qu'elles avaient oubliées. Breuer aidait les femmes à se souvenir d'événements longtemps refoulés. Freud était impressionné de constater que de nombreux maux de ces femmes disparaissaient complètement.

La psychanalyse est née

Reprenant l'idée à son compte, Freud a inventé la « cure par la parole », ou *psychanalyse*. Son principe repose sur la théorie que nous n'avons pas conscience de la plupart des choses qui se passent dans notre esprit. Le plus souvent, nous ne savons pas ce que nous pensons ni pourquoi nous agissons de telle ou telle manière. Même si nous pouvons trouver des raisons plausibles au choix d'un partenaire, d'une maison ou d'un emploi, nous sommes

> *« Le Moi reste en général ignorant du rejet de cet émoi aussi bien que de l'ensemble du conflit. »*
> Anna Freud

incapables d'en discerner la cause profonde, selon Freud. Toutes ces raisons en apparence rationnelles ne reflètent que l'histoire dont le Moi a dû s'accommoder; mais nous ne sommes pas au bout de nos peines.

Dans notre tête, trois instances se disputent en permanence : le Ça, le Moi et le Surmoi. Ils apparaissent durant l'enfance, l'un après l'autre. Le Ça, explique Freud, correspond à l'esprit avec lequel on naît. C'est une chose furieuse, régie par des envies : il veut manger, boire, déféquer, avoir chaud... et son unique but est la satisfaction de ses désirs. S'il n'obtient pas ce qu'il veut, il le fait savoir: comment ignorer les cris d'un bébé qui hurle? Pour Freud, le Ça est dirigé par le principe de plaisir. Il ne recherche que le plaisir et la satisfaction et il les lui faut tout de suite.

De nombreux philosophes et psychologues considèrent les pulsions impérieuses, ignorantes et indomptées du bébé comme une phase qui disparaît par la suite, mais Freud pense que nous les conservons toujours en nous. Cependant, en grandissant, le bébé comprend que tous ses désirs ne peuvent pas être satisfaits : la réalité s'en mêle. Cela mène au développement du Moi, qui repose sur le principe de réalité; il appréhende les réalités du monde extérieur et détermine si les besoins du Ça peuvent être exaucés ou s'il faut les ignorer.

Ce n'est pas la seule action du Moi. Il doit aussi tenir compte du troisième élément de l'esprit de l'enfant, le Surmoi, qui apparaît en dernier. Il s'agit de la partie de l'esprit qui intègre les «règles» du monde, telles qu'elles sont inculquées, d'abord par les parents et plus tard les autres instances de la société comme les professeurs.

Prenons un exemple. Votre Ça veut manger, quelque chose de bon qui plus est, disons du chocolat. Vous vous retrouvez donc en train de vous dire que vous prendriez bien une barre de chocolat. «T'es pas fou/folle ?» s'écrie votre Surmoi. «T'es déjà trop gros.se. Tu ne rentres plus dans aucun de tes jeans. Personne ne devrait être aussi gros! Tu devrais avoir honte!» Le Moi est coincé entre deux créatures hurlantes, l'une qui insiste pour avoir ce qu'elle veut (ce que vous voulez), l'autre qui vous traite de tous les noms pour vouloir ça. Le Surmoi agit comme une conscience, mais il n'a pas la sagesse d'un philosophe; en réalité, il est aussi intransigeant que le Ça quand il exige la satisfaction de ses désirs. Le Surmoi intègre les «règles» transmises par les autres sans y réfléchir au préalable, puis

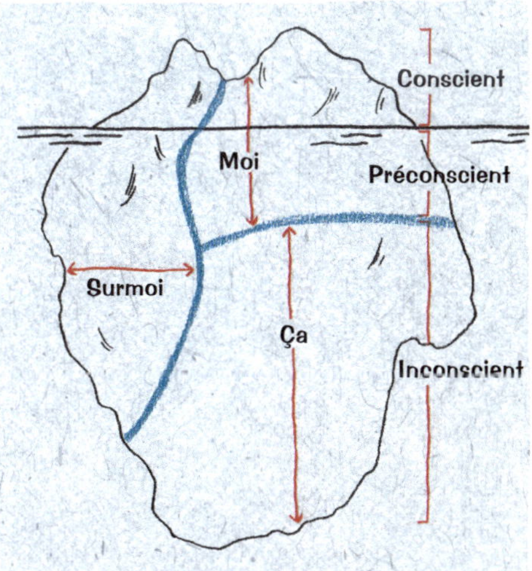

Freud était convaincu que l'esprit humain ne fait que très peu de choses consciemment.

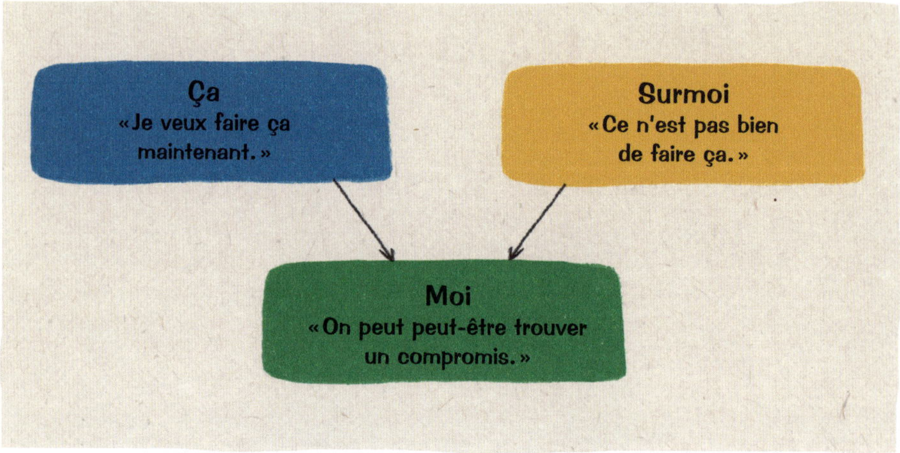

il fonctionne comme un programme en toile de fond jusqu'à la fin de nos jours, en nous rappelant ce que nous devrions faire ou non.

La façon qu'a trouvée le Surmoi pour nous pousser à obéir à ses injonctions est de nous assener des critiques cinglantes. Le Moi tente de parer ses attaques, tout en observant le monde extérieur pour déterminer la réalité de la situation et comment apaiser le Ça, soit en l'aidant à accepter sa défaite soit en lui concédant ce qu'il demande. Alors vous avez la possibilité de prendre ce chocolat, et de culpabiliser en le mangeant à cause de ce grincheux de Surmoi, qui risque de continuer à vous bombarder de piques acerbes. Ou bien vous pouvez résister à votre pulsion (le Moi prend le parti du Surmoi) et avoir un sentiment de supériorité (le Surmoi a eu gain de cause), accompagné d'un vague soupir de déception (venant du Ça, qui n'a pas obtenu ce qu'il désirait).

Il nous arrive d'avoir conscience de ces conflits internes, mais ils passent le plus souvent inaperçus ; le processus est inconscient. Freud vous dirait que certains souhaits qui viennent du Ça sont tellement inacceptables (« Je veux coucher avec elle ! », « Je veux tuer cet homme ! ») qu'on s'en débarrasse immédiatement, pour prétendre ensuite ne jamais avoir eu de telles idées. C'est dire si nous possédons des mécanismes de défense exceptionnels, conçus pour bannir les idées de notre propre esprit et les cacher aux autres. L'opération est inconsciente, elle vise à nous protéger de la vive anxiété qui pourrait accompagner nos pensées et nos pulsions. Tout cela se passe si vite que nous ne nous rendons compte de rien.

« Voilà ce que j'ai fait », dit ma mémoire. « Je n'ai pu faire cela », dit mon orgueil, qui reste inflexible. Et finalement, c'est la mémoire qui cède. » Friedrich Nietzsche

« Le Moi...
n'est pas maître dans sa propre
maison, il en est réduit à se contenter
de renseignements rares et fragmentaires
sur ce qui se passe
en dehors de
sa conscience. »

Sigmund Freud

Exigences internes ou externes

Imaginez, par exemple, que votre patron fasse quelque chose de tellement exaspérant que vous ayez brusquement l'envie de le frapper. C'est parfaitement inacceptable, pour vous comme pour n'importe qui, vous devez donc vous débarrasser de cette pulsion d'une manière ou d'une autre. Vous pourriez invoquer plusieurs mécanismes de défense pour y parvenir. Vous pourriez vous convaincre que rien de tout cela ne s'est passé (déni) ou que c'est l'un de vos collègues de bureau qui veut frapper le chef (projection). Ou bien, vous pourriez déplacer votre désir de sa véritable cible vers un objet légèrement plus acceptable, comme le pied de la chaise, et le frapper à la place (déplacement). Vous pourriez également exprimer des sentiments qui sont l'exact opposé de ce que vous ressentez réellement et vous montrer plus aimable avec lui qu'à l'accoutumée (formation réactionnelle). La plupart de ces mécanismes de défense ont été définis par la fille de Freud, Anna, qui a remarqué : *« Que ce soit par crainte du monde extérieur ou par crainte du Surmoi, c'est l'angoisse qui met en branle les mécanismes de défense. »*

Selon Freud, nous gérons assez bien le conflit entre les exigences internes et externes, mais il arrive que les efforts sans relâche qu'il faut déployer pour contrôler nos pulsions destructrices et pour repousser les critiques du Surmoi soient trop importants et qu'ils provoquent des angoisses, la dépression et toutes sortes de problèmes psychologiques (ou « névroses »). Freud pensait que la seule « cure » possible consistait à passer au travers des défenses d'une manière ou d'une autre pour revenir au désir ou au souhait initial, afin de comprendre le conflit qui oppose les différentes parties de l'être depuis le début, en ayant le courage et la volonté absolue d'accepter l'inacceptable. Et cela n'a rien de facile.

Alors, pourquoi la psychanalyse ?

Le but de la psychanalyse est de débusquer la vérité qui serait cachée dans l'ombre, juste au-delà de ce que notre esprit conscient et rationnel peut atteindre. Les thérapies plus récentes, comme la thérapie cognitive et la thérapie comportementale, ont assuré qu'on peut résoudre des problèmes psychologiques sans aller au-delà des symptômes conscients, mais Freud était d'avis que *« lorsque celui qui chemine dans l'obscurité chante, il nie son anxiété, mais il n'en voit pas pour autant plus clair »*. Ses suggestions n'étaient ni scientifiques ni destinées aux âmes sensibles, et les autres formes de psychologie s'acharnent à trouver d'autres explications à nos actions, comme on le voit dans ce livre. Freud, bien sûr, serait fasciné par l'énergie déployée à le combattre.

Concepts clés

La structure psychanalytique de la psyché et ses mécanismes de défense

– Sigmund Freud

J'aime rester tout.e seul.e dans mon coin. C'est bizarre ?

Carl Jung • Isabel Briggs Myers • Katharine Briggs

En 1936, le grand psychothérapeute Carl Jung a écrit : « *J'ai fini par discerner, suite à de nombreuses observations, deux attitudes de base, deux dispositions fondamentales : introversion et extraversion.* » Ces deux types de personnalité ne portent pas leur attention sur la même chose et rechargent leurs batteries différemment. Les extravertis sont tournés vers le monde extérieur et trouvent leur énergie dans la relation aux autres, tandis que les introvertis préfèrent se recentrer sur leur monde intérieur et subjectif, et se ressourcent en « restant dans leur coin ».

Depuis que **Jung** a divisé en deux les types de personnalité humaine de manière abrupte et tranchée, des chercheurs et théoriciens ont argué qu'il existe davantage que ces deux possibilités bien distinctes. Conçu en 1962, le MBTI (le *Myers–Briggs Type Indicator*) est un test qui répartit les gens selon seize types de personnalité différents, et qui est, semble-t-il, d'une grande précision puisque les entreprises et les cabinets de recrutement l'utilisent plus de trois millions et demi de fois par an.

Toutefois, puisque le MBTI a été créé à partir du modèle de Jung, rendons à César ce qui est à César et étudions de plus près son idée de départ. Jung expliquait que notre comportement en apparence aléatoire prend tout son sens si l'on considère qu'il est guidé par deux manières différentes de traiter les informations. Les extravertis sont influencés par leur environnement, les introvertis plutôt par leurs propres intentions ; les informations traitées sont jugées de deux façons distinctes. Jung donne l'exemple de deux personnes qui se disputent. L'une s'exclame : « Écoute, mon gars, les faits sont là, c'est la réalité », et l'autre se défend : « Mais je pense, je considère... », ce qui ne fait aucun sens pour l'extraverti, qui donne la priorité aux faits extérieurs. Celui-ci ne voit pas, expliquerait Jung, que l'autre prend appui sur un monde intérieur riche, une réalité intérieure bien plus valide à ses yeux que la réalité extérieure.

Jung ferait remarquer que celui qui prête plus d'attention au monde extérieur pense que sa vision est plus juste, parce qu'elle associe les faits du monde extérieur et la réalité ; celui-ci voit l'introverti comme un rêveur. Cependant, Jung n'a pas manqué de préciser que le monde intérieur possède sa propre réalité très forte, et les images qu'elle produit sont aussi puissantes que celles provenant du monde extérieur. On appelle ces images *fantasmes,* et Jung prétendait qu'ils sont aussi puissants que les faits : « *Quand un homme a un fantasme, il se peut qu'un autre en meure, ou qu'un pont s'en élève... Tout ce qu'on fait sur terre, tout, provient d'un fantasme au départ.* » Le fantasme est réel, proclamait-il. Ce n'est pas un objet tangible, mais il n'en reste pas moins un fait. Alors l'introverti ne devrait pas se sentir

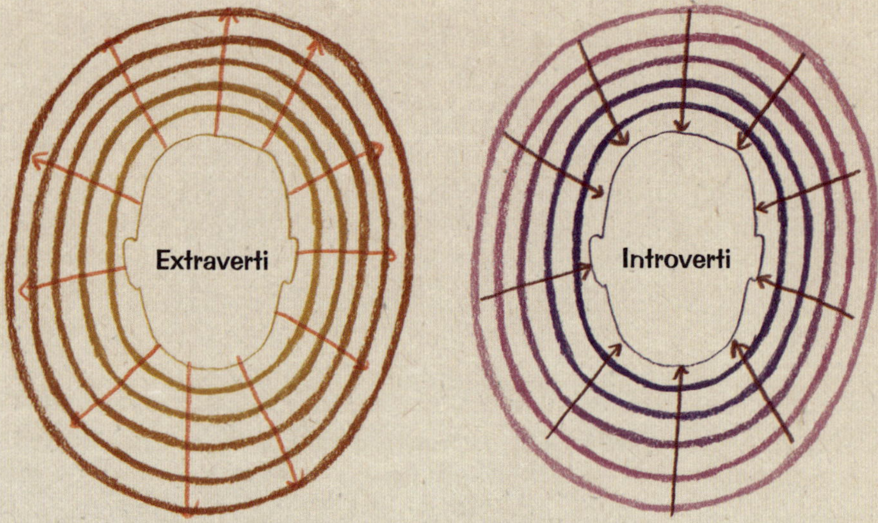

Les extravertis sont tournés vers l'extérieur et y puisent leur énergie. Les introvertis trouvent leur monde intérieur de pensées et de rêves éveillés plus créatif et intéressant. Ils se ressourcent en restant seuls.

désolé pour ses fantasmes, car c'est à eux qu'on doit les plus grandes inventions et les plus fines observations. Le monde a autant besoin des introvertis que des extravertis.

Quatre fonctions

Jung a aussi émis l'idée que chacun dispose de forces et de faiblesses dans quatre fonctions psychologiques : le sentiment, l'intuition, la pensée et la sensation. Ces fonctions joueront plus tard un rôle prépondérant dans le célèbre test MBTI. Jung considérait que la sensation nous dit qu'il y a quelque chose ; la pensée nous dit ce que c'est ; le sentiment nous dit si c'est agréable ou non (et si nous devons l'accepter ou le refuser), et l'intuition nous fournit une idée de ce qui se passe. L'intuition, précise-t-il, est difficile à expliquer en termes ordinaires. Chacun a des points forts et des points faibles dans ces quatre domaines.

Dans le MBTI, ces facteurs, ainsi que deux autres, sont opposés deux à deux. Au niveau le plus simple, le test demande si une personne préfère se baser sur le monde extérieur ou intérieur (extraversion *vs* introversion) ; si elle prête plus attention à la signification première ou si elle interprète et ajoute du sens (sensation *vs* intuition) ; si elle prend des décisions en suivant la logique ou en fonction des gens et des circonstances particulières (pensée *vs* ressenti) ; et si elle décide rapidement ou préfère rester ouverte à de nouvelles données (jugement *vs* perception). À partir de cela, le test complet peut classer la personnalité d'une personne parmi seize types. Un « ISTJ », par exemple, est quelqu'un dont les attitudes relèvent de l'introversion, de la sensation, de la pensée (*thinking*) et du jugement. On nomme ce type de personnalité « l'inspecteur », avec des traits caractéristiques.

« S'il se retire en lui-même, ce n'est pas par renoncement au monde. Il recherche la quiétude, seule à même de lui procurer les ressources pour contribuer à la vie de la communauté. »
Carl Jung

C'est quelqu'un qui apprécie particulièrement les détails, qui préfère respecter les règles et récolter des informations.

Une question de solitude ?

Les introvertis se ressourcent en se mettant à l'écart. Être seul, dans un lieu paisible, est très important pour eux (et cela n'a rien de bizarre !). Ils ont besoin de temps pour réfléchir, rêvasser et approfondir une question. Ils préfèrent les conversations intimes aux grandes réunions dans un bar bondé, et ils aiment parler de problématiques importantes qui leur tiennent à cœur. Ils ont une grande capacité d'écoute et d'écriture (J K Rowling proclame elle-même être introvertie).
Les extravertis adorent parler et agir plutôt que penser, ils s'épanouissent dans les activités grisantes. Il n'y a donc rien d'étonnant à ce que les équipes efficaces (dans les domaines amoureux comme professionnel) associent des extravertis et des introvertis pour le meilleur.

Les neurosciences

Des études neurologiques récentes ont révélé des différences intéressantes entre les cerveaux de sujets réputés introvertis et extravertis.
Ces derniers semblent programmés pour prêter une attention particulièrement importante aux visages et, ce faisant reçoivent une décharge du neurotransmetteur (un composé chimique libéré par le cerveau) dit « de la récompense » appelé dopamine, qui entre aussi en cause dans les comportements addictifs.
De plus, il semblerait que la voie cérébrale qu'utilisent les extravertis pour traiter les informations soit plus courte et plus rapide que celle empruntée par les introvertis, qui effectue des méandres à travers les zones du cerveau analysant les sensations (vue, son, goût, toucher). Cette voie dépend, elle aussi, de la dopamine. Mais il y a un inconvénient : les extravertis sont peu sensibles à la dopamine. Il leur en faut plus que les introvertis pour que sa magie opère, et l'un des moyens les plus efficaces pour augmenter les taux de dopamine consiste à élever les niveaux d'adrénaline.
Et pour y parvenir, rien de tel que de réaliser tout un tas de nouvelles choses grisantes ou dangereuses, comme chanter en karaoké dans un bar, danser avec un inconnu ou sauter à l'élastique. Alors, en sortant et en se prêtant à des activités excitantes, surtout avec d'autres personnes (des visages !), ils reçoivent leur dose de dopamine et vivent des moments intenses et immédiats de bonheur, où tout va bien.

Pour l'introverti, c'est une tout autre affaire. Apparemment, l'afflux sanguin est plus important chez les introvertis que chez les extravertis, et le sang prend un chemin plus long et plus complexe lors du traitement des données, à travers les zones du cerveau qui dirigent les expériences internes, comme la mémorisation, la planification et la résolution de problèmes. Par ailleurs, ils sont extrêmement sensibles à la dopamine, il leur en faut donc très peu pour se sentir surexcité (en d'autres termes, ils doivent éviter les grosses fêtes !).

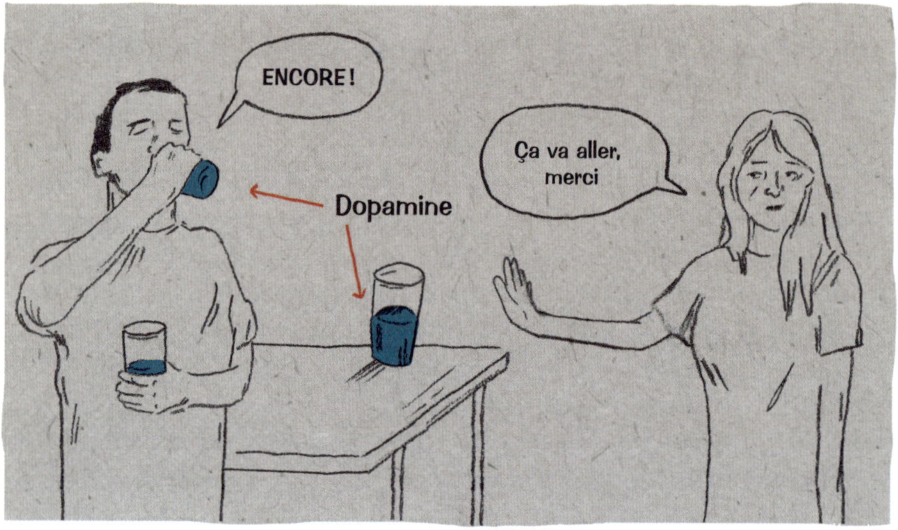

Ils possèdent un autre neurotransmetteur privilégié, l'acétylcholine, qui a un effet très différent. Ce composé chimique procure une sensation de lucidité sereine et de relaxation ; il favorise la mémoire, la compréhension et la flexibilité cognitive. Pour fonctionner au mieux, le cerveau d'un introverti semble rechercher les expériences libérant les hormones de la « satisfaction », alors que celui d'un extraverti privilégie les activités excitantes, dirigées vers autrui, pour atteindre un pic de dopamine.

Alors, est-ce que j'ai un problème?

Jung et les chercheurs contemporains vous diraient qu'il n'y a aucun problème à moins que vous ne refusiez d'accepter le type de personnalité qui vous définit et les choses que vous aimez faire. Par exemple, si vous êtes un.e introverti.e et que vous décidez tout à coup de sortir faire la fête tous les soirs, vous serez vite à bout. De même, un.e extraverti.e se sentira vidé.e de toute énergie s'il ou elle reste à la maison sans voir personne de la semaine. Vous devez aussi effectuer soigneusement vos choix de carrière, car chaque métier s'effectue dans un cadre culturel et social particulier, et si ce cadre ne vous correspond pas, cela pourrait avoir un impact majeur sur votre santé et votre bonheur. Jung disait ceci de l'introverti : *« Son monde à lui est un refuge, un jardin bien tenu et clôturé… C'est en faisant confiance à ses propres ressources, à ses propres initiatives, et à ses propres manières de faire qu'il travaille le mieux. »*

Concepts clés

Extraversion et Introversion
– Carl Jung

Myers–Briggs Type Indicator
– Isabel Briggs Myers, Katharine Briggs

Pourquoi est-ce que je fais toujours tout au dernier moment ?

Sigmund Freud • Tim Urban • Dan Ariely • Klaus Wertenbroch

À la fac, vous regardiez avec une certaine jalousie les procrastinateurs qui traînassaient et s'amusaient tandis que vous trimiez à la bibliothèque. Bizarrement, ils parvenaient tout de même à rendre leurs dissertations à temps. Alors, la procrastination est-elle un problème ?

Même s'ils donnent l'impression de prendre beaucoup de bon temps, il semblerait que la vie intérieure des procrastinateurs n'ait rien de drôle. Des études sur la procrastination à l'université ont montré que si les étudiants qui remettent les choses à plus tard sont au départ moins stressés que les autres, au bout d'un trimestre à peine, ils montrent déjà des signes plus importants de stress et de maladie, et ils obtiennent de moins bonnes notes.

Qu'est-ce qui se passe ?

Quand un procrastinateur a quelque chose à faire – de son propre chef ou à la demande de quelqu'un – il repousse le moment de s'y mettre et, s'il commence, il laisse vite tomber. Imaginez : vous vous asseyez pour rédiger un devoir et vous décidez d'aller faire un tour sur Facebook avant de commencer... puis vous vous rendez compte que trois heures ont passé, que vous n'avez pas écrit une ligne et « il est trop tard pour m'y mettre ». L'enjeu est parfois plus important : vous voulez retrouver la forme, mais là, « mes baskets sont trop abîmées, il faut que j'en achète une nouvelle paire avant de me mettre à la course ».

Freud qualifierait ce type de commentaires auto-adressés comme des *défenses*, que nous utilisons comme stratégies pour éloigner nos pensées (et notre corps) ce qui provoque en nous une sorte de « tressaillement », un « Oh ! » interne. Quand cela se produit, l'une de nos défenses se met automatiquement et inconsciemment en œuvre pour nous permettre de nous sentir mieux. Confronté à une tâche ingrate comme la rédaction d'un devoir, un procrastinateur aura souvent recours (inconsciemment) au déni, qui est une manière de bloquer notre perception de la réalité extérieure. Vous vous dites qu'il vous reste une semaine avant le rendu, il n'est donc pas indispensable de s'y mettre dans l'instant. Et zou ! Le devoir disparaît de votre bureau. Vous pourriez aussi utiliser la rationalisation, une distorsion cognitive des faits qui vous sort du pétrin. Vous vous dites, par exemple, que

« Abattez un arbre. Et si vous ne pouvez pas abattre l'arbre entier, coupez trois branches. »
Joseph R Ferrari

« Rien n'est aussi fatigant que de remettre perpétuellement à plus tard une tâche inachevée. »
William James

vous n'êtes pas dans le bon état d'esprit ou que vous devez effectuer des recherches avant de rédiger. Alors vous allez sur Internet dans l'intention de trouver des informations... et trois heures plus tard, vous êtes encore sur YouTube à regarder des vidéos humoristiques.

Un conflit interne

On pourrait assimiler la procrastination à un état de paralysie mentale, née d'un conflit entre un souhait conscient (être en forme ou rédiger le devoir) et un désir inconcient (l'éviter), et c'est là tout le problème : par sa nature même, un désir inconscient n'est pas conscient. Nous ne savons pas pourquoi nous repoussons toujours la tâche, même si, d'une certaine manière, nous voulons l'effectuer. **Tim Urban**, écrivain et procrastinateur chronique, n'est pas tout à fait d'accord. Selon lui, nous voudrions que la tâche soit déjà effectuée, qu'elle soit derrière nous. Mais accomplir la tâche semble impossible.

Si le problème tient au « faire », affirment les psychologues, on doit pouvoir trouver des solutions. Les comportementalistes **Dan Ariely** et **Klaus Wertenbroch** pensent que les procrastinateurs peuvent tenter de s'autodiscipliner en introduisant leurs propres échéances avant la date butoir. Ils prétendent que la procrastination est un problème de maîtrise de soi. Par exemple, je peux décider de me mettre au régime, mais en voyant un succulent fondant au chocolat à la carte du restaurant, il est possible que je cède à la tentation. Après le repas, je regretterai peut-être de l'avoir mangé et je serai tenaillé.e par la culpabilité et le mépris pour moi-même (« Comment ai-je pu céder aussi facilement ? Je ne serai jamais mince »).

S'il s'agit seulement de faire quelque chose différemment et de consolider son *self-control*, les psychologues débordent d'idées pour y parvenir. Ils proposent de poser des objectifs intermédiaires avant l'objectif final, de définir chaque étape et de lui allouer un temps limité, de récompenser les progrès et de visualiser le futur et la tâche achevée. La professeure Katherine Milkman suggère d'associer une tâche que vous n'avez pas envie de faire avec une autre qui vous plaît. Si vous aimez courir, par exemple, et que vous avez un gros livre à éplucher pour le travail, téléchargez-en une version audio et écoutez-la en courant.

Il arrive qu'une approche rationnelle de ce type fonctionne, mais le plus souvent, elle échoue. La raison en est simple : la partie rationnelle que chacun a en soi veut déjà rédiger l'essai ; c'est la partie inconsciente, irrationnelle et la plus incontrôlable de notre être qui nous empêche d'agir. Selon Freud, notre psyché est composée de trois éléments qui doivent œuvrer de concert pour que nous puissions fonctionner au quotidien (voir p. 11) : le Ça (la partie irrationnelle, dirigée par les pulsions), le Moi (la partie rationnelle qui doit négocier avec le Ça pour tenir compte de la réalité externe), et le Surmoi (la « conscience » moralisatrice de l'esprit). En termes freudiens, cette fuite inconsciente face à la dissertation montre que le Moi est

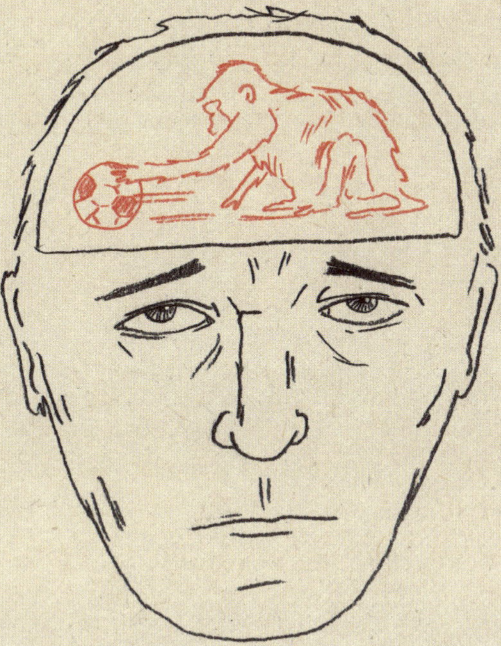

Tim Urban parle d'un «Singe» de la gratification immédiate caché dans notre cerveau et qui essaie de nous maintenir enfermés dans un «Terrain de jeu obscur».

en train de perdre la bataille face au Ça, qui recherche le plaisir et la satisfaction immédiate. C'est le principe de plaisir : le chemin que l'esprit prend instinctivement en direction du plaisir et le plus loin possible du déplaisir.

Un singe dans le cerveau

Le procrastinateur Tim Urban utilise une histoire pour nous aider à négocier le virage pour revenir à un comportement rationnel. Il assimile la partie du cerveau qui nous en détourne à un vilain singe, qui ne vit que dans le présent et ne se souvient pas plus du passé qu'il ne se préoccupe de l'avenir. Le singe s'écrie «Hé! Allons surfer sur le Net deux minutes, on a tout le temps !», ce qui nous mène vers le Terrain de jeu obscur, où nous nous adonnons à des activités ludiques (jouer aux jeux vidéo, faire du shopping...) qui monopolisent du temps et nous maintiennent à distance de la tâche à effectuer. Et pourtant, la culpabilité, l'angoisse, le dégoût de soi et la crainte nous assaillent. Seul ce Monstre-Panique qui vient nous rappeler l'échéance parvient à faire fuir le singe et nous permet de réaliser la tâche juste avant la date limite.

Il est important, poursuit Urban, de travailler en ayant conscience de ce singe et de ses ruses. La première étape consiste donc à commencer, peu importe quoi, car c'est à ce moment-là que le singe opposera la plus grande résistance. Vous allez vous retrouver dans les Bois sombres (un lieu effrayant et hostile) alors que le singe tentera par tous les moyens de vous ramener

« Le problème… n'est pas que vous ne vous sentez pas motivé ; c'est que vous pensez devoir vous sentir motivé. »
Oliver Burkeman

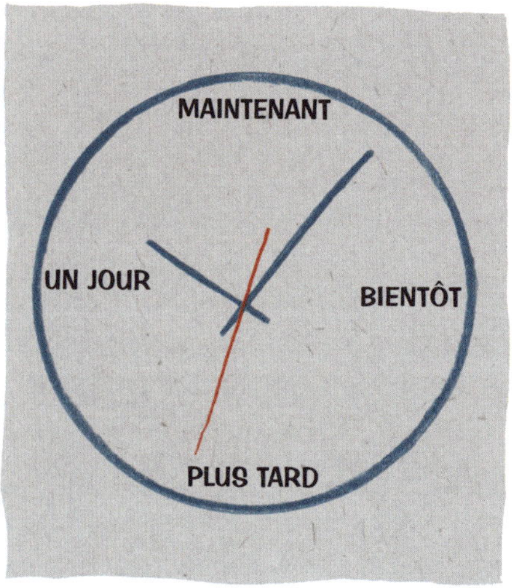

dans le Terrain de jeu obscur, où tout est facile et agréable. «Allez, viens ! », va insister le singe. Ignorez-le et restez dans les Bois, vous exhorte Urban, et préparez-vous aux remous inévitables qui surviendront quand vous entamerez une partie difficile. Car le singe vous tentera : «Arrêtons là ! » Si vous parvenez à continuer, vous assure Urban, vous ferez des progrès et éprouverez un sentiment d'accomplissement, que le singe qualifiera de « banane de l'estime de soi ». Cela le distraira un moment, avec un peu de chance, jusqu'à la dernière partie du travail, quand même lui verra qu'il est plus facile d'atteindre le terrain de jeu du « ça, c'est fait » que de revenir vers son rival obscur.

C'est juste une histoire, non ?

Les psychologues et les psychothérapeutes connaissent bien le pouvoir de la narration sur l'esprit humain alors, même si la théorie d'Urban est «juste une histoire», elle peut nous aider à réfléchir à la procrastination à un « méta-niveau » quand nous sommes en train d'éviter une tâche. C'est l'art de la *métacognition*, de la pensée sur la pensée, qui s'avère très efficace pour prendre le contrôle sur ses comportements inconscients. D'où l'intérêt de la pratique de la pleine conscience.

Comme le Ça de Freud, le singe d'Urban n'est que désirs et passions, il ne supporte par qu'on lui dise non et est en conflit permanent avec le Moi. Il recherche le plaisir, la satisfaction immédiate et se moque bien des contraintes du réel. Freud, cependant, essaierait de comprendre pourquoi le singe fait tant d'efforts pour vous distraire. Que craignez-vous tant de trouver dans les Bois sombres ? Que vous n'êtes pas aussi intelligent.e que vous, ou que quelqu'un d'autre, un parent peut-être, le souhaiterait ? À moins que vous ne craigniez l'échéance ultime de la vie ? Sur le divan, cher lecteur/chère lectrice !

Concepts clés

Le Ça et le principe de plaisir – Sigmund Freud
Le terrain de jeu obscur – Tim Urban

Suis-je attentionné.e ou suis-je une carpette ?

Virginia Satir • Karen Horney

Tout le monde aime les gens attentionnés, non ? Voilà la question qui vous turlupine réellement. Virginia Satir, psychothérapeute spécialisée dans la thérapie familiale, vous dirait que certains enfants ont besoin d'être rassurés sur le fait qu'ils sont aimés. Ceux-ci remarquent qu'en étant gentils et serviables, les gens (en particulier les parents) réagissent de façon positive ou, du moins, n'ont plus une attitude inquiétante à leur égard. Être attentionné, c'est l'assurance d'avoir la protection, la sécurité, et même l'amour en retour. Voilà comment on devient attentionné.

Satir étudiait la dynamique familiale et notamment les différences entre familles fonctionnelles et dysfonctionnelles. Le terme « dysfonctionnel » est utilisé à tout bout de champ avec différents sens, aussi est-il important de s'intéresser à la définition que Satir en avait précisément donnée. Pour elle, une famille dysfonctionnelle est un « système fermé », où les informations et les ressources ne circulent pas librement, et dont certains membres et la communauté extérieure sont privés. La communication est donc pauvre ; les règles sont souvent rigides et inadaptées, elles sont conçues uniquement en faveur d'un parent ou des deux.

Les familles fonctionnelles, à l'inverse, sont des « systèmes ouverts », où l'information et les ressources s'échangent librement entre les membres de la famille ainsi qu'avec les gens extérieurs à la famille. La communication est fluide et sans restriction. Les règles, qui sont présentes, sont adaptées et dynamiques, elles s'ajustent et changent en fonction des besoins des membres de la famille et des modifications dans l'environnement familial ou culturel.

La peste ou le choléra

Satir s'est demandé ce que signifiait être membre d'une famille dysfonctionnelle, où la communication est tellement réduite que presque aucune parole n'est échangée, ou bien les mots prononcés sont blessants, confus ou même trompeurs. Les règles rigides semblent s'implanter comme par magie, car personne ne semble les avoir clairement posées, et pourtant tous les membres de la famille les connaissent. Les enfants surtout se voient contraints d'essayer de deviner ces règles non écrites, afin de parvenir à trouver leur place dans le système familial.

Dans les familles fonctionnelles, où les adultes sont attentifs aux besoins des enfants et ne voient pas l'intérêt d'établir des principes stricts, un.e enfant ne se demandera jamais s'il ou elle est aimé.e, la question ne se posera pas. Dans les familles moins fonctionnelles, à l'inverse, un.e enfant apprendra à reconnaître lesquels de ses actes provoquent une réponse négative (le parent se met en colère ou exprime une forme de dédain, par exemple) et lesquels amènent une réponse plus positive

> *« Nous ne devons pas laisser la perception limitée que les autres ont de nous nous définir. »*
> Virginia Satir

(le parent sourit ou le/la récompense). Pour survivre, l'enfant se met à reproduire les actions et les réactions qui ont provoqué des réponses positives auprès des gens qui l'entourent. Il ou elle met en place une stratégie d'adaptation.

Ainsi, ces enfants s'ajustent à leur famille et permettent au système familial de préserver un équilibre et de fonctionner, même de façon très imparfaite. Satir a identifié quatre schémas d'adaptation que les enfants adoptent : le Suppliant, l'Accusateur, le Rationnel et le Distracteur. Il ne s'agit pas de types de personnalité, mais de façons de communiquer qui dictent la manière dont on réagit face aux autres. Souvent défensives, elles ne reflètent pas les sentiments réels des enfants ; ceux-ci sont cachés derrière le style qu'ils adoptent.

Plaire à tout le monde

Le Suppliant de Satir s'adapte en essayant de plaire à tout le monde, il veut que chacun soit content et se démène dans ce but. Ceux qui veulent plaire à tout le monde sont sympathiques, serviables, d'un grand soutien et d'une incroyable générosité, donnant et donnant toujours plus, souvent au-delà du raisonnable. Mais cette générosité débordante a un prix : en prenant soin des autres à l'extrême, ces êtres se négligent eux-mêmes. À force de ne plus penser à eux, ils finissent par oublier quels sont leurs besoins. Ayant perdu toute foi en leur capacité naturelle à se faire aimer, ils se sont abandonnés et ils n'ont presque plus aucune estime d'eux-mêmes. Tel est le prix de l'amour conditionnel, bien loin de l'amour inconditionnel.

Si les Suppliants sont tellement tournés vers les autres et les aident à accomplir leurs rêves, c'est parce qu'ils ont perdu la notion de leur propre identité, ils cherchent seulement à éviter le conflit. Le but de la stratégie d'adaptation des Suppliants n'est pas tant de plaire que d'apaiser les tensions chez les autres afin de désamorcer leur agressivité. Ils « supplient » les autres de garder leur calme. Ils se montrent agréables, ne demandent jamais rien en retour et s'excusent sans arrêt, même quand ils n'ont rien à se reprocher. Ils disent toujours « oui » et jamais ô grand jamais un dangereux « non ».

Accusateur, Rationnel, Distracteur

Le Suppliant œuvre en duo avec l'Accusateur, qui rejette toujours la faute sur les autres et qui dispose, c'est bien pratique, du Suppliant, pour endosser l'accusation. Aucune de ces postures n'offre un réel bien-être, mais elles apportent un soulagement temporaire. Le Suppliant se sent mieux quand la personne en face se sent mieux, et l'Accusateur se sent puissant lorsque les autres lui obéissent et s'accusent eux-mêmes.

Celui ou celle qui adopte la stratégie du Rationnel peut paraître impartial et logique. Mais en réalité, ces personnes ne font preuve d'aucune émotion, ils s'attendent juste à ce que les autres obéissent aux règles (on appelle aussi ce type de schéma l'« Ordinateur »).

Le quatrième type, le Distracteur, se met en devoir de distraire l'attention des autres, il les pousse à penser à n'importe quoi sauf à ce qui est en train de se passer. Il ou elle change constamment de sujet et plaisante en permanence.

Le Suppliant

Le Suppliant implore : « Je suis là pour exaucer chacun de tes souhaits. Surtout reste calme et ne t'énerve pas. »

L'Accusateur

Plutôt que d'assumer ses responsabilités, l'Accusateur rejette la faute sur quelqu'un d'autre en affirmant : « C'est toi, le problème. »

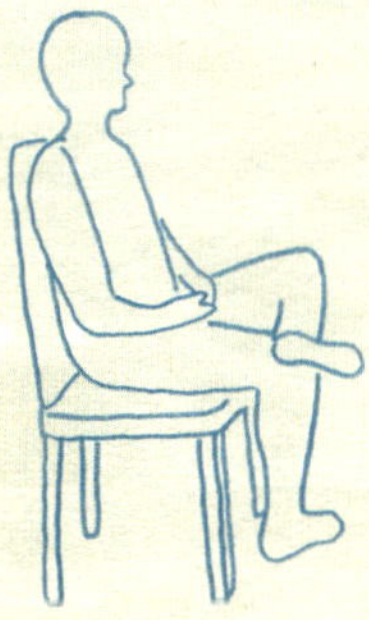

L'Ordinateur/Le Rationnel

L'Ordinateur est quelqu'un qui fait parler sa raison, jamais ses sentiments. Il opère ainsi : « Je réfléchis méthodiquement à toutes les options de façon logique. »

Le Distracteur

Le rôle du Distracteur consiste à détourner l'attention des autres en utilisant l'humour et la dérision afin qu'ils oublient le problème.

« Je pense qu'il faut briser la plupart de nos règles émotionnelles. Par exemple : "Je ne devrais jamais me mettre en colère contre quelqu'un que j'aime"... Ces règles doivent être bannies, parce qu'elles sont inhumaines et impossibles à suivre. » Virginia Satir

Selon Satir, ce qui est frappant avec tous ces schémas, c'est la perte de l'équilibre entre le soi, les autres et le contexte. Le Suppliant a effacé le « soi » du tableau ; l'Accusateur ne tient aucun compte des autres ; le Rationnel n'a plus la moindre notion de lui-même ni des autres et ne se préoccupe que du contexte ; quant au Distracteur, il n'a qu'une piètre prise sur lui-même et sur les autres, et il a aussi perdu de vue le contexte. Ce n'est qu'en réintégrant l'aspect perdu dans la partie – soi, les autres ou le contexte – que la personnalité véritable et authentique peut se sentir suffisamment en confiance pour émerger.

La conformité comme défense

La théorie de Satir doit peut-être quelque chose à celle de la psychanalyste **Karen Horney**, qui avait mis en évidence trois types de mécanismes de défense à notre disposition : la conformité, l'agressivité ou le détachement. Ceux qui « se conforment », selon elle, ont un désir ardent d'affection et ils tentent de l'obtenir en adoptant des comportements pour plaire, pour satisfaire ; ils sont très attentifs aux « il faudrait » (voir p. 177). C'est une catégorie de défense, un moyen d'apaiser l'anxiété, qui « va vers les autres ». Une notion similaire apparaît dans le phénomène de codépendance, révélé par les Alcooliques Anonymes (AA). Un codépendant est un membre de l'entourage qui se sacrifie et met en œuvre des stratégies excessives pour venir à l'aide de l'alcoolique, qui se sent en retour autorisé à boire, fort du soutien indéfectible qu'on lui apporte.

Alors, suis-je une carpette ?

Toutes les personnes attentionnées ne sont pas des carpettes ! Mais si vous vous dites que votre attitude vous fait souffrir ou vous donne l'impression d'être dans le déni de vous-même, cela signifie peut-être que vous avez commencé à prendre davantage vos besoins en compte, ce qui est une bonne chose. Satir vous encouragerait à vous recentrer sur vous. Elle vous inviterait à prêter attention aux moments où vous avez le besoin irrépressible de dire « oui » alors que vous pensez « non », et elle vous conseillerait d'appuyer sur le bouton « pause » avant de répondre. Elle vous avertirait aussi que lorsque vous commencerez à poser des limites, d'autres personnes vous accuseront de faire des vagues. Allez-y, faites des vagues.

Concepts clés

Les 4 stratégies d'adaptation : Suppliant, Accusateur, Ordinateur, Distracteur – Virginia Satir

Les 3 mécanismes de défense : Conformité, Agressivité Détachement – Karen Horney

C'était juste une blague !

Magda Arnold • Richard Lazarus • Theodore Millon • Roger Davis • Aaron Beck

En tant qu'êtres humains, nous déchiffrons sans arrêt les réactions des autres, et nous y répondons d'une manière qui est à la fois appropriée à la situation et qui correspond au moins en partie à nos besoins actuels. Mais il nous arrive de capter un message ambigu, avec l'assurance verbale que c'est « une blague », tout en détectant des signaux non verbaux qui ne relèvent pas de la plaisanterie. Qu'est-ce qu'il se passe ici ?

Des expressions du genre «je plaisante» ou «c'est une blague» sont typiques d'un comportement passif-agressif, où la volonté de blesser est déguisée de telle manière que la personne à qui la phrase est adressée ne peut justifier une plainte ou une riposte. C'est en réalité un jeu de pouvoir qui prend l'apparence d'un échange amical, et c'est une des raisons pour laquelle ceux qui sont dans une position d'infériorité jouent tant de ce comportement passif-agressif. Si vous débarquez dans le bureau de votre chef et que vous lui dites qu'elle est un tyran aux exigences irrationnelles, autant débarrasser votre bureau tout de suite. Mais si vous ignorez certains de ses mails ou si vous arrivez en retard en réunion, vous pourrez la tourmenter sans qu'elle puisse vous opposer beaucoup plus qu'un froncement de sourcils.

C'est déstabilisant !

Les destinataires de ces blagues passives-agressives se sentent souvent déstabilisés. Cela peut s'expliquer par la *Théorie de l'évaluation cognitive,* établie par la pionnière en matière de

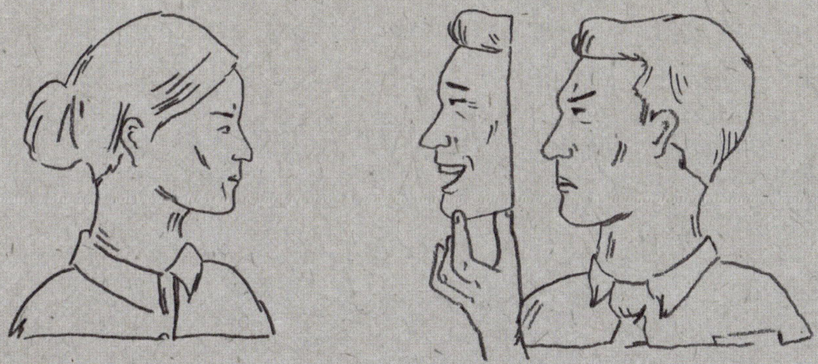

Beck prétend que nous adoptons un comportement passif-agressif quand nous sommes contraints de nous soumettre, mais que nous tenons vraiment à garder le contrôle de la situation nous-mêmes.

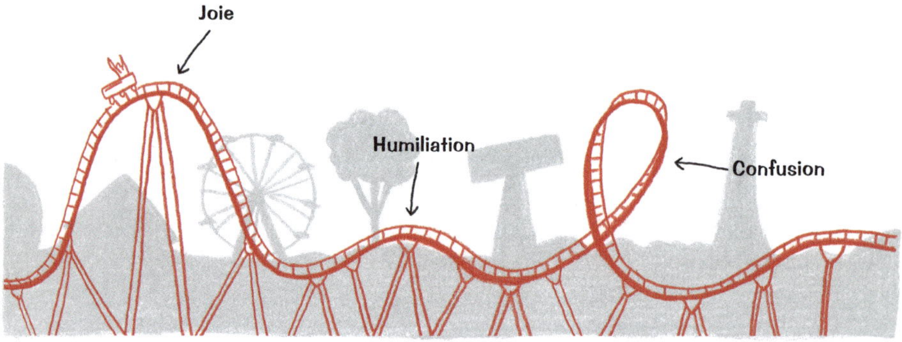

Les montagnes russes des émotions face à un comportement passif-agressif.

Théories cognitives de l'émotion, **Magda Arnold**. Selon elle, lorsque nous faisons à face à des gens ou à des événements, nous estimons dans quelle mesure ils peuvent nous être bénéfiques ou nuisibles, et cela fait surgir une émotion particulière en nous. **Richard Lazarus** est allé plus loin, en expliquant que deux mécanismes sont à l'œuvre : nous effectuons un jugement cognitif (évaluation primaire) de ce qui se passe et de l'effet que cela va avoir sur nous, et nous avons une réaction émotionnelle (évaluation secondaire), qui provoque un autre type de réaction, basé sur les sentiments. Et s'il parle d'évaluation *primaire* et *secondaire*, l'une ou l'autre peut intervenir en premier, car nos pensées comme nos sentiments sont tous deux sources d'informations liées à un événement.

Cela rend notre analyse des situations assez simple... mais voilà qu'un jour, vous marchez dans la rue et qu'un cycliste lance en passant à côté de vous : « Hé ! Jolie veste, le geek ! » Vos systèmes d'évaluation primaire et secondaire sont perdus : votre système cognitif enregistre le compliment, mais cette façon de vous interpeller « le geek », est-ce bien ou mal ? Le « compliment » en était-il un ou non ? Vous cherchez confirmation de la part de votre système secondaire – vos sentiments – et ils semblent embarqués dans des montagnes russes, passant de la joie à l'humiliation et vice versa, vous laissant un sentiment général de confusion. Le système d'évaluation a échoué. Puisque nos sentiments et nos pensées nous fournissent des informations sur la manière de réagir, si les deux systèmes sont bloqués, nous nous trouvons momentanément incapables de décider ce qu'il faut faire. Nous ne parvenons pas à prendre une décision appropriée, car nous ne savons pas quelle elle doit être. Cela explique pourquoi les victimes d'une attaque passive-agressive se retrouvent si étrangement muettes.

Ok, mais alors, qu'est-ce qu'il lui a pris ?

L'expression « passif-aggressif » est assez récente, même si cette attitude déroutante ne l'est sûrement pas. Le terme a été introduit pour la première fois par des psychiatres américains confrontés à des soldats hostiles et peu coopérants à la suite de la Seconde Guerre mondiale. Ceux-ci présentaient une résistance passive et une conformité de mauvaise grâce, et ils trouvaient toujours une façon plausible de démentir leurs paroles et leurs actions. Cinquante ans plus tard, les psychologues **Theodore Millon** et **Roger Davis** ont émis une hypothèse pour expliquer une telle attitude. À leur sens, les passifs-agressifs ressentent une profonde confusion à propos d'eux-mêmes et des autres, étonnamment similaire au comportement changeant et difficile d'un adolescent. Celui-ci alterne de façon caractéristique entre une envie d'autonomie (« Laisse-moi tranquille ! ») et un besoin de dépendance (« Tu peux m'amener chez Ben ? »). C'est la même chose pour les passifs-agressifs, qui ont des réactions virulentes aux requêtes des autres, mais sous une forme axée sur la résistance. Il n'est donc guère étonnant que la victime d'un acte passif-agressif réagisse de manière ambivalente quand elle est frappée par une telle attaque.

Pour **Aaron Beck**, père de la *Thérapie cognitivo-comportementale* (TCC) une personne qui présente les signes d'un comportement passif-agressif est convaincue qu'une assertion directe risque d'avoir des conséquences catastrophiques. Elle pense que si elle s'oppose frontalement à quelqu'un, elle risque de perdre son autonomie. C'est paradoxal, car c'est souvent en exprimant son désaccord qu'on la conserve. Elle doit donc montrer son désaccord pour affirmer son autonomie tout en ayant l'air d'être d'accord. Deux pensées majeures sont à l'œuvre ici : « Personne ne devrait me contrôler » et « Si je me conforme, cela signifie que je n'ai aucun contrôle ». Associées, ces réactions enferment la personne dans une position de non-conformité alors qu'elle opère dans le cadre d'une position de conformité renforcée.

Par exemple, imaginons que vous êtes du type passif-agressif et que vous n'avez pas envie d'aller à une réunion prévue ce jour. Comme vous y réfléchissez, votre chef passe devant votre bureau et lance : « N'oublie pas la réunion ! » Alors que jusque-là vous cherchiez un moyen d'éviter la réunion, vous souhaitez désormais défier votre patron. Il se peut donc que vous veniez à la réunion, mais en arrivant en retard ou sans l'ordinateur nécessaire pour travailler efficacement en équipe.

Et si j'étais du type passif-aggressif ?

Pour tout dire, nous adoptons tous un comportement passif-agressif de temps à autre, souvent dans des situations où l'on souhaite réellement faire plaisir à quelqu'un ou obtenir son assentiment, mais où l'on craint en même temps que cela signifie que cette personne a de l'ascendant sur nous. Tout cela est dû à la peur, diraient les psychothérapeutes, mais Freud rugirait que non, c'est lié à la rage ! La rage contre un personnage de votre passé qui vous obligeait à vivre selon ses préceptes. La peur bloquait la rage, tout comme une conformité apparente bloque la peur. « Grands Dieux ! » vous exclameriez-vous, en vous dirigeant une fois de plus vers le divan.

Concepts clés

Le trouble de la personnalité passive-agressive – Theodore Millon, Roger Davis

La théorie cognitivo-comportementale (TCC) pour les passifs-agressifs – Aaron Beck

Pourquoi faut-il toujours que ça m'arrive ?

Martin Seligman • Antonio Damasio • Emmy van Deurzen

C'est la rengaine des pessimistes, qui poussent des soupirs à fendre l'âme en voyant le bonheur s'abattre sur les autres. La situation est sans espoir, mais n'a rien de dramatique, assure le psychologue Paul Watzlawick. Le monde ne vous en veut pas personnellement, vous en avez juste l'impression. À l'inverse, est-ce si facile de voir les choses différemment ?

Qu'est-ce que le pessimisme ?

Le pessimisme est un état d'esprit qui ôte presque toute vie et espoir au monde. C'est un mode de pensée négatif qui puise son origine dans des convictions déprimantes, partant de « Il arrive toujours tant de choses tristes » et glissant progressivement vers « mais plus à moi qu'aux autres », pour finir sur des paroles du genre : « c'est sûrement ma faute ». En un rien de temps, le pessimiste a pris un événement unique, l'a tourné en un « toujours et pour toujours », puis l'a ramené à une réflexion sur lui-même lui disant qu'il ne sert à rien et qu'il est inutile de tenter quoi que ce soit.

Ne plus penser à soi

Et voilà le désespoir qui s'installe. Ce n'est pas le monde qui m'inflige tous ces malheurs,

Les pessimistes pensent qu'ils sont malheureux parce qu'il leur arrive des choses désagréables, mais leur mode de pensée négatif fait qu'ils s'attendent à ce que les choses se passent mal. Ainsi, une partie de leur malheur tient plus à leur vision de l'avenir qu'à celle du passé.

c'est moi qui suis inutile ; je ne mérite pas d'être heureux/se. De là s'insinue l'idée que si quelque chose de positif se produit réellement, c'est probablement un coup de chance qui ne se reproduira jamais (et auquel il ne faut sûrement pas croire). Mais, comme Freud le rappellerait, une telle pensée sur soi-même ne doit pas rester consciente, alors très rapidement, le pessimiste éloigne ses pensées de lui-même et se remet à accuser le monde. Ce qui n'est pas réjouissant, mais qui, dans une certaine mesure, est plus acceptable.

Qu'en est-il des optimistes ?

De leur côté, les optimistes voient toujours tout en rose. Ils ont un mode de pensée positif qui leur vient d'une foi indéfectible en la bonté de la nature, la leur, celle des autres et celle du monde qui les entoure. Ils sont convaincus qu'il se passe sans arrêt de belles choses et que s'il s'en produit une, d'autres suivront. Si un malheur les frappe, eh bien, c'est triste, mais ce n'est qu'un léger accroc sur le chemin, qui offrira bien des leçons.

Comme on peut s'en douter, les optimistes ont une bien meilleure estime d'eux-mêmes et ont davantage confiance en eux que les pessimistes ; ils sont plus heureux, réussissent mieux dans leurs études et au travail, ils font preuve de plus de persévérance, ont une meilleure santé et vivent plus longtemps.

Cela étant posé, qui diable choisirait d'être pessimiste ? Le problème, c'est qu'on ne choisit pas, affirme **Martin Seligman**, le père de la *psychologie positive*. Nous avons acquis cet état d'esprit graduellement, pendant toutes ces années où l'on nous a expliqué des choses sur nous et sur le monde, à un stade de notre développement où nous ne pouvions que les absorber. Et pour la plupart d'entre nous, qui avons grandi dans la société occidentale individualiste, on nous a aussi appris à porter un jugement permanent sur nous-mêmes et à nous comparer avec les autres. Inévitablement, beaucoup de gens ne parviennent pas à se conformer à l'idéal imposé, et ils croient, à tort, avoir raté leur vie.

Qu'est devenue la rationalité ?

Nous avons souvent tendance à nous considérer comme des êtres rationnels, guidés par « les faits ». Toutefois, des neurobiologistes tels qu'**Antonio Damasio** ont mené des études prouvant que ce sont surtout nos émotions qui gouvernent. Ses recherches ont montré que les personnes ayant subi de graves lésions dans la partie du cerveau qui génère les émotions étaient incapables de prendre des décisions, même pour des questions aussi simples que le choix d'un menu. Il semblerait donc que nos émotions nous orientent vers nos choix personnels, et les émotions qui émergent dépendent pour beaucoup de nos attentes, qui reposent quant à elles sur notre expérience. « Que s'est-il passé la dernière fois qu'une telle situation s'est présentée ? Oh oui ! J'ai tout foiré. » Un sentiment d'impuissance s'installe et l'on renonce à la tâche.

Il doit bien y avoir des avantages ?

Un état d'esprit pessimiste permet d'éviter les hauts et les bas du mode de vie aventurier de l'optimiste. Le seul problème est que le pessimiste ne connaît que des bas bien fades. Bien sûr, je ne risque pas d'essuyer un refus si je ne propose pas à cette personne si agréable

« Il n'est pas toujours facile de savoir si l'on est un pessimiste, et…bien des gens vivent dans l'ombre sans le savoir. »
Martin Seligman

de venir prendre un verre avec moi, mais du coup je ne risque pas de vivre le grand amour. Je peux avoir un sentiment de supériorité dans ces moments où les rêves de l'optimiste se brisent momentanément, mais ce n'est pas ce qui va changer l'opinion désespérément basse que j'ai de moi-même. Car je sais au plus profond de moi que le problème ne vient pas d'un monde hostile, mais de moi.

Apprendre l'optimisme

Bien heureusement, le pessimiste a tort. Rien ne cloche chez lui, c'est juste lui qui le croit. Ce qui signifie que s'il modifie certains de ses schémas de pensée habituels, il pourra devenir plus optimiste, sans avoir à devenir quelqu'un de totalement différent, avec une vie différente. Si l'on apprend le pessimisme, explique Martin Seligman, alors on peut aussi apprendre l'optimisme. Il propose pour cela de prêter attention à ses réactions face à un événement indésirable et de les remettre en cause. Les faits sont-ils vraiment tels que vous les voyez ? Certains *a priori* entrent-ils en jeu ? Pouvez-vous trouver des explications alternatives à celle qui vous est venue à l'esprit ? Si un ami ne vous reconnaît pas dans la rue, cela signifie-t-il qu'il essaie de vous éviter ? Ne se pourrait-il pas qu'il soit en retard au travail, ou qu'il réfléchisse à la manière de raviver la flamme dans son couple, ou qu'il regrette d'avoir joué au poker toute la nuit ? En coupant l'herbe sous le pied à un ancien mode de pensée négatif, un brin d'optimisme poindra-t-il peut-être, ramenant avec lui l'espoir, la lueur, l'énergie ?

La valeur du pessimisme

L'irréductible pessimiste ne croira pas une seconde à la suggestion de Seligman, car au fond de lui, il ne souhaite pas devenir optimiste. Peut-être veut-il avoir conscience de la souffrance : la sienne et celle des autres. Dans ce cas, il se sentira sûrement plus à l'aise avec des psychothérapeutes existentialistes, tels qu'**Emmy van Deurzen**. *« Embrasser la vie,* affirme-t-elle, *consiste à être prêt à accueillir les souffrances inévitables, l'angoisse et la culpabilité comme une part intrinsèque de l'existence. »* La souffrance est un accomplissement humain pour van Deurzen, et l'angoisse et la culpabilité qui l'accompagnent nous poussent à regarder au plus profond de nous-mêmes pour y débusquer ce que nous souhaitons vraiment changer, afin d'être parfaitement authentiques. Alors, creusez, allez au bout de la souffrance ! Continuez jusqu'à ce que vous ayez trouvé votre raison d'être et la vérité. Puis revenez nous raconter tout cela. L'art et la littérature dépendent de vous.

Concepts clés

La psychologie positive
– Martin Seligman
La psychothérapie existentielle
– Emmy van Deurzen

Il n'y a pas que le travail dans la vie...

Donald Winnicott • Mihaly Csikszentmihalyi

Les adultes n'admettent pas souvent qu'ils jouent, et pourtant la notion de jeu préside à toutes nos activités favorites, qu'il s'agisse de faire une partie de football, de grimper une montagne ou de jouer en bourse. Le jeu a l'intérêt de nous faire sentir entièrement présent à ce que nous faisons ou, à l'inverse, de nous aider à disparaître complètement.

Le psychanalyste et pédiatre **Donald Winnicott** était fasciné par le jeu. Il savait bien que pour Freud, le jeu et le symbolisme sont des expressions de la structure de l'esprit (Ça, Moi, Surmoi) qui sont projetées sur le monde extérieur, mais cela ne le satisfaisait pas. En observant d'innombrables enfants en train de jouer, il a acquis la conviction qu'ils se créaient un troisième monde, entre celui, intérieur, de l'imaginaire et celui, extérieur, de la réalité. Winnicott s'est aperçu que les enfants utilisaient cette zone transitoire comme base de découverte de leur personnalité. C'est là que les enfants prennent conscience d'eux-mêmes pour la première fois.

Pour parvenir à cette théorie, Winnicott est parti de l'idée qu'à la naissance, un bébé est en fusion totale avec sa mère, il n'a pas conscience d'être un être à part. S'imaginant omnipotent, le bébé pense qu'il a créé tout ce dont il a besoin ou ce qu'il vit : il a faim, et un sein ou un biberon apparaît. Parfait !

Le jeu est quelque chose qui s'effectue dans l'interface entre l'imagination (le monde intérieur) et la réalité externe. Il n'est ni tout à fait l'une, ni tout à fait l'autre, mais puise du contenu et de l'énergie dans chacune.

Mais la réalité commence à prendre ses droits. Le repas met du temps à arriver, les couches ne sont pas toujours changées dans l'instant. Alors que le monde s'impose petit à petit, une lutte s'enclenche entre le bébé et la réalité, et aucun ne gagne vraiment. (C'est peut-être le premier jeu.) L'enfant commence alors à jouer, et utilise son imagination pour donner une signification au monde et à ce qu'il contient. En conférant un sens au monde, il le personnalise tout en construisant et affirmant sa personnalité. Le jeu est ce qui nous permet d'interagir avec le monde et de découvrir continuellement qui nous sommes, explique Winnicott. Pas étonnant qu'on aime le football !

Une absurdité vitale

Pas si vite. À ce stade, Winnicott ne pensait pas à faire une partie de football, mais plutôt à jouer avec une famille de pandas imaginaires ou à préparer des gâteaux avec de la boue. C'est justement parce que les jeux d'un enfant ne sont dirigés par aucune règle autre que celles imposées par lui-même qu'ils sont si agréables, affirme-t-il. Le jeu ne doit être contraint par aucune norme ou jugement dictés par d'autres personnes ; toute tentative pour obliger l'enfant à suivre une règle, à être logique ou à créer du sens gâche tout le processus (la colère du tout-petit ne va pas tarder à éclater...). Un copain ou un adulte qui collabore, qui accepte avec enthousiasme l'absurdité et la créativité du jeu, voilà ce dont l'enfant a besoin. « Tu es tellement merveilleux ! » C'est de ce miroir positif que naît la conscience de soi.

Alors, c'est pour ça qu'on aime le foot ? Faux, encore faux. Le seul but du football est de gagner, et Winnicott affirme que c'est le fait d'entrer dans le jeu sans objectif qui nous procure la sensation agréable de lâcher prise et nous permet de nous détendre pleinement. C'est le moment où l'on peut associer librement ses idées, sans la moindre crainte. C'est le moment où la créativité est à son comble, libérée de toute pression ou but. Voilà pourquoi le jeu est privilégié par certaines entreprises du XXIe siècle, telles que Facebook (pour leurs équipes et sur la plateforme). Le jeu nous donne accès au chaos de notre inconscient et à des trésors insoupçonnés.

« Il existe une manière de faire griller les saucisses, qui consiste à suivre exactement la recette… et une autre, où l'on prend les saucisses et où l'on tente de les faire cuire comme si c'était la première tentative au monde. Le résultat sera peut-être exactement le même, mais c'est plus amusant de vivre avec un cuisinier créatif, même si les catastrophes sont courantes, que le goût est douteux et qu'il faut toujours s'attendre au pire. »

Donald Winnicott

« Le jeu,
c'est la preuve continue
de la créativité, ce qui signifie
la vie. »
Donald Winnicott

« Le jeu a ceci d'important qu'il permet d'associer dans une même expérience les contraintes de la société et un comportement totalement spontané. » Mihaly Csikszentmihalyi

Un refuge entre l'anxiété et l'ennui

À la mort de Winnicott, le psychologue hongrois **Mihaly Csikszentmihalyi** (c'est imprononçable, n'essayez pas) a repris la balle au bond. « *En fait,* a-t-il déclaré, *les balles et les autres dispositifs de jeu remontent à l'aube de l'humanité* », comme il a pu s'en rendre compte en étudiant de nombreuses civilisations antiques. Il a également prétendu que ce n'était pas tant la quête de soi qui était à l'œuvre dans le jeu, mais plutôt l'oubli de soi. Et ceci serait lié à l'absence d'enjeu.

Csikszentmihalyi a étudié des jeux comportant des règles (oui, le football ! ainsi que d'autres passe-temps plus cérébraux, comme les échecs, afin de couvrir un large spectre) et il en a déduit que *« jouer, c'est "être dans l'action". C'est ce qui se passe une fois qu'on a pris toutes les décisions que la dernière chose dont on se souvienne, c'est d'avoir dit "c'est parti !" »* Le jeu, c'est l'action à l'intérieur d'un cadre. Les règles ne sont pas absentes, mais elles sont acceptées par tous les joueurs. L'anxiété est tenue à distance par les limites mêmes du jeu : un dé ne peut s'arrêter que sur l'une de ses six faces ; nul n'a jamais à s'inquiéter de tomber sur un sept, d'avoir un cancer ou un compagnon qui ne nous convient pas. On peut envisager toutes les possibilités du jeu, et il nous permet de trouver un équilibre intéressant entre les tracas incessants associés aux divers enjeux de la vie, et l'ennui de ne rien faire du tout. Et même si rien ne se passe comme prévu, quelle importance ? C'est juste un jeu, après tout.

S'oublier soi-même

Pour Csikszentmihalyi, la personnalité disparaît dans le jeu. Lorsque vous jouez, dit-il, votre attention est tout entière portée sur vos actions, elle abolit tout le reste. Vous perdez conscience de vous-même, du regard qu'on porte sur vous, vous êtes totalement absorbé.e par la tâche à accomplir. Le monde réel n'a plus d'importance. (Quand un footballeur s'apprête à tirer un penalty, ce n'est pas la peine de lui demander son avis sur le changement climatique.) Votre monde tourne autour d'un but unique, vous êtes entièrement concentré.e dessus, et les normes, les exigences de la société n'existent plus.

Csikszentmihalyi prétendait que cet état mental procure un plaisir si intense qu'il compte parmi *« les meilleurs moments de sa vie »*. Il a donné le nom de « *flow* » à cette absorption totale de l'être par son occupation et il pense que c'est l'une des clés du bonheur (voir p. 148). Voilà pourquoi nous aimons le football. Enfin, peut-être.

Concepts clés

Le jeu comme base à la découverte de soi – Donald Winnicott

Le « *Flow* » comme clé du bonheur – Mihaly Csikszentmihalyi

Si j'étais plus égoïste, est-ce que je m'éclaterais davantage ?

Dorothy Rowe • Melvin Lerner

Cette question en amène une autre : que signifie « être égoïste » ? À un niveau de base, cela veut dire « Je fais ce que je veux, et je me moque pas mal de toi ». La plupart des gens froncent les sourcils à cette évocation. Cette attitude nous semble déplacée, insensible, « pas gentille ». D'où vient cette sensation ? Et pourquoi l'idée de « je fais ce que je veux » semble aller de pair avec « je me moque pas mal de toi » ?

Psychologues et psychothérapeutes semblent à peu près d'accord sur les origines de telles règles. Les enfants doivent être socialisés, afin de se conformer à la culture dominante et d'y réussir, plutôt qu'être considérés comme des parias sans espoir de salut. La responsabilité de cette socialisation revient en premier lieu aux parents, qui se mettent en devoir d'enseigner à leurs enfants comment fonctionne le monde et comment faire pour avoir une bonne vie.

La psychologue **Dorothy Rowe** a étudié à la loupe la signification du terme « bon » dans ce contexte. Il semble admis que les enfants doivent apprendre à être bons, pourtant, la définition du mot dépend beaucoup de la personne qui fixe les règles. Supposons qu'un parent ait des convictions religieuses strictes, par exemple, ou qu'il vienne d'une famille où l'on considère le plaisir comme un péché. En quoi cela va-t-il influencer les règles qu'il va établir consciemment ou inconsciemment pour sa famille ? Même dans les familles moins rigides, il y a parfois des règles liées à la notion d'égoïsme érigées en bonnes manières : « On ne mange jamais le dernier biscuit » ou « Si tu demandes, tu n'en auras pas ».

Un apprentissage rapide

Les jeunes enfants saisissent très vite les règles familiales et connaissant les conséquences s'ils ne les respectent pas. Vues de l'extérieur, celles-ci ont souvent l'apparence de simples réprimandes verbales, mais elles prennent de l'importance, car l'enfant les intériorise et les associe à un sentiment de culpabilité. Comme les réprimandes se réitèrent, même dans des circonstances en apparence anodines, l'enfant commence à se dire qu'il n'est pas à la hauteur, que les critères sont trop élevés et qu'il échouera éternellement.

En parallèle, on lui inculque une sorte de mythe. À la naissance, nous sommes incapables de comprendre les couleurs, la lumière et les sons qui nous entourent, mais petit à petit,

> *« Pour être heureux, il ne faut pas trop s'occuper des autres. »*
> Albert Camus

> *« Débarrassez-vous de cette croyance puérile, acceptez l'aléatoire, tolérez le chaos, et toutes les pièces du puzzle se mettront en place. »*
> Tim Lott

nous apprenons à leur trouver du sens. Nous y sommes aidés par les parents et les professeurs, ainsi que par les histoires véhiculées par les livres, la télévision, le cinéma et la plupart des formes de culture. Ces récits tournent généralement autour d'un même thème : les bons gagnent, les méchants perdent et sont punis. Le clivage n'est pas toujours clair. On peut, par exemple, avoir envie que les méchants (comme les voleurs de banque Butch Cassidy et Sundance Kid) sortent victorieux, mais cela ne se produit habituellement que quand ils ont été clairement identifiés comme les gentils dans la réalité.

Cette structure narrative dit deux choses : premièrement, le monde est un endroit juste, ordonné et prévisible ; deuxièmement, si quelqu'un est bon, il va vivre de belles choses. Ces idées s'ancrent profondément en nous, et elles provoquent parfois des ravages sur l'estime de soi lorsque des malheurs se produisent. Si les bonnes personnes sont récompensées (les gentils gagnent), et que je traverse une épreuve qui ressemble à une punition, cela veut dire que je ne suis pas quelqu'un de bien. Je suis certainement une mauvaise personne.

Seuls les bons dépriment

Pour Rowe, cette croyance est à la base de la dépression. Ceux qui ont choisi délibérément d'être « mauvais » et de jouer les rebelles sont sûrs d'eux et plutôt heureux, même si on peut leur reprocher de se comporter égoïstement en vivant leur vie comme ils l'entendent, en suivant leurs propres règles. À l'inverse, ceux qui essaient d'être « bons », mais qui peinent à appliquer les règles, ont l'impression d'avoir échoué. Ils en concluent : « Je n'ai pas été assez bon. Si ce sont les règles, tout le monde doit être capable de s'y conformer. » Même à l'âge adulte, quand les personnes « bonnes » subissent une perte ou un drame, elles se disent que, d'une certaine manière, elles l'ont mérité, parce que les malheurs n'arrivent qu'aux gens mauvais. Et ce sont ces efforts acharnés pour être bons qui leur donnent le sentiment de ne pas être de taille, selon Rowe, qui conclut que *« seuls les bons dépriment »*.

La conviction que le monde est juste et prévisible vient soutenir la croyance erronée selon laquelle les gens bien sont récompensés et elle renforce le sentiment de ne pas être à la hauteur. Si l'on croit que le monde est régi par des lois scientifiques de cause à effet, alors il y a obligatoirement une raison à toute chose. Et il y a forcément une raison aux difficultés rencontrées dans la vie. En recherchant pourquoi elle a été renversée par une voiture (« Pourquoi moi ? »), par exemple, une personne qui croit que le monde est juste va immanquablement en arriver à la conclusion qu'elle l'a mérité.

Que le monde corresponde au mythe

Le psychologue **Melvin Lerner** a étudié notre croyance en un monde juste et a montré que nous serions prêts à défendre cette idée contre toute logique. Nous préférons changer les faits pour les faire correspondre à cette croyance. Dans une étude menée par la psychologue Carolyn Simmons en 1966, on a montré à un groupe de personnes

Si on nous a dit si souvent de ne pas prendre le dernier biscuit, cela signifie sûrement que c'est un acte démoniaque !

des images en direct d'une femme qui semblait recevoir des décharges électriques violentes à chaque mauvaise réponse. On leur a d'abord donné la possibilité de faire cesser les décharges, et tous l'ont fait. Puis on leur a dit qu'ils ne pouvaient rien faire, qu'ils n'avaient pas le droit d'intervenir et qu'ils devaient assister à ce spectacle impuissants. Alors, leur opinion s'est modifiée. Ils ont dit : « Elle doit forcément le mériter ; elle n'est sûrement pas une victime innocente. Elle ne peut pas l'être (dans un monde juste). » Il leur fallait trouver un lien entre ce qui lui arrivait et sa personne. S'ils ne pouvaient changer son sort, ils devaient modifier sa personnalité.

Nous aimerions tous nous convaincre que nous réagirions différemment, mais l'étude semble montrer le contraire. Nous avons besoin de croire en un monde prévisible et juste, qui répond à un ensemble ordonné de lois, car sinon, cela voudrait dire que nous vivons dans un univers cauchemardesque où tout peut arriver. Ce qui est le cas, en fait. Mais c'est une vérité insupportable. Alors nous préférons être dans le déni total (merci, Freud) et nous sommes prêts à sacrifier notre estime de soi pour conserver intact le mythe disant que le monde est sûr et compréhensible.

Laisser place à l'incertitude ?

C'est peut-être pour cela que les « méchants » s'amusent davantage. Ils sont allés au-delà du mythe et ont tracé leur propre chemin dans un monde aléatoire et désordonné, mais qui offre tous les possibles. Si nous parvenons à renoncer à une part de certitude et à rejeter les règles pour voir ce qui se passe, plutôt que d'essayer de faire rentrer les événements dans les cases des récits possibles, nous pourrions être surpris. Il n'y a pas de réponse à la question « Pourquoi moi ? » Des événements imprévus surviennent tous les jours. Alors, brisez les règles. Prenez le dernier biscuit.

Concepts clés

Seuls les bons dépriment
– Dorothy Rowe

Croyance en un monde juste
– Melvin Lerner

Pourquoi est-ce que j'agis ainsi ?

P. 42 : Je regarde mon téléphone sans arrêt. J'aimerais réussir à me concentrer...

P. 46 : J'ai quarante ans et je rêve d'une Ferrari. Où est le problème ?

P. 50 : Je suis d'un naturel calme, mais au volant, je suis parfois pris.e de fureur.

P. 54 : Pourquoi fais-je tout ça bénévolement ?

P. 59 : Je mens toujours quand elle demande : « Est-ce que ça me fait de grosses fesses ? » Pourquoi ?

P. 63 : J'ai peur de l'avion. Que puis-je faire ?

P. 68 : Hier, j'ai conduit excessivement vite. Où avais-je donc la tête ?

P. 72 : Pourquoi est-ce que je continue à regarder un feuilleton télé tous les soirs ?

P. 76 : Je me comporte bizarrement face aux parents de mon ami.e. Pourquoi ?

P. 80 : Pourquoi est-ce que j'achète toujours la même marque ?

Chapitre 2

Je regarde mon téléphone sans arrêt. J'aimerais réussir à me concentrer...

Donald Broadbent • Colin Cherry • Anne Treisman • B F Skinner • Hermann von Helmholtz

En ce XXIe siècle, nous sommes bombardés d'informations en permanence, et notre capacité à sélectionner un sujet plutôt qu'un autre est mise à rude épreuve. Si nous étions totalement rationnels, nous ne prêterions attention qu'aux données utiles à ce que nous sommes en train de faire, mais rien n'y fait, quelle que soit la tâche à accomplir, nous retournons toujours à notre téléphone. En quoi est-il si irrésistible ?

Tout le monde sait ce qu'est l'attention et, à la fois, personne ne le sait réellement. En gros, c'est ce qui nous permet de nous concentrer sur un stimulus en particulier (cette personne attirante au bar) plutôt que sur tous les autres (les autres clients, le bar lui-même, la musique, la boisson qu'on a entre les mains). La notion de sélection entre en jeu, bien sûr, mais les psychologues se demandent encore comment elle fonctionne. Pensons-nous à la signification de quelque chose avant de lui prêter attention, ou cette chose attire-t-elle d'abord notre attention par la puissance de son signal (comme un bruit très fort) avant que nous l'analysions pour en déceler le sens ?

Dans les années 1950, des psychologues tels que **Donald Broadbent** et **Colin Cherry** se sont opposés sur cette question de l'œuf et de la poule. Pour Broadbent, les caractéristiques physiques sont à la source de notre système de filtration mentale. Cherry, lui, déclarait que le sens a toujours la priorité. Il a fait remarquer que si quelqu'un prononce notre nom dans une pièce, on l'entend toujours, même dans une grande cacophonie. Il a nommé ce phénomène le *« Cocktail Party Effect »* (l'effet cocktail).

Par un glissement que Freud n'aurait pas désavoué, **Anne Treisman** a émis l'idée que les informations perçues par nos sens accèdent à notre conscience, mais sont atténuées afin qu'elles puissent être analysées à un niveau inconscient. Ainsi, notre « oreille inattentive » peut tout à fait saisir certains éléments (notre nom, par exemple) et attirer notre attention.

Des études récentes, qui font moins appel aux cocktails qu'aux imageries cérébrales, semblent indiquer que l'attention est un processus dynamique. Lors du traitement de l'information, notre attention – quelles que soient les circonstances – accentue certaines données et en atténue d'autres. Le processus implique différentes parties du cerveau et dépend de deux choses : le but (vous cherchez une amie qui porte une robe rouge ; toutes les autres couleurs sont ignorées) et la force des stimuli entrants (comme un bris de verre, entendu par-dessus tous les autres bruits).

Nos buts dépendent d'un processus cognitif. Ainsi, si vous avez soif, vous remarquerez la bouteille d'eau posée sur mon bureau en vous approchant de moi. Cela signifie que votre attention est *endogène*, elle est contrôlée, guidée.

En revanche, si, en entrant dans mon bureau, vous trébuchez sur la corbeille à papier et si vous vous blessez au pied, votre attention sera attirée par un élément extérieur. On parle de processus involontaire, *exogène*.

Le système a ses failles, évidemment, car le processus de sélection implique forcément qu'on manque certains éléments, surtout dans un contexte où beaucoup d'informations sont réunies dans un espace ou un temps réduit (quand les données affluent très vite). Il nous arrive parfois d'être «aveugles au changement», c'est-à-dire que nous ne remarquons pas certaines modifications quand elles n'ont pas trait directement à notre centre d'intérêt principal. Si vous avez déjà vu Julia Roberts et Richard Gere prendre le petit déjeuner dans *Pretty Woman*, par exemple, avez-vous remarqué que le croissant de la belle rousse se transforme mystérieusement en pancake? Nous passons donc à côté d'éléments dans l'espace géographique, mais aussi temporel. Nous en faisons souvent l'expérience, alors nous savons que ces ratés sont possibles.

Le problème avec les téléphones, c'est qu'ils réunissent un grand nombre d'éléments qui attirent l'attention en un seul ustensile très pratique, et qui, en plus, libèrent des composés

«Tout homme qui peut conduire sans risque en embrassant une jolie fille ne donne simplement pas au baiser toute l'attention qu'il mérite.» Anonyme

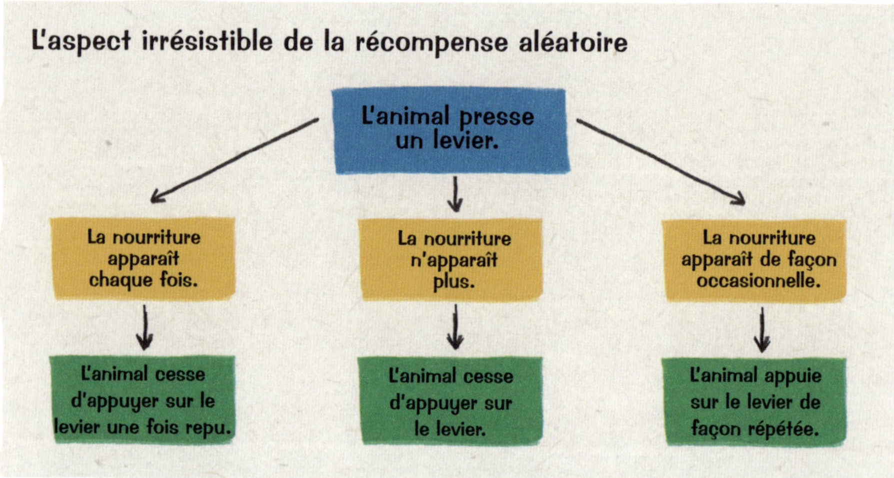

chimiques liés à l'addiction dans le cerveau. Au niveau exogène, il y a tous ces petits bruits qui disent «Tu as un message!» ou «Regarde, une vidéo de notre soirée d'hier!» Difficile de résister à de tels stimuli externes... Pour couronner le tout, des buts endogènes sont peut-être sous-jacents : «Est-ce qu'elle m'a envoyé un SMS? Est-ce que quelqu'un a liké ma photo? Qui a répondu à mon snapchat?» Pour peu que vous ayez conscience de passer à côté des choses quand votre attention est ailleurs, vous vous demandez : «Et s'il s'était passé quelque chose? Et si j'étais passé à côté?»

Imaginons que vous ayez reçu ce fameux SMS ou une photo. Cela active la zone du cerveau qui réagit à la nouveauté. Vous obtenez une «récompense» sous la forme d'opioïdes endogènes, qui vous procurent une sensation de sérénité immédiate et qui vous empêchent encore plus de vous concentrer sur la réunion à laquelle vous assistez (du moins physiquement). Si vous répondez à la photo/vidéo/blague sur les chutes idiotes, vous recevez une nouvelle dose de dopamine, le principal composé chimique libéré par le cerveau dans le système de la récompense, pour cette petite «réussite», et peut-être une autre si vous vous réjouissez d'être tellement connecté aux autres (Jackpot!)

Les téléphones procurent également des récompenses aléatoires plutôt que garanties. Et le père des sciences comportementales, **B F Skinner**, a démontré qu'il n'y a rien de plus irrésistible qu'une récompense aléatoire. Il a placé des rats dans une boîte munie d'un levier. Au début, chaque fois que les animaux pressaient le levier, de la nourriture apparaissait et les animaux arrêtaient de presser le levier quand ils n'avaient plus faim. Si la nourriture cessait d'apparaître sur une longue période, ils arrêtaient de presser le levier. Mais si la

« Un auditeur ne peut absorber qu'une quantité limitée d'informations en un temps donné. Sa capacité d'attention est limitée.» Donald Broadbent

> *« D'une certaine manière, nous créons notre expérience des choses plutôt que nous ne l'intégrons de façon neutre comme une caméra le ferait. La perception ressemble davantage à une hallucination contrôlée qu'à un enregistrement contrôlé des stimuli. »*
>
> Anne Treisman

nourriture n'apparaissait que de manière occasionnelle, les animaux se mettaient à presser le levier plus souvent. (« J'ai un texto ? Oui ! J'ai un texto ? Non ? J'ai un texto ?... »)

Les téléphones semblent activer le pouvoir de l'« attention implicite », décrite en 1894 par **Hermann von Helmholtz**. Il a démontré que, même si notre regard est dirigé vers un point particulier (l'écran de l'ordinateur), notre attention visuelle peut être attirée par autre chose de manière « implicite », c'est-à-dire sans qu'on la regarde directement. Le fait de garder son téléphone dans son champ de vision périphérique permet de « garder l'œil » sur ce concentré de plaisirs à tout instant.

Est-ce un problème ?

Eh bien, oui, en fait. Déjà, parce qu'on a beau essayer de s'en convaincre, on ne peut pas être efficace en effectuant plusieurs tâches à la fois. La capacité d'attention de l'être humain est limitée et, si nous la divisons en deux activités, soit elle se répartit équitablement (et nous ne sommes vraiment présents ni à l'une ni à l'autre) soit une tâche nous absorbe davantage et l'autre en pâtit. Le professeur Glenn Wilson a montré qu'en voulant être multitâche (en essayant de se concentrer en sachant qu'on a reçu un mail important), la perte cognitive est plus grande que si l'on fumait du cannabis.

De plus, la dopamine agit sur une zone du cerveau nommée les *noyaux accumbens*. Des scientifiques ont mené une expérience sur des rats, à qui ils ont présenté un levier. Quand les rats le pressaient, cela envoyait un signal électrique directement à leurs *noyaux accumbens*, comme l'aurait fait la dopamine. Les rats ont tellement apprécié qu'ils se sont mis à presser le levier sans cesse, oubliant de manger, de boire et de s'accoupler. Ils ont simplement continué à presser le levier jusqu'à la mort.

En 2016, l'État de Nouvelle-Galles-du-Sud, en Australie, a annoncé vouloir tester des feux de signalisation au sol afin de capter l'attention des piétons qui s'engagent sur la chaussée sans prendre garde aux véhicules. Ces gens ne remarquent pas le sifflement des voitures passant à proximité, pas plus que les bruits de moteurs, les coups de klaxon, ou le bord du trottoir. Rien ne semble pouvoir rivaliser avec l'attrait du téléphone pour eux, leur attention est ailleurs ; le danger, lui, est bien là.

Concepts clés

Le système attentionnel
– Donald Broadbent et Colin Cherry

La récompense aléatoire
– B F Skinner

L'attention implicite
– Hermann von Helmholtz

J'ai quarante ans et je rêve d'une Ferrari. Où est le problème ?

Elliott Jaques • Erik Erikson • Carl Jung • Irving Yalom

La notion de « crise de milieu de vie » est apparue en 1965 dans un article publié par le psychanalyste Elliott Jaques. Le psychologue Daniel Levinson a, de son côté, mené une série d'entretiens informels auprès de quarante hommes et a, lui aussi, identifié une transition difficile au milieu de la vie. L'expression « crise de la quarantaine » est aujourd'hui entrée dans le langage courant, même si aucune étude sérieuse depuis celle de Levinson n'a apporté de preuve convaincante de son existence. Pourtant, vous semblez inquiet. Y a-t-il un problème ?

Le psychanalyste **Elliott Jaques** a remarqué qu'un nombre étonnant de gens considérés comme des génies, comme Mozart, Gauguin et Chopin, étaient morts entre trente-cinq et trente-neuf ans, et il s'est demandé si cette période de la vie pouvait avoir une importance particulière. Il a mis en évidence le fait que, chez ces génies, la période qui précède les quarante ans était déterminante, mais qu'on pouvait diviser ces êtres en trois groupes. Dans le premier, l'artiste révélait son talent jeune et livrait une œuvre prodigieuse avant de mourir (littéralement ou métaphoriquement) vers l'âge de trente-cinq ans. Dans le deuxième, le génie ne produisait rien de particulièrement brillant avant ses trente-cinq ans, tandis que dans le troisième, les débuts se passaient correctement, mais ce n'est que passée cette période que le créateur accédait à la plénitude de son art.

En tant que psychanalyste, Jaques a aussi repéré ce tournant chez ses clients moins « géniaux » qui, entre trente-cinq et quarante ans, semblaient subitement se rendre compte des limites de leur vie. Comme s'ils prenaient conscience du point final de leur existence, du « temps qui reste » et de tout ce qu'il était encore possible, ou non, de réaliser. Jeunes, ils se pensaient immortels et leurs rêves d'alors les avaient menés à la situation qu'ils occupaient maintenant, mais la prise de conscience ramenait ces rêves au premier plan. Que désiraient-ils autrefois ? Qu'avaient-ils accompli ? Avec la mort en ligne de mire, même encore lointaine, était-il encore possible

> *« Faites une pause lorsque vous observez une photographie de vous plus jeune. Laissez ce moment intense vous submerger et perdurer un instant ; savourez-en la douceur tout autant que l'amertume. »* Irving Yalom

de faire tout ce dont ils rêvaient ? Où étaient-ils condamnés à « ça », ce travail, ce mariage et ce cadre de vie jusqu'à la fin de leurs jours ?

Selon le psychologue Joseph Nuttin, notre perception du temps joue un rôle majeur dans notre motivation. Quand on imagine avoir la vie devant soi, on se donne des objectifs élevés, qui exigent l'obtention de connaissances et de ressources pour y parvenir. Mais si l'on voit le futur comme borné, les buts qu'on se fixe nous permettent surtout de faire face à ce que nous sommes, à nos émotions, et à faire preuve d'indulgence envers nous-même. On ne se focalise plus sur le désir d'aller plus loin, mais sur l'acceptation de ce qu'on a et de ce qu'on est. Ce basculement naît peut-être de la prise de conscience que la mort est au bout du chemin, même si la route est encore longue, mais il nous aide aussi à apprendre à accueillir cet événement avec sérénité, ce qui est le plus grand défi de l'existence.

Tout cela est bien joli en théorie, mais en pratique, c'est une autre histoire. Tout le monde n'est pas prêt à relever ce défi, et certains préfèrent nier la présence lointaine de la mort en prétendant être plus vivants que jamais. « Regardez ! Je peux escalader des montagnes, courir un marathon et faire la fête toute la nuit ! Je me porte comme un charme ! Je vais vous prouver (et à moi aussi) que je suis jeune de corps et d'esprit en achetant une voiture de sport et en flirtant avec une femme de vingt ans ma cadette. Fini ? Effrayé, moi ? À d'autres ! »

Les femmes vivent-elles cette crise ?

L'idée que l'évaluation de la réussite et la peur du temps qui passe touchent davantage les hommes que les femmes semble

communément admise. L M Tamir assurait que les femmes sont, par nature, plus enclines à se demander ce qu'elles font et où elles vont tout au long de leur vie, et qu'elles ajustent leurs objectifs et la vision qu'elles ont d'elles-mêmes au fur et à mesure. D'autres psychologues ont prétendu que les hommes évaluent leur réussite en fonction de leur statut social et de leur salaire, tandis que les femmes se préoccupent davantage des relations qu'elles entretiennent avec autrui ; elles se jugeraient plus par rapport à leur rôle de mère, d'épouse ou d'amie. Mais il se peut aussi qu'elle fasse le bilan de leur vie à mi-parcours et qu'elles vivent une crise identitaire, surtout si elles ont consacré leur temps à leurs enfants ou à des parents qui n'ont désormais plus besoin d'elles.

Le psychologue **Erik Erikson** affirmait que tous les êtres humains – les hommes comme les femmes –, passent par divers stades de développement au cours de leur existence, et que celui qui correspond au milieu de la vie implique des défis particuliers qu'il faut savoir relever avec succès, comme ceux des stades précédents. Le septième âge qu'il définit intervient entre quarante et soixante-cinq ans et implique un choix entre générativité et stagnation. La « générativité » correspond à un état d'esprit où l'on se préoccupe avant tout du bien-être des générations futures.

Les huit stades du développement psychosocial d'Erik Erikson

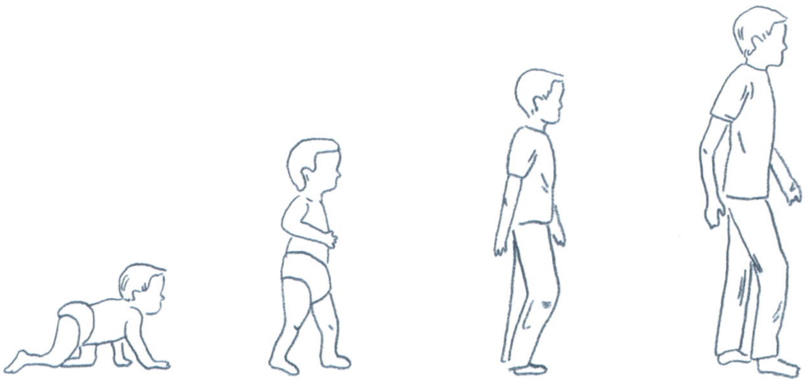

1. Espoir
Confiance *vs* Méfiance
Le nourrisson
(de 0 à 18 mois)

2. Volonté
Autonomie *vs* Doute
La petite enfance
(de 18 mois à 3 ans)

3. Conviction
Initiative *vs* Culpabilité
L'âge du jeu
(de 3 à 5 ans)

4. Compétence
Travail *vs* Infériorité
L'âge de l'école
(de 5 à 12 ans)

Tout ce que nous entreprenons à ce stade, explique-t-il, devrait favoriser l'émergence d'un monde meilleur. Il ne devrait plus être seulement question de se remplir les poches ou de rechercher les plaisirs hédonistes. Nous pouvons utiliser les défis de cette étape (réorientation professionnelle, altération dans les relations, premiers signes physiques de l'âge) pour trouver un sens et un but nouveau à notre existence. Celui qui ne parvient pas à négocier ce virage correctement risque fort de s'enfermer dans une stagnation auto-centrée.

Alors ? Voiture de sport ou pas ? Peut-être. Surtout si vous possédez une part du *Puer Aeternus*, ou d'éternel enfant en vous. Ce terme a été utilisé par **Carl Jung** pour décrire les hommes entre quarante et cinquante ans qui se comportent comme des adolescents et pensent être jeunes à jamais, comme Peter Pan. Le *puer* recherche l'exaltation, souvent au détriment de tout le reste. Il chérit la nouveauté dans les expériences, les relations amoureuses, les défis et il refuse de se poser. Il doit être en perpétuel mouvement ; si une tâche implique une routine et des éléments récurrents (quelle activité n'en requiert pas ?), il la rejette et se met en devoir de trouver un nouveau terrain de jeu.

Cette quête de l'euphorie est une fuite, disent les psychanalystes, qui cherche à repousser le cauchemar de la déchéance physique, de la dépression et de la stagnation (merci, Erikson). Ce moment du milieu de la vie menace de

« À ce stade, une personne fait de son mieux pour repousser les pensées morbides et se console de sa venue certaine par la seule joie qui puisse perdurer, celle de participer à l'émergence d'un monde meilleur autant que possible. » Erik Erikson

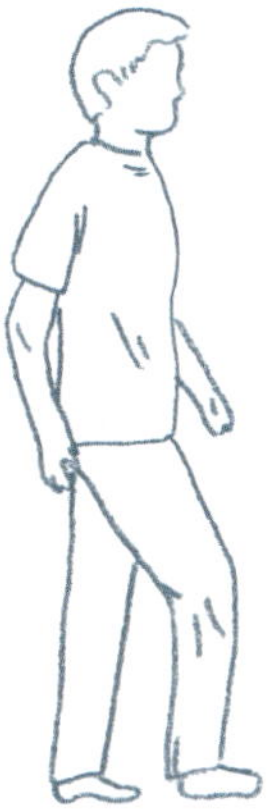

5. Fidélité
Identité *vs* Confusion des rôles. L'adolescence (de 12 à 18 ans)

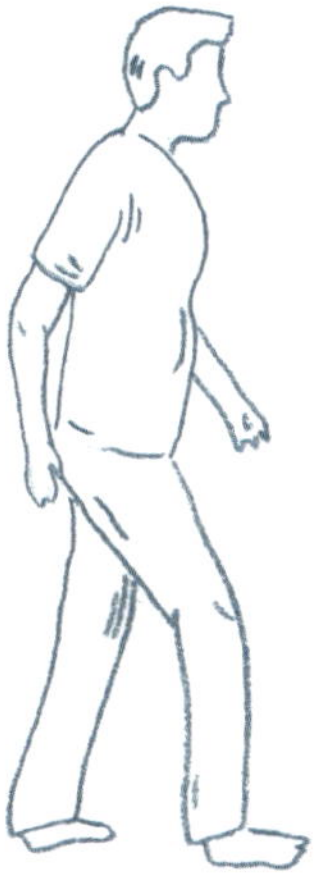

6. Amour
Intimité *vs* Isolement Le jeune adulte (de 18 à 40 ans)

7. Attention
Générativité *vs* Stagnation. L'âge adulte (de 40 à 65 ans)

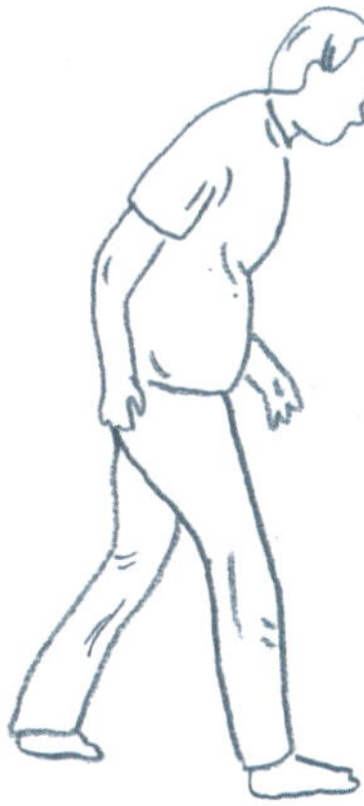

8. Sagesse
Intégrité personnelle *vs* Désespoir. La maturité (à partir de 65 ans)

révéler l'odieuse vérité : le corps perd de sa superbe, une carrière ratée est synonyme de problèmes d'argent… et même Peter Pan a fini par se sentir seul ! Ce tournant de la prise de conscience identifié par Jaques vient brandir un miroir nous montrant ce que nous sommes devenus. Pour le *Puer Aeternus,* cela correspond au moment où Dorian Gray se confronte au tableau qui a vieilli à sa place, tandis qu'il restait éternellement jeune.

On aperçoit le spectre de la mort à l'horizon et on se rend compte qu'on n'est pas immortel, après tout. On peut toujours se voiler la face en achetant une voiture clinquante, en se payant un lifting ou une couleur pour les cheveux tout en se nourrissant de super-aliments et en faisant du sport à outrance, mais le spectre ne disparaît pas pour autant. Il est temps de s'y confronter, vous dirait Jung. Oui, il faut y faire face, renchérirait Erikson. « Je peux peut-être vous aider à vous y confronter », interviendrait le psychothérapeute existentialiste **Irving Yalom**. *« Il n'est pas facile de vivre chaque instant pleinement en ayant conscience de la mort. C'est comme essayer de regarder le soleil en face ; on détourne vite le regard. »* Et voilà que vous voulez une voiture de sport. « Mon cher monsieur », vous dirait Yalom, « même si la physicalité de la mort nous détruit, l'idée de la mort peut nous sauver ». Voilà de quoi vous occuper encore une séance sur le divan.

Concepts clés

La crise du milieu de vie – Elliott Jaques

Le *Puer Aeternus* – Carl Jung

Le développement psychosocial – Erik Erikson

Je suis d'un naturel calme, mais au volant, je suis parfois pris.e de fureur.

Jaak Panksepp • Daniel Kahneman

Vous roulez sur l'autoroute, en discutant avec le passager assis à côté de vous, quand soudain, une voiture vous fait une queue de poisson, vous obligeant à freiner brutalement. Vous êtes projeté.e violemment en avant puis en arrière, et une douleur vive, souvenir d'une ancienne blessure, se réveille dans votre cou. Et voilà que le conducteur vous nargue en vous faisant un doigt d'honneur. Que faites-vous ?

Nous voudrions sûrement tous répondre comme le ferait la créature rationnelle que nous prétendons être : « Je m'arrête sur une aire de repos pendant quelques minutes pour me calmer avant de reprendre la route et terminer mon voyage. » Malheureusement, comme les psychologues l'ont montré maintes fois, nous sommes moins civilisés que nous pensons l'être et nos réactions font parfois bien plus appel aux fonctions cérébrales que nous partageons avec d'autres mammifères qu'à la puissance cognitive supérieure qui caractérise l'être humain. Les tribunaux sont remplis d'hommes et de femmes que leurs proches qualifient de « toujours très calmes et aimables ! », mais qui se sont jetés sur un autre conducteur à bras raccourcis.

« Est-ce le genre de personnes qu'on imagine capables d'adresser un doigt d'honneur ou de cracher au visage d'un autre conducteur, de crever un pneu à coups de cutter ou de frapper un homme à deux reprises ? » demanderait leur avocat. « En aucun cas », s'écrieraient les proches. Et pourtant, ils s'avèrent bien coupables de tels agissements. Alors que s'est-il passé ?

Les Anglo-Saxons parlent de *road rage* (rage au volant) pour décrire une agressivité qui surgit de manière aussi brutale qu'incontrôlable, même chez des personnes habituellement très pacifiques. Et si l'agressivité « classique » trouve souvent son origine dans les événements vécus dans l'enfance, l'influence des pairs ou même dans des causes *épigénétiques* (un mélange de nature et de culture), quelque chose d'autre semble se produire ici. Les études menées par le psychologue **Jaak Panksepp** nous invitent à chercher la réponse au fin fond du cerveau humain, dans la région sous-corticale qui contient les structures et systèmes que nous avons en commun avec les autres mammifères. Sans que nous en ayons conscience, ceux-ci analysent en permanence notre environnement et nous procurent une compréhension intuitive de ce qui est dangereux ou non, de ce qu'il faut fuir ou rechercher. Ce système émotionnel que Panksepp décrit comme ancien nous pousse à agir avant de réfléchir, alors que les capacités cognitives acquises plus récemment au cours de l'évolution (et qui ont pour siège le néocortex humain) nous aident à penser avant d'agir.

L'un des systèmes sous-corticaux que nous partageons avec les autres mammifères est constitué d'un ensemble de mécanismes cérébraux qui contrôlent nos comportements et nos émotions de base, encodées génétiquement, en d'autres termes, un ensemble d'« instincts » préprogrammés en nous. Panksepp propose une analogie avec le système d'exploitation d'un ordinateur, qui est intégré dans la mémoire morte (ROM), tandis que les systèmes de pensée et d'apprentissage fonctionnent davantage sur la mémoire vive (RAM). Le système cérébral de type ROM sous-tend le système RAM de la même manière que le système d'exploitation d'un ordinateur assure un fonctionnement basique, et c'est là que résident nos *« émotions, nos passions et nos désirs »,* d'après Panksepp. Nous préférons croire que nous sommes plus près des anges que des autres animaux, dit-il, alors nous cherchons à nier leur existence, mais ils n'en restent pas moins présents.

Au cours de ses expériences, Panksepp a mis en évidence sept systèmes instinctifs de base : RECHERCHE, COLÈRE, PEUR, SEXUALITÉ, INSTINCT NOURRICIER, DÉTRESSE et JEU (il utilise des majuscules pour différencier ces notions de l'usage habituel qu'on en fait). Le système de RECHERCHE fait que tous les animaux explorent leur environnement pour y trouver les éléments nécessaires à leur subsistance, notamment leurs parents et de la nourriture. Aucun animal n'a besoin d'apprendre cela, fait-il remarquer, pas plus que nous n'avons à apprendre ce qu'est la peur, la colère, la douleur, le plaisir ou la joie. Des expériences ont montré qu'on peut activer ces sept systèmes par une stimulation électrique directe de certaines zones du cerveau. Quand il s'agit du système de la COLÈRE, les poils des animaux se hérissent, ils se mettent à souffler et à grogner, et ils dirigent leur colère vers tout ce qu'ils voient comme une menace autour d'eux.

L'escalade de la *road rage*

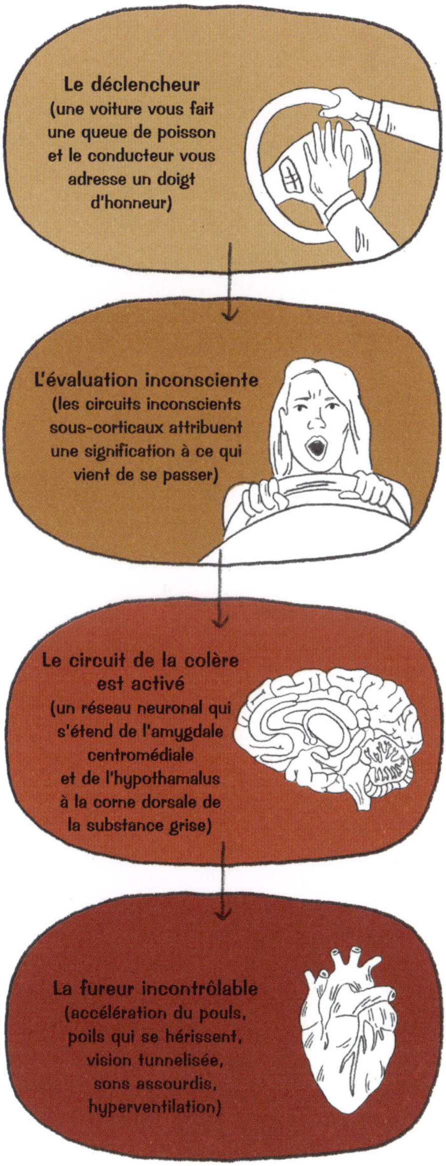

« La prochaine fois que vous serez en colère, activez une clochette dans votre esprit et demandez-vous : "Est-ce que je souffre ? Est-ce que j'ai peur ? Est-ce que je ressens de la honte ou de l'humiliation ?" Vous répondrez oui au moins une fois, chaque fois. » Jacques Verduin

Le système de la COLÈRE déclenche une agressivité inexplicable et soudaine. La fureur comme l'agressivité sont provoquées par des événements extérieurs, mais l'émotion jaillit lorsque certains types de stimuli pénètrent dans le circuit de la COLÈRE. On peut même le déclencher chez les bébés ; il suffit de maintenir les bras d'un nourrisson le long de son corps quelques secondes pour qu'il soit furieux du fait de cette restriction de sa liberté d'action. C'est le déclencheur principal du mécanisme de la COLÈRE avec la frustration, car la liberté de mouvement et l'accomplissement d'un but font partie du système de RECHERCHE. Ces deux systèmes semblent intimement liés et il suffit que le système de RECHERCHE, soit entravé pour que le mécanisme de la COLÈRE se déclenche. Panksepp vous dirait : qui n'a jamais ressenti un bref accès de fureur et de frustration face à un distributeur qui garde votre argent sans délivrer la boisson demandée ? Si vous n'avez pas très soif et qu'il vous reste de la monnaie, vous serez peut-être capable d'utiliser les capacités cognitives de votre cerveau supérieur pour envisager une solution. Mais si vous mourez de soif, que vous n'avez plus un sou, qu'il fait atrocement chaud et qu'en plus, vous êtes en retard, le système de la COLÈRE est stimulé avec une telle force que toute pensée rationnelle est balayée.

Pensée rapide et pensée lente

Cette théorie fait écho, en partie, au concept de « pensée rapide et pensée lente » de **Daniel Kahneman**. Celui-ci pense que nous avons accès à deux types de réflexion, qu'il nomme système 1 et système 2 (voir ci-dessus). Le premier, rapide, cherche un schéma, un sens, et a tendance à tirer des conclusions hâtives (« Il a fait exprès de me couper la route ! »). Le deuxième, plus lent, pourra être sollicité pour remettre en cause ces conclusions. C'est lui qui est responsable de la maîtrise de soi, mais comme le précise Kahneman, le système 2 est souvent paresseux et se fatigue vite (en anglais, on parle d'*ego depletion*, d'épuisement de l'ego). Dans ce type de circonstances, il a tôt fait de se ranger aux conclusions (souvent erronées) du système 1. Alors, il approuve : « Oui, ce type a fait exprès de me couper la route. » Les deux systèmes sont d'accord et il n'y a plus de maîtrise de soi qui tienne. D'autant que le système 1 ne tolère pas l'ambiguïté. Vous ne pensez pas seulement qu'il vous a coupé la route, vous le *savez*.

Pensée rapide, pensée lente
(Daniel Kahneman)

Système 1
Rapide, intuitif, inconscient, hautement convaincant et émotionnel.

Système 2
Plus lent, complexe, conscient, rationnel, capable de jugements et de calculs.

L'activation de la COLÈRE

Panksepp reconnaît l'influence des capacités cognitives supérieures sur les émotions de base, tout comme Kahneman admet que le système 2 pèse parfois sur l'activité du système 1.

Mais, Panksepp rappelle que c'est un processus à double sens : les pensées peuvent modifier les émotions, mais elles sont également le siège des idées symboliques, et les symboles peuvent aussi modifier les émotions, comme lorsqu'on brandit symboliquement le poing. Chez les animaux, tout ce qui menace la survie déclenche un système primaire, mais, chez les humains, les gestes et les mots symboliques peuvent tout aussi bien l'activer. Associez une intrusion dans votre territoire (une voiture qui surgit sur votre voie) à une menace qui pèse sur votre vie et sur celle de quelqu'un que vous aimez (la personne chère assise à vos côtés), ajoutez-y un geste symbolique comme un doigt d'honneur, et peut-être un stress latent lié à la fatigue, à la faim ou au manque de sucre (le système 2 a besoin de glucose!) et bang! Le mécanisme de la COLÈRE se déclenche à pleine puissance.

Alors que puis-je faire?

Le neurobiologiste Douglas Fields, expert de la *road rage*, prétend que la première chose à faire est d'apprendre à reconnaître la réalité des choses : vous n'êtes pas vraiment en danger de mort et il n'y a pas de raison de «détruire» la menace, malgré ce sentiment, ô combien convaincant, que c'est nécessaire. Si vous sentez la tension monter en vous, agissez pour l'apaiser avant que des mécanismes incontrôlables ne se mettent en branle. Mangez, dormez, allez faire un tour, écoutez de la musique. Si les signes physiques de la colère apparaissent (accélération du pouls, mâchoires qui se serrent), utilisez votre système cognitif élaboré (le système 2) pour contrer les croyances qui émanent inconsciemment du système 1. Arrêtez-vous. Prenez conscience de là où vous vous trouvez, à l'instant. La tâche est difficile, mais chacun peut l'acquérir par la pratique de la pleine conscience. Dans la prison de San Quentin, en Californie, on propose des cours d'introspection aux prisonniers afin qu'ils apprennent à repérer les signes annonciateurs d'un danger imminent, quand l'irritation va laisser la place à la fureur et à la violence. Ces hommes, condamnés à la prison à vie, suivent un programme visant à transformer leur colère en énergie. Ils apprennent à repérer et à canaliser les pulsions violentes qui les ont conduits au crime. Jacques Verduin, le concepteur de ce programme, dit qu'au moment qui précède le danger, trois choses se produisent : tout s'accélère, tout s'intensifie, puis le regret s'ensuit. En apprenant à repérer ce moment, on peut désamorcer la *road rage,* comme toutes les autres colères.

Concepts clés

Le mécanisme de la COLÈRE – Jaak Panksepp

Pensée rapide, pensée lente – Daniel Kahneman

Pourquoi fais-je tout ça bénévolement ?

Abraham Maslow • Martin Seligman

Le principe de plaisir tel que l'a décrit Freud repose sur l'idée que chaque fois que nous sommes motivés pour faire quelque chose, la motivation provient d'une sensation de déplaisir qu'on veut éviter. En d'autres termes, cela signifie que nous sommes motivés par l'idée d'échapper à la souffrance, qu'elle soit physique ou émotionnelle. À première vue, il n'est pas évident de comprendre pourquoi le fait de travailler gratuitement vous éloigne de la douleur, mais Abraham Maslow a peut-être la réponse.

Maslow est considéré comme le père de la psychologie humaniste, qui s'opposait radicalement à la psychanalyse freudienne par bien des aspects, notamment parce qu'elle partait du principe que l'être humain est fondamentalement bon. Quand Freud affirmait que nous sommes naturellement égoïstes, lubriques et agressifs, Maslow prétendait que les êtres humains sont bien disposés par essence, mais qu'ils agissent parfois mal en raison de la souffrance. Selon les deux approches, donc, notre motivation première

La hiérarchie des besoins de Maslow

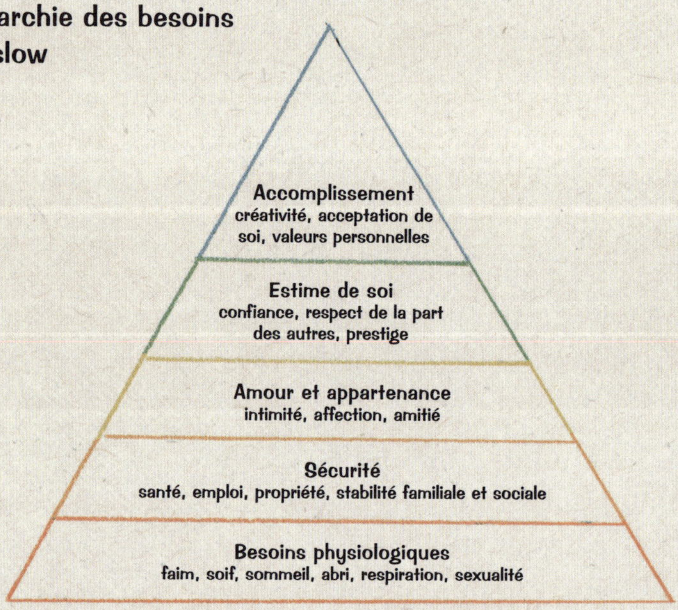

> *«Toute personne dans notre société… a le besoin ou le désir d'avoir une estime de soi stable, solide et généralement haute.»*
> Abraham Maslow

consiste à passer de la souffrance au plaisir. Maslow précisait que la souffrance en question est souvent facile à repérer, car elle provient d'un besoin inassouvi aisément identifiable.

Maslow est connu pour sa «hiérarchie des besoins», qui établit les cinq types de besoins de base de l'être humain. Ils sont instinctifs, ou profondément ancrés en nous, et sont essentiels à notre survie et à notre bien-être. La hiérarchie reflète l'ordre dans lequel ils doivent être satisfaits : les besoins les plus élémentaires, à savoir les besoins physiologiques en air, en eau, en nourriture et en sommeil doivent être assouvis avant qu'aucun autre ne soit envisagé. Le deuxième degré des besoins, qui a trait à la sécurité, transparaît dans notre quête de stabilité, de sûreté et de protection. Cela signifie que dès que nous disposons des ressources nécessaires pour respirer, manger et boire, nous cherchons la sécurité. Une fois ce niveau satisfait, notre priorité (en termes de motivation) devient l'amour et l'appartenance; nous voulons avoir le sentiment d'appartenir à un groupe et nous recherchons l'affection et l'amitié.

Le quatrième degré correspond au besoin d'estime de soi, que nous pouvons satisfaire de façon interne (en prenant conscience de nos compétences, de nos réussites et de notre indépendance) ou de manière externe, à travers l'opinion des autres ou la considération qu'ils ont pour nous. Pour Maslow, l'estime de soi obtenue par un biais interne est supérieure à l'autre, notamment parce qu'elle est plus fiable que l'avis ou même l'humeur des autres, qui peut s'avérer très variable.

L'importance de l'estime de soi

Dans les années 1930, Maslow assistait tous les vendredis soirs à un séminaire animé par le psychanalyste Alfred Adler à New York. Adler affirmait qu'un manque d'estime de soi pouvait causer un complexe d'infériorité invalidant; Maslow approuvait, disant qu'une faible confiance en soi était à la source de la majeure partie des problèmes psychologiques. Lorsque nous n'avons que très peu d'amour-propre, expliquait Maslow, nous souffrons d'un sentiment d'infériorité, de faiblesse et d'impuissance, qui se mue en un sentiment de découragement (et de dépression) ou dans des efforts désespérés pour surcompenser ces émotions désagréables. Échouant à avoir une opinion de nous-même suffisamment haute, nous tâchons par tous les moyens d'obtenir la reconnaissance des autres, soit en étant d'une morale irréprochable soit en gagnant beaucoup d'argent.

On peut atteindre le summum de la morale, et par la même occasion gagner le respect des autres, de différentes manières. L'une des plus évidentes consiste à s'engager bénévolement, au vu et au su de tous, dans des causes louables. Cela permet de devenir un pilier de la communauté et d'obtenir tout le respect dû à cette position. On pourrait croire que c'est un moyen simple et efficace de traduire des actions concrètes en opinion positive de la part des autres et en amour-propre ragaillardi, mais Maslow nous rappellerait le danger qu'il y a à chercher l'estime de soi dans le regard d'autrui. Pour commencer, rien n'indique qu'ils ne

Une fois qu'un besoin est satisfait, on ressent un besoin émanant du niveau supérieur et qui est alors privilégié. Seul le cinquième niveau, celui de l'accomplissement, n'est pas perçu en termes de manque, de déficit, mais comme un but à atteindre.

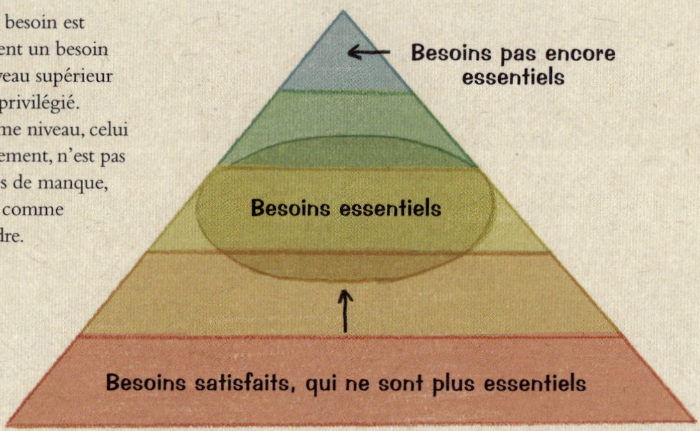

changeront pas d'avis, mais surtout, ce moyen d'activer l'estime de soi bloque l'accès au cinquième degré dans la hiérarchie des besoins : l'accomplissement. Celui-ci correspond à un état d'autonomie totale, où les pensées et les actions de la personne ne sont pas façonnées par la société, mais par ses valeurs propres. Jusque-là, préciserait Maslow, notre motivation tenait surtout à la volonté constante de combler des insatisfactions. Une fois que tous les besoins sont assouvis, nous pouvons enfin savoir qui nous sommes réellement et comment nous voulons mener notre vie. C'est le but ultime de l'existence, le moment où nous déployons tout notre potentiel.

Penser à tout cela depuis le quatrième niveau, où l'on se retrouve parfois bloqué par une estime de soi défaillante, peut paraître déprimant, voire décourageant. Mais la théorie de Maslow est basée sur la notion des besoins et de leur satisfaction, ce qui signifie qu'il est toujours possible de remettre les pendules à l'heure. Maslow pensait que si l'on reste coincé à un niveau particulier, c'est souvent dû à un manque cruel, à une incapacité totale à satisfaire certains besoins dans notre enfance, et cela nous mène souvent à intégrer le fait et à le compenser à l'âge adulte. Si vous avez grandi dans un pays ravagé par la guerre, vous serez peut-être obsédé par le besoin d'avoir un garde-manger bien garni et une habitation parfaitement sûre à l'âge adulte. Si vos parents ont divorcé quand vous étiez enfant, peut-être douterez-vous en permanence de la fidélité de votre partenaire. Si vous avez souffert d'humiliations récurrentes jeune, vous risquez d'avoir une image déplorable de vous-même.

Que dire des affirmations ?

Des études récentes ont montré qu'il ne sert à rien de recourir aux affirmations. On peut être tenté de coller des messages sur le miroir de la salle de bain dressant la liste de nos qualités, mais ils ne sont guère plus fiables que le miroir que nous renvoient les opinions des autres. Ils ne touchent que le niveau conscient (alors que les manques sont ancrés bien plus profondément) et peuvent mener à des conflits internes (« Je suis intelligent.e » *vs* « Non, tu ne l'es pas ! Tu es un.e imbécile ! »), ce qui peut être épuisant et créer un nouveau degré de tension. À l'inverse, les psychologues

« Il existe au moins cinq types [...] de besoins de base. Il s'agit, pour résumer, des besoins physiologiques, de la sécurité, de l'amour, de l'estime de soi et de l'accomplissement. »

Abraham Maslow

> *« Le déclenchement des processus mentaux est toujours provoqué par une tension déplaisante. »*
> Sigmund Freud

Senay, Albarracín et Noguchi ont découvert que le fait de s'interroger soi-même (plutôt que de poser des affirmations sur soi-même) peut favoriser l'estime de soi. Au cours d'une de leurs expériences, ils ont montré que lorsque les gens se préparaient à résoudre des anagrammes en se demandant s'ils allaient y parvenir plutôt qu'en se disant qu'ils allaient le faire, les résultats étaient bien meilleurs.

Étonnamment, nous passons notre temps à nous dire ce que nous pouvons ou ne pouvons pas faire, comme si nous ne le savions pas. Ainsi, vous pouvez vous apprêter à donner un discours tout en étant assailli.e de pensées du genre «Tu n'as jamais su faire un discours» et «Tu es nul.le, tu vas te couvrir de ridicule». L'approche interrogative invite à saisir ces pensées et à les transformer en questions. « Est-ce que je suis nul.le en discours ? » Cela permet d'éviter le conflit (et l'épuisant mécanisme de défense qu'est le déni freudien) et de laisser place au doute. À partir de là, vous pouvez commencer à vous poser d'autres questions, et à vous demander, par exemple, ce qu'il s'est passé la dernière fois que vous avez tenu un discours. Quels moments ou éléments avez-vous préférés ? Comment gérez-vous les événements potentiellement angoissants, comme prendre l'avion ? Cette méthode suscite la curiosité, l'une des rares émotions à même de contrecarrer la peur, et engage à la fois votre esprit conscient et inconscient.

Sur le long terme, les trois dimensions de la vie heureuse de **Martin Seligman** peuvent s'avérer utiles. Le fondateur de la *psychologie positive* explique que notre but initial consiste à mener une vie agréable, qui satisfait nos besoins de santé, de sécurité et de compagnie. De là, nous cherchons à aller vers une vie engagée, où l'on découvre ses valeurs et ses forces propres, que l'on utilise pour améliorer sa propre vie. C'est un bon moyen d'accroître son estime de soi, insiste Seligman, car elle implique une évaluation sincère de ses talents, et un engagement dans des valeurs reconnues universellement : le courage, l'amour, la justice, la tempérance, la sagesse et la spiritualité.

Et pour finir, conclut Seligman, nous aspirons à vivre une vie riche de sens, dans laquelle nous trouvons l'accomplissement en mettant ces forces au service des autres. Cela veut-il dire que faire sans cesse du bénévolat est une bonne chose ? Peut-être. La question semble plutôt : souhaitez-vous aider les autres bénévolement parce que c'est une partie agréable et gratifiante de votre vie accomplie, ou avez-vous *besoin* d'être bénévole pour quelque raison insondable et compulsive ? Vous avez dit « compulsive » ? Voilà qui risque d'intéresser Freud....

Concepts clés

La Hiérarchie des besoins
– Abraham Maslow

Les trois dimensions de la vie heureuse
– Martin Seligman

Quand elle me demande : «Ça me fait de grosses fesses?», je mens. Pourquoi?

Eric Berne • René Spitz

À première vue, «Ça me fait des grosses fesses?» semble une question assez factuelle. Cependant, la réponse attendue est en réalité subjective. La vraie question serait plutôt «Est-ce que TU trouves que ça me fait des grosses fesses?» On pourrait croire que c'est une question rhétorique, qui appelle un «non», mais Eric Berne s'interrogerait sur la véritable question posée et sur ce qui se joue ici.

Berne est le père de la théorie de l'*analyse transactionnelle*, qui étudie les relations en termes de «transactions» entre les êtres et s'appuie notamment sur le dialogue. Pour lui, ces transactions s'effectuent en chaîne (il parle/elle parle/il parle...), et chaque réponse est en fait un stimulus qui provoque la réponse suivante.

La règle de base de la communication, selon Berne, est que celle-ci reste fluide du moment que les transactions sont «complémentaires». Pour Berne, cette notion se rapportait à notre «État du moi» (ou état d'esprit) et à celui de l'autre personne. Si ces états se complètent, les transactions se passent bien. Berne pensait que notre esprit fonctionne comme une caméra vidéo qui enregistre les événements dans les moindres détails, en prenant en compte les données sensorielles (la vision, les sons, etc.), mais aussi les émotions que nous ressentons à cet instant précis. Ces «enregistrements» sont stockés dans le cerveau, et lorsqu'on les sollicite, on se souvient de l'événement, mais on se retrouve aussi exactement dans le même état d'esprit qu'au moment où on l'a vécu. Ces enregistrements se divisent en trois groupes : Parent, Adulte et Enfant, et ils représentent trois états d'esprit différents entre lesquels nous alternons dans nos transactions quotidiennes.

Dans quel état d'esprit êtes-vous?

Berne a émis l'idée que les souvenirs des événements extérieurs vécus durant les cinq premières années de la vie sont connectés les uns aux autres, et lorsqu'ils sont réactivés, ils ont tendance à placer la personne dans un état d'esprit (ou État du moi) de Parent. Les messages liés à cet état nous ont habituellement été inculqués par un parent et peuvent inclure des avertissements du genre «Tu ne dois pas parler aux étrangers». Dans cet état d'esprit, nous pensons, nous ressentons les émotions et nous nous comportons comme les modèles

> *«La vie familiale et la vie conjugale... peuvent reposer année après année sur des variantes du même jeu.»*
>
> Eric Berne

« *Passe-temps et jeux se substituent à la pratique réelle d'une intimité réelle.* » Eric Berne

parentaux (parents et autres) de notre enfance, et nous sommes portés à donner des conseils à nous-mêmes comme aux autres.

Le ressenti intérieur de la prime enfance est enregistré dans l'État de l'Enfant, qui rassemble les émotions associées à certains événements significatifs, comme « Les clowns font très peur » ou « Noël est excitant ». Lorsque nous sommes dans l'état Enfant, nous retrouvons l'état d'esprit que nous avions dans notre enfance ; si elle a été heureuse, il sera dominé par la créativité, l'imagination et l'espièglerie.

L'état de l'Adulte s'établit sur des souvenirs intégrés à partir de l'âge d'un an. Il représente notre moi réfléchi, scientifique, qui remarque les différences entre ce qui est dit et ce qu'il se passe. C'est l'état d'esprit le plus ancré dans la réalité, de façon très factuelle. Dans l'état Adulte, nous considérons les événements comme des informations et nous prenons des décisions rationnelles.

Le rapport avec les grosses fesses ?

En disant que la communication est fluide quand les transactions sont complémentaires, il voulait dire que les deux interlocuteurs doivent être dans des états complémentaires. Si une personne A demande « Où est ma montre ? » et si la personne B répond, « Sur la table basse », on a une transaction complémentaire

Les transactions complémentaires

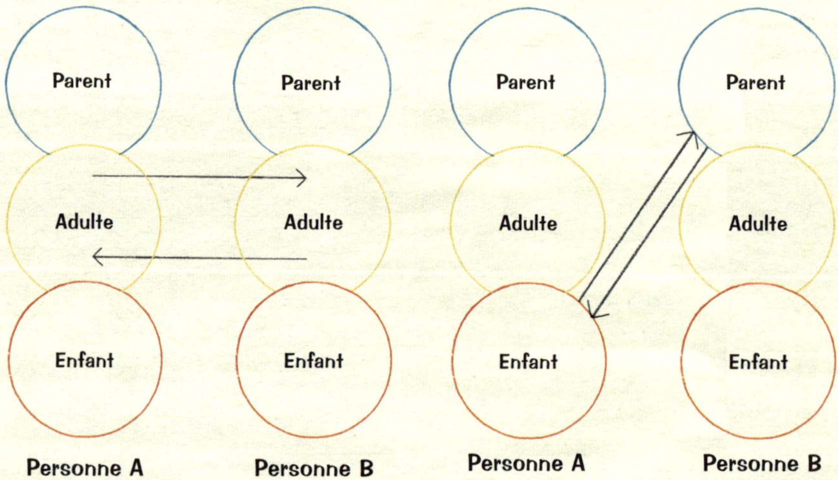

Ces transactions sont complémentaires et la conversation se poursuit sans heurts.

Adulte–Adulte. Mais si la personne B répond « Tu me reproches toujours quelque chose », elle est dans un état Enfant et répond à l'autre personne, qui est dans l'état Parent. La question d'Adulte à Adulte a reçu une réponse non complémentaire d'Enfant à Parent.

N'importe qui pourrait poser la question des « grosses fesses » à quelqu'un d'autre, mais par souci de simplification, partons du principe que c'est une femme qui interroge son mari. S'ils sont tous deux dans l'état Adulte, l'homme pourra très bien dire à sa femme si le pantalon ou la robe qu'elle porte fait vraiment paraître son postérieur plus gros qu'il ne l'est. Toutefois, tout le monde hésiterait dans une telle situation, car il semble que la vraie question soit différente. Chacun comprendrait qu'il y a autre chose en jeu, qu'il s'agit plus d'un test visant à évaluer les sentiments de la personne interrogée par rapport à celle qui pose la question plutôt que sur le vêtement en tant que tel. En apparence, la question semble posée par l'Adulte, mais peut-être l'interrogation sous-jacente provient-elle de l'Enfant : « Est-ce que tu m'aimes encore ? » ou au moins, « Que ressens-tu pour moi à cet instant précis ? » Si l'homme répond en Adulte (« Je pense que les rayures ne te mettent pas en valeur »), la femme (dominée ici par l'état Enfant) peut brusquement se mettre en colère et lâcher « Je savais bien que tu me trouvais grosse ! » Dans ce cas, la transaction n'est pas complémentaire, et la communication est rompue.

Les signes de reconnaissance

En 1800, dans une forêt de l'Aveyron, on a retrouvé un enfant qui semblait avoir grandi

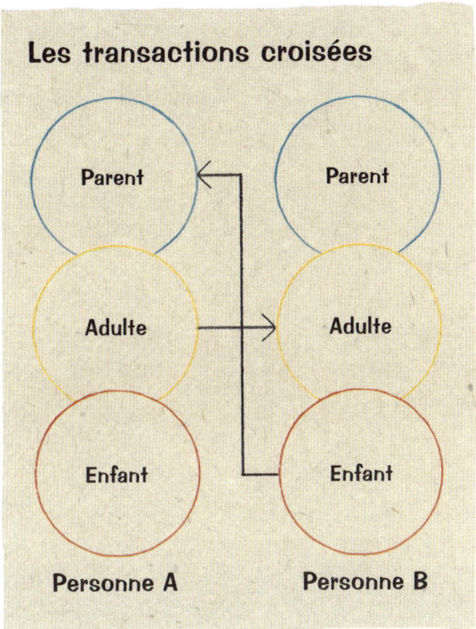

à l'état sauvage. Nu, sale et incapable de parler, l'enfant avait été privé de toutes les transactions éducatives habituelles et il n'est, par la suite, jamais parvenu à apprendre à parler ou à se comporter de manière acceptable aux yeux de la société. Près de cent quarante ans plus tard, les recherches menées par **René Spitz** auprès d'enfants dans des orphelinats ont montré qu'une carence attentionnelle et affective dans la prime enfance pouvait avoir des conséquences graves sur le développement. Durant les deuxième et troisième années de la vie, tous les enfants du groupe de contrôle, élevés par leurs parents, avaient appris à marcher et à parler, alors que seuls deux des vingt-six enfants de l'orphelinat y étaient parvenus. Berne pensait que les êtres humains ont une soif de reconnaissance, qui peut être apaisée par des mots, des caresses ou même des gestes discrets, comme un clin d'œil. Tout signe perçu comme une marque de reconnaissance, disait-il, agit tel un « *stroke* » (en anglais, ce terme peut signifier caresse ou coup). Les *strokes* positifs, comme une étreinte, valent mieux que les négatifs, comme une gifle, mais on ne peut se passer de ces signes de reconnaissance.

Les jeux psychologiques

Est-ce cela, alors, le but de cette question sur les « grosses fesses » ? Est-ce que l'état Enfant de l'interrogatrice recherche un signe de reconnaissance, et malheur à celui qui ne sait pas le lui donner ? Il se peut aussi que l'enjeu soit bien supérieur et que cette transaction entre dans un jeu à plus grande échelle, qui structure la relation dans son ensemble. Selon l'acception de Berne, les jeux psychologiques, ou stratagèmes (*games* en anglais), sont des transactions courantes, qui ont pour fonction de stabiliser la relation, de la maintenir enfermée dans une forme particulière d'équilibre, même si celui-ci peut paraître difficilement acceptable pour un observateur extérieur. Ces jeux ont un avantage pour les deux participants, ce qui peut être dérangeant pour les non-joueurs.

Berne a décrit un grand nombre de jeux psychologiques différents, et il ne manquait jamais de rappeler qu'ils n'ont rien de drôle. Ils peuvent porter sur n'importe quel objet, qu'il s'agisse d'éviter l'intimité ou de tolérer une dépendance à la drogue. Les mouvements effectués par les joueurs sont très codifiés et les deux joueurs « gagnent » en un sens, chacun obtenant le bénéfice recherché.

La question des « grosses fesses » peut donc très bien entrer dans un jeu psychologique plus important, où la femme agit de manière provocatrice envers l'homme (en exhibant ses courbes, par exemple) jusqu'à ce que celui-ci entre totalement dans le jeu de la séduction. La femme repousse alors ostensiblement l'homme et obtient la satisfaction de le voir mal à l'aise. Toutefois, l'homme n'est peut-être pas aussi innocent qu'il y paraît, ferait remarquer Berne. Il joue peut-être une variante du jeu du « Frappe-moi », qui revient à porter une pancarte disant « Ne me frappe pas », et qui appelle inévitablement un coup, ce qui permet au joueur de répéter « Pourquoi est-ce toujours moi qui prends ? » Il arrive aussi que les deux protagonistes soient enfermés dans un autre type de jeu psychologique, où chacun trouve toujours quelque chose à reprocher à l'autre, afin qu'ils puissent se disputer violemment... et éviter toute intimité sexuelle.

Alors, avant de répondre à cette fameuse question des grosses fesses, il serait peut-être bon de vous demander dans quel état d'esprit vous êtes et quel type de jeu vous jouez. Puis pensez à ce que sous-entend votre partenaire. Ou restez prudent, comme la plupart d'entre nous le feraient, en disant : « Tu es magnifique. »

Concepts clés

L'analyse transactionnelle
– Eric Berne

Les carences affectives dans l'enfance
– René Spitz

J'ai peur de l'avion. Que puis-je faire ?

Daniel Kahneman • Amos Tversky • Aaron Beck

Cette peur est aussi vieille que l'histoire de l'aviation. Onze ans après le premier vol des frères Wright en 1903, des avions effectuaient déjà des opérations de reconnaissance lors de la Grande Guerre et les premiers cas de névroses liées à l'avion apparaissaient. Nombre de pilotes et de membres de l'équipage se mettaient à souffrir d'insomnie et de troubles digestifs et craignaient de reprendre l'avion. Depuis, avion et peur sont liés.

Ces membres d'équipage avaient peut-être quelques raisons d'avoir peur. Entre 1903 et 1914, plus de mille personnes sont mortes au cours d'un vol, et plus de quatorze mille pilotes alliés ont péri durant la guerre. L'aviation n'en était qu'à ses prémices et il n'existait aucune norme technique pour les appareils ; autant dire que la stabilité (et la fiabilité) en vol était assez aléatoire. Les avions, faits de bois et de métal, étaient difficiles à manœuvrer, mais les pilotes ne recevaient que deux ou trois heures de formation. Et ils étaient aussi totalement exposés aux éléments. En 1915, l'espérance de vie d'un pilote allié était de onze jours, alors que neuf hommes sur dix survivaient dans les tranchées. Dès l'origine, donc, l'aviation était perçue comme terriblement dangereuse. C'était tout à fait justifié au début du xxe siècle, mais à l'heure actuelle, l'étiquette « danger » semble toujours lui être apposée alors que les conditions ont radicalement changé.

Risque réel ou risque ressenti ?

La peur est associée au risque ressenti. Si l'on vous demandait de marcher sur une planche longue de trente mètres posée dans un champ verdoyant, vous vous exécuteriez sans hésiter en admirant le paysage. Mais, si la même planche était suspendue à vingt mètres au-dessus du sol, vous focaliseriez toute votre attention sur la planche et vous ressentiriez un stress intense. La difficulté de la tâche – marcher sur une planche – est la même, mais la perception du risque a changé. Vous redouteriez peut-être même de marcher sur une planche de cinq mètres de large à cette hauteur, car vous avez désormais en tête des visions de catastrophe. Plus le risque augmente, plus l'anxiété monte. C'est précisément le rôle de l'angoisse : elle est là pour nous aider à rester en vie. Mais le fait que le risque perçu augmente alors que le risque réel n'a pas changé montre que l'angoisse peut être activée de façon erronée.

Les raccourcis cognitifs

Les êtres humains ont une capacité médiocre à évaluer le danger, pour diverses raisons. **Daniel Kahneman** et **Amos Tversky** prétendent que c'est dû au fait que nous utilisons un nombre limité d'« heuristiques de jugement », c'est-à-dire des opérations mentales automatiques permettant de simplifier des estimations de probabilité complexes. Nous aimons réfléchir et décider rapidement, puis avancer. Lors de l'évaluation d'un risque, les biais cognitifs peuvent nous amener à des jugements erronés par bien des façons. L'un de ces biais est lié à l'heuristique de la « disponibilité », qui fait que nous surestimons la fréquence des événements dont nous nous souvenons facilement et rapidement. Les événements qui sont largement relayés par les médias – comme les crashs aériens – viennent aisément à l'esprit par association d'idées (lorsque vous réservez un billet d'avion, par exemple). De plus, si ces événements provoquent des réactions émotionnelles fortes, ils gagnent encore en force d'association dans notre esprit et les biais cognitifs nous font croire qu'ils sont plus probables. C'est pour cela que les gens croient que les morts accidentelles sont plus courantes que les décès liés au diabète ou aux AVC, alors même que les AVC sont responsables de deux fois plus de morts que les accidents, et le diabète quatre fois plus (des enquêtes ont montré que les gens pensent que les accidents sont trois cents fois plus mortels que le diabète).

Des réflexions erronées

Pour Kahneman et Tversky, nous confondons la force de l'association (l'intensité des pensées et les émotions associées au souvenir) et la fréquence de l'événement. Le crash aérien le plus meurtrier de l'histoire s'est produit en 1977, lorsque deux Boeing 747 sont entrés en collision sur une piste de l'aéroport de Tenerife, provoquant la mort de cinq cent quatre-vingt-trois personnes. Voilà le genre d'informations qui frappent l'esprit. Qui sait que le même nombre de personnes décèdent de maladies cardiaques toutes les huit heures aux États-Unis ? Si l'on donnait ces chiffres à la télévision, nous imaginerions mourir d'une crise cardiaque à la moindre douleur thoracique.

Il nous arrive aussi souvent de mal évaluer le risque, car nous ne prêtons pas attention au taux de base. Prenez la description d'un étudiant : intelligent, mais peu créatif, il aime les systèmes clairs et ordonnés ainsi que les jeux vidéo. Il n'a guère de sympathie pour ses semblables et a du mal à interagir avec eux. Cet étudiant a-t-il plus de chances d'étudier l'informatique ou les sciences sociales ? Si vous avez choisi la première option, cela signifie que votre esprit a été leurré par l'heuristique de la « représentativité ». Cet étudiant présente peut-être les traits typiques du scientifique dans votre esprit, mais vous semblez avoir ignoré le fait que le nombre d'étudiants en sciences sociales est bien supérieur à celui des étudiants en informatique. Alors, indépendamment de sa personnalité, il est plus probable que ce garçon étudie les sciences sociales que l'informatique. Le taux de base a une valeur statistique plus importante que la personnalité de l'étudiant quand il s'agit d'estimer une probabilité.

Pour ce qui est du nombre d'accidents d'avion comparé au nombre de vols, il est beaucoup, beaucoup moins important que si l'on observe les trajets en voiture. Après la catastrophe du 11 septembre, le nombre d'Américains ayant choisi la voiture plutôt que l'avion pour leurs déplacements a tellement augmenté que mille cinq cents personnes supplémentaires ont trouvé la mort sur les routes cette année-là. En optant pour la voiture, les Américains ont augmenté drastiquement les probabilités de blessures et de mort, alors même qu'ils agissaient ainsi pour atténuer le risque. (Pour information, les risques de mourir dans un accident d'avion sont de un sur onze millions contre un sur dix mille en voiture.)

Les distorsions cognitives (Aaron Beck)

LA PENSÉE « TOUT OU RIEN »	Vous voyez les choses en noir ou blanc.
LA SURGÉNÉRALISATION	Vous tirez une conclusion générale sur la base d'un événement négatif unique.
LE FILTRE MENTAL	Vous vous focalisez sur un détail négatif unique et y revenez de façon obsessionnelle au point de considérer l'ensemble de la situation comme négative.
LA DISQUALIFICATION DU POSITIF	Vous rejetez les faits positifs en prétendant qu'« ils ne comptent pas » pour une raison ou pour une autre.
LES CONCLUSIONS HÂTIVES	Vous interprétez immédiatement et négativement un événement (comme un froncement de sourcils du steward) sans preuve tangible.
LA DRAMATISATION	Vous amplifiez la menace en envisageant immédiatement la pire catastrophe.
LE RAISONNEMENT ÉMOTIONNEL	Vous partez du principe que vos émotions reflètent la réalité, et que si vous éprouvez cette sensation, c'est que vous avez raison.

« Pour un million d'heures de vol, on a statistiquement moins de 2,5 chances d'avoir un accident. »

Autorité britannique de l'aviation civile, 2008

« C'est en corrigeant nos croyances erronées que nous pouvons atténuer nos réactions excessives. » Aaron Beck

C'est illogique. Alors que faire?

La logique est sûrement la meilleure arme dont nous disposons pour vaincre la peur de l'avion, ou l'*aviophobie* comme on l'appelle aujourd'hui. La *thérapie cognitivo-comportementale* (TCC) a apporté les résultats les plus significatifs en la matière, et le traitement part du principe que la peur naît d'une pensée. Le père de la *thérapie cognitive* (qui a précédé la TCC), **Aaron Beck**, considérait que le problème provient des distorsions cognitives qui déclenchent des réactions en chaîne. Par exemple, nous imaginons que quelque chose de terrible va se produire (« L'avion va s'écraser ! »), et de cette pensée jaillit la peur ; nous devenons anxieux et, par conséquent, nous commençons à présenter les symptômes physiologiques de l'anxiété.

L'un des problèmes, expliquait Beck, est que les symptômes provoquent les symptômes : nous avons une pensée effrayante, nous devenons anxieux, nous remarquons que nous tremblons ou que notre cœur bat plus vite, ce qui nous fait surgir une nouvelle pensée effrayante, qui augmente notre anxiété, etc. jusqu'à ce que se déclenche toute la panoplie de la réponse au stress : vision tunnélisée, perte d'audition et difficultés respiratoires. Ces phénomènes accentuent l'angoisse, au point que nous finissons par nous convaincre que nous allons mourir. Si nous imaginons tout de suite une catastrophe : « L'avion va s'écraser ! », il ne faut que quelques secondes pour que nous atteignions le degré maximal de l'échelle de l'angoisse. En revanche, si nous parvenons à éviter cette pensée dès le départ, nous pouvons éviter cette réaction en chaîne.

La CTT encourage les victimes d'aviophobie à remettre en question leurs pensées et leurs présupposés pour se confronter à la réalité. De toutes les techniques employées pour contrer la peur, deux s'avèrent assez efficaces. La première consiste à répondre à ses pensées négatives (ou à argumenter contre soi-même), la deuxième, à continuer à prendre l'avion. Il est essentiel de s'exposer au problème, car cela normalise l'idée du vol en avion à travers une désensibilisation, ce qui permet d'atténuer peu à peu l'évaluation inconsciente du danger. Aujourd'hui, certaines compagnies aériennes proposent des stages pour vaincre la peur de l'avion : ils présentent des données précises et approfondies, mais aussi des techniques de relaxation, des simulations de vols et enfin des vols réels commentés en continu et expliquant exactement tout ce qu'il se passe. Un as de l'aviation est peut-être la personne la plus à même de vous convaincre qu'il est autrement plus sûr de prendre l'avion aujourd'hui que dans sa jeunesse, car il ou elle dispose de toutes les informations nécessaires pour juger véritablement du danger.

Concepts clés

Les biais cognitifs
– Daniel Kahneman et Amos Tversky

Les distorsions cognitives
– Aaron Beck

« Les gens ont tendance à dramatiser et à imaginer le pire qui pourrait leur arriver. »

Aaron Beck

Hier, j'ai conduit excessivement vite. Où avais-je donc la tête ?

Marvin Zuckerman • Gerben van Kleef • Daniel Siegel • Sigmund Freud

Pour les psychologues, la conduite dangereuse entre dans la catégorie des « comportements à haut risque », que l'on peut interpréter de différentes manières selon votre état mental du moment. Les neurobiologistes ont trouvé des explications à la quête de risque accru chez les adolescents, et ils ont également mis en évidence les processus cérébraux qui seraient à l'origine de la prise de risques chez l'adulte. Mais de quelque manière que vous l'examiniez, une conduite à risque semble aller à l'encontre de tout instinct de survie. Freud trouverait cela extrêmement intéressant.

Des sensations fortes

L'explication la plus simple serait de dire que vous avez conduit ainsi parce que vous aimez la sensation de vitesse. Les gens qui pratiquent des sports extrêmes découvrent rapidement les mécanismes de récompense du cerveau humain, qui sont activés lorsqu'ils dépassent leurs limites en s'adonnant à des activités mettant leur vie en danger, comme le saut à l'élastique. La récompense se présente sous la forme de dopamine, un neurotransmetteur ou composé chimique libéré par le cerveau qui produit une sensation de joie, d'optimisme et de bien-être total.

Cependant, la recherche de sensations sous cette forme a un gros inconvénient. En 1983, **Marvin Zuckerman** a établi que ceux qui pratiquent des sports extrêmes comme la chute libre ou la plongée avaient un niveau de recherche de sensations très élevé, semblable à celui des joueurs pathologiques et les usagers de drogues. De cette étude initiale, il a déduit que la recherche de sensations est un trait de personnalité négatif, car ceux qui en présentent les signes agissent sans se soucier des risques physiques, sociaux, financiers ou même légaux. De plus, ceux-ci, comme les toxicomanes, finissent par être incapables de trouver du plaisir dans les événements du quotidien une fois que leur cerveau s'est habitué à être hyperstimulé par les sensations fortes que donnent les sports dangereux ou la drogue. L'afflux de dopamine qui résulte de ces situations devient addictif, alors ce type d'expériences est privilégié de plus en plus souvent, tandis que la vie normale perd tout son attrait.

Une question de pouvoir

Les personnes qui ont du pouvoir vivent dans un monde à part. Un porte-monnaie bien rempli et un soutien (acheté) illimité procurent aux « puissants » une confiance qui confine souvent à l'arrogance. Ils ne voient pas l'intérêt de suivre les règles parce qu'ils savent comment éviter les sanctions, et ils considèrent même leur mépris des règles comme une marque de pouvoir. Le chercheur **Gerben van Kleef** s'est demandé si la corollaire était vraie :

si les gens puissants se sentent libres de briser les règles, est-ce que le fait de briser les règles rend plus puissant ?

Lors d'une expérience, Van Kleef a demandé à des témoins d'observer des gens en train de briser des règles. Ils ont ainsi vu des personnes laisser tomber la cendre de leur cigarette au sol, boire du café dans la tasse d'un autre, ou mettre les pieds sur la table. Ceux qui brisaient les règles étaient perçus comme ayant plus de pouvoir que ceux qui se conformaient aux règles. Les témoins jugeant les gens qui faisaient preuve d'impolitesse ou d'agressivité comme mieux à même de prendre des décisions ou de convaincre les autres de les écouter. Le chercheur en a conclu que « ceux qui violent les règles sont perçus comme ayant la capacité d'agir comme ils l'entendent ». Si la vitesse est limitée à 50 km/h et que vous roulez à 100 km/h, vous cherchez peut-être à prouver que vous êtes fort, et donc au-dessus des lois.

Si le terme « prouver » vous fait réagir, il serait intéressant de vous demander ce que vous cherchez exactement à montrer aux autres. Peut-être désirez-vous qu'ils vous voient comme quelqu'un de puissant, mais il est plus que probable qu'ils pensent que vous êtes un.e m'as-tu-vu, ou en termes plus techniques, un.e *narcissique*. Les narcissiques ont un ego surdimensionné ; ils pensent non seulement être différents, mais aussi mériter un traitement différent. D'ailleurs, ils pensent que les règles ne les concernent pas. Ils consacrent beaucoup de temps et d'énergie à prouver à quel point ils sont importants et intelligents. Ils veulent le meilleur en tout, qu'il s'agisse de nourriture, de gadgets ou de relations, qui doivent être aussi importants qu'eux. Le narcissisme peut coûter cher, financièrement et socialement, quand c'est un trait de personnalité permanent, mais cette conduite à risque étrange n'est peut-être qu'une réaction narcissique temporaire. Il n'y a que vous qui pouvez le savoir.

Vous considérez peut-être votre conduite dangereuse comme un simple coup de fouet, mais Freud vous dirait qu'il s'agit d'une pulsion de mort qui a temporairement resurgi en vous.

Jeune et fou

Si vous êtes un.e adolescent.e, ce qui, par rapport au cerveau humain, vous place entre

« Et c'est cette lutte de géants que nos nourrices veulent apaiser en clamant "Eiapopeia du ciel" (le chant du renoncement). »
Sigmund Freud

> *« Le but de toute vie est la mort. »*
> Sigmund Freud

l'âge de quatorze et vingt-quatre ans, il n'est pas nécessaire de trouver une excuse. **Daniel Siegel,** un neurobiologiste, a montré qu'en plus des modifications physiologiques, sexuelles et hormonales, les adolescents subissent des changements importants dans leur architecture cérébrale. On sait que le cerveau peut se modifier à tout âge (c'est la plasticité cérébrale), mais durant l'adolescence, les changements effectués développent la recherche de nouveauté, le besoin de relations, l'intensité émotionnelle et l'exploration créative.

La quête de nouveauté augmente, car les altérations du cerveau touchent directement la libération de dopamine. Il en résulte que la nouveauté est vécue comme une récompense importante ; l'adolescent est donc très motivé par la recherche d'expériences excitantes. En parallèle, il développe un mode de pensée « hyper-rationnel », ce qui signifie (assez contre-intuitivement) que le cerveau amplifie l'importance des aspects positifs d'une expérience tout en sous-estimant la gravité des conséquences négatives. Selon Siegel, un adolescent privilégierait l'excitation de rouler à 100 km/h, tout en minimisant les risques potentiels, comme un accident, voire sa mort ou celle d'une autre personne.

L'éros, ou la pulsion de vie, correspond à l'instinct de survie au niveau de l'individu, mais aussi de l'espèce tout entière.

Défier la mort

Des recherches ont établi que certaines personnes ont des pratiques à risque parce qu'elles apprécient la vision extraordinaire de la vie qu'elles en retirent pendant un certain temps après leur action. L'expérience de la peur liée au risque est assez similaire à ce que ressentent les gens qui ont échappé à la mort après une maladie, une catastrophe naturelle ou un accident grave. Suite à cela, certains prétendent avoir une vision beaucoup plus claire d'eux-mêmes, de leur vie et de leurs objectifs, ils disent mieux comprendre les gens et les choses qui les entourent. La proximité de la mort leur a procuré une conscience accrue, ce qui est l'exact opposé de ce que vivent les adolescents, qui nient la possibilité de la mort alors que le risque encouru est le même.

La pulsion de mort

Ce n'est pas le risque qui est important, selon **Freud**. Dans *Au-delà du principe de plaisir,*

« La signification de l'évolution de la civilisation cesse à mon avis d'être obscure : elle doit nous montrer la lutte entre l'éros et la mort, entre l'instinct de vie et l'instinct de destruction, telle qu'elle se déroule dans l'espèce humaine. »

Sigmund Freud

publié en 1920, il affirme que ce qu'il a dit précédemment à propos des événements mentaux qui naissent de la motivation à passer du déplaisir au plaisir est toujours valide, mais que d'autres paramètres entrent aussi en jeu. Il a pu observer des hommes qui, après la guerre, revivaient inlassablement en rêve des moments terrifiants et il s'est demandé à quoi cela était dû. Pourquoi certains de ses patients souffraient d'une « compulsion de répétition » qui les ramenait sans cesse à des épisodes effrayants ou traumatisants, soit à travers le souvenir soit en revivant les expériences (telles que le refus) avec lui dans la pièce ?

Freud en a conclu qu'il existe un deuxième instinct, aussi puissant que la pulsion de vie, mais qui le précède, et l'a nommé pulsion de mort. La pulsion de vie, ou éros, tend à préserver activement la vie d'un individu et de l'espèce tout entière ; il nous dirige vers la santé, la sécurité, la subsistance et la procréation. Il est associé à des émotions positives comme l'amour et la coopération. La pulsion de mort – qu'on appellera plus tard « thanatos » en référence à la personnification de la mort dans la mythologie grecque – correspond à l'instinct de mort et de destruction. Il est associé à des émotions négatives telles que la peur, la haine et la colère, ainsi qu'à l'agressivité sous toutes ses formes. Cette pulsion est la plus primitive, selon Freud, parce qu'elle nous ramène à l'état antérieur anorganique duquel nous avons émergé. La vie naît de la mort, du néant, puis doit ensuite s'y opposer ; elle doit résister en permanence au retour à cet état.

Le théoricien et critique littéraire **Terry Eagleton** décrit la pulsion de mort comme le « grand scandale de la psychanalyse », car elle repose sur l'idée que les êtres vivants désirent inconsciemment leur propre mort. Le Moi tente de sublimer ce désir, ou de déplacer cette agressivité vers les autres personnes (ce qui déclenche les guerres), mais nous sommes instinctivement attirés vers notre état de néant originel et anorganique. D'où l'appel des eaux profondes au bout du quai, l'envie d'un rapport sexuel non protégé avec un.e inconnu.e et le besoin irrépressible d'appuyer sur l'accélérateur. Levez le pied, vous préviendrait Freud, car vous vous touchez à l'instinct le plus primitif et à l'autodestruction acharnée qui l'accompagne.

Concepts clés

La recherche de sensations
– Marvin Zuckerman
La pulsion de mort
– Sigmund Freud

Pourquoi est-ce que je continue à regarder un feuilleton télé tous les soirs ?

Robert Kubey • Mihaly Csikszentmihalyi • Robin Dunbar • Bluma Zeigarnik

Vous n'êtes pas le/la seul.e. La télévision est le passe-temps favori du monde industrialisé : les gens consacrent en moyenne trois heures par jour au petit écran, soit la moitié de leur temps libre. Cela veut aussi dire que nous passons neuf ans de notre vie devant la télévision... Parmi les programmes, les feuilletons semblent nous avoir mis le grappin dessus et ne pas vouloir lâcher. Bien entendu, c'est nous qui ne lâchons pas prise, mais nous avons parfois l'impression que c'est le contraire. Un peu à la manière de la bouteille de whisky qui fait de l'œil à l'alcoolique.

Il n'y a rien de mal à regarder la télé, à moins que vous pensiez le contraire. Les gens qui passent moins de deux heures par jour devant le petit écran ne se posent pas la question, mais les gros consommateurs, qui lui allouent quatre heures par jour ou plus, disent qu'ils aimeraient y consacrer moins de temps. Ils la regardent bien plus qu'ils ne l'ont prévu et se sentent incapables de l'éteindre pour passer à autre chose. Les chercheurs **Robert Kubey** et **Mihaly Csikszentmihalyi** ont confirmé ce phénomène, malgré le fait que plus on regarde la télévision, moins elle apporte de satisfaction, aux dires des gros consommateurs.

On est en droit de se demander si Kubey et Csikszentmihalyi s'attendaient à observer un comportement addictif, puisqu'ils qualifient les téléspectateurs de « consommateurs », mais peut-être est-ce juste parce qu'ils ont trouvé de nombreuses similitudes entre les individus qui passent beaucoup de temps devant la télévision et les toxicomanes. Ainsi, les premiers comme les seconds font de nombreuses tentatives (infructueuses) pour réduire leur consommation, tous éprouvent une sensation de manque lorsqu'ils sont privés de leur « drogue », tous consomment plus de drogue que ce qu'ils ne l'avaient prévu et tous consacrent énormément de temps à leur addiction, qu'il s'agisse de télévision ou de cocaïne.

Kubey a admis plus tard qu'il ne disposait pas de preuves vraiment tangibles pour affirmer que la télévision avait un caractère addictif, mais il est évident qu'elle accapare notre attention et possède un attrait quasi irrésistible. Kubey et Csikszentmihalyi estiment que la télévision mobilise entièrement notre réaction d'orientation, c'est-à-dire la réponse auditive et visuelle instinctive à tout stimulus nouveau ou inattendu dans notre environnement. Si nous entendons un objet s'écraser au sol, nous tournons la tête pour le regarder. Si quelqu'un passe dans notre champ de vision, nos yeux se dirigent automatiquement vers lui/elle. Les tout-petits ont appris à réagir de la même manière à la télévision, et à tendre le cou alors même qu'ils sont allongés par terre pour essayer de voir « quelle lumière jaillit à la fenêtre », comme Kubey et Csikszentmihalyi (et Shakespeare avant eux) le formulent.

Si les bébés sont attirés par la télévision en raison de la réaction d'orientation, qui réagit aux changements visuels et sonores, ils cessent de la regarder si le contenu ne les intéresse pas.

Cela signifie que la télévision fait appel à une réactivité au mouvement intégrée depuis la nuit des temps, afin que nous puissions repérer et suivre la menace afin de rester en vie. Cela semble être une raison imparable de regarder cet écran bruyant et mouvant en permanence. Mais pourquoi ne l'éteignons-nous pas une fois que nous avons compris qu'il n'y a rien de menaçant ni de particulièrement intéressant ?

Quel est l'intérêt des feuilletons ?

Les fans de feuilletons ne manquent pas d'arguments pour affirmer que ces programmes sont intéressants, pertinents et instructifs. Les adolescents expliquent qu'ils leur offrent une fenêtre sur le monde des adultes et qu'ils leur fournissent des informations précieuses. Ils se prennent à réfléchir à la façon dont les différents personnages réagissent aux problèmes sociétaux évoqués dans les séries et s'interrogent sur ce qu'ils feraient dans une situation similaire. À l'image des adultes qui suivent ces feuilletons, ils aiment parler des personnages et de l'intrigue avec leurs proches. Ils y puisent une expérience riche, qui favorise l'apprentissage, l'imagination et les liens sociaux.

Le philosophe grec Aristote a été le premier à affirmer que l'être humain est « par nature un

« La réaction d'orientation est notre réaction visuelle ou auditive automatique à un stimulus brusque ou nouveau. Il fait partie de l'héritage que nous a légué l'évolution. »

Kubey et Csikszentmihalyi

Le besoin d'achèvement

La psychologie de la forme a mis l'accent sur notre besoin de terminer les choses, qu'il s'agisse d'une histoire ou d'une forme. Ici, vous voyez sûrement des formes complètes qui ne sont pas dessinées dans leur ensemble sur cette page.

animal social». Les partisans de la psychologie évolutionniste font, quant à eux, remarquer que les êtres humains vivent en petits groupes de pairs depuis plus de trois millions d'années. Pour eux, nos façons de penser et d'agir ont évolué afin de résoudre les problèmes liés à la vie en communauté. Quel que soit le pays, on note une grande richesse de vocabulaire pour décrire le caractère coopératif ou dominant d'une personne, ses talents de meneur, d'allié ou d'opposant. En 1992, **John Tooby** et **Lisa Cosmides** ont montré que nous excellons à résoudre des problèmes de logique complexes s'ils sont reformulés de façon que le but soit de repérer les «tricheurs» dans un groupe donné. En d'autres termes, nous sommes fascinés par les interactions sociales. La théorie de l'*Intelligence machiavélienne* émet même l'hypothèse que les primates ont développé leur intelligence non pour trouver de la nourriture ou utiliser des outils, mais pour gérer des problèmes complexes liés à la vie en société.

Selon l'anthropologue **Robin Dunbar**, le langage serait apparu chez les êtres humains afin qu'ils puissent entretenir des relations sociales complexes et maintenir une cohésion dans un groupe de taille importante. Selon lui, notre survie a toujours été tellement tributaire de notre capacité à communiquer et à vivre ensemble que le langage s'est développé avant tout pour favoriser les interactions sociales.

La théorie de Dunbar peut s'appliquer directement au genre d'informations sociales que les adolescents prétendent extraire des feuilletons télévisés. Et tout porte à croire que chacun peut apprendre des choses intéressantes

« Le fait de fournir une explication plausible à l'interruption de la tâche n'apaisait pas pour autant la contrariété d'avoir été interrompu. Bien au contraire, les sujets protestaient, parfois avec véhémence. » Bluma Zeigarnik

« La télévision constituera l'épreuve du monde moderne… peut-être viendra-t-elle perturber de manière intolérable la sérénité générale ou bien représentera-t-elle une lueur salvatrice. »
E B White

sur les modes de pensée et de comportement de personnes provenant d'un autre milieu et d'une autre culture. Cela permet aussi de découvrir d'autres manières d'appréhender et de régler des problèmes d'ordre sociétal. De même que notre réaction d'orientation est un instinct primaire activé par la télévision, notre besoin de développer continuellement notre connaissance des relations et des interactions est un processus lié à l'évolution.

Mais il y a peut-être un dernier élément qui entre en jeu : les mécanismes de la mémoire chez l'être humain. En 1927, la psychologue **Bluma Zeigarnik** a établi, suite à diverses expériences, que si nous sommes interrompus durant l'exécution d'une tâche et si nous ne la terminons pas, nous avons bien plus de chances de nous en souvenir que quelqu'un qui l'aura accomplie jusqu'au bout. C'est la raison pour laquelle un serveur est capable de se souvenir des commandes de toute une table sans les noter, mais qu'il oublie l'information une fois l'addition payée. L'esprit humain reste ouvert aux souvenirs tant qu'il y a encore quelque chose à faire (ou à découvrir). Les travaux de Zeigarnik l'ont poussée à étudier la tendance qu'a l'être humain à toujours vouloir achever, à aller au bout des choses.

Nous détestons tellement nous arrêter au milieu de quelque chose que cela pourrait bien expliquer le succès des feuilletons, qu'il s'agisse des romans-feuilletons du XIXe siècle ou des séries télévisées actuelles. Zeigarnik a noté que les sujets de ses études n'appréciaient pas du tout d'être interrompus : une fois que nous avons commencé quelque chose, nous voulons aller au bout. Surtout s'il s'agit d'une histoire, et encore plus si elle repose sur les relations interpersonnelles. En 1979, Owens, Bower et Black ont mené une expérience : ils ont décrit les activités d'une femme à deux groupes de personnes : elle prépare un café, elle va chez le médecin, elle achète du lait, elle assiste à une conférence et elle se rend à une fête. À un groupe, ils ont précisé que la femme était enceinte de son professeur. La description de sa journée s'est en un instant enrichie de liens et d'interactions et les sujets de ce groupe se sont bien mieux souvenus des événements que ceux de l'autre groupe.

Il semble donc que nous soyons programmés pour réagir à la télévision et aux histoires qui ne finissent jamais. C'est à se demander comment on trouve le temps de faire autre chose !

Concepts clés

Télévision et addiction
– Kubey et Csikszentmihalyi
Le besoin d'achèvement
– Bluma Zeigarnik

Je me comporte bizarrement face aux parents de mon ami.e. Pourquoi ?

Erving Goffman • Donald Winnicott • Alice Miller

Il semblerait que vous jouiez un rôle, ce qui va nous amener tout droit à Erving Goffman. Bien qu'il fût sociologue, ses idées n'en restent pas moins à la base de la dramathérapie. Goffman considérait que c'était une erreur de traiter le soi comme un élément organique. Ce n'est rien d'autre qu'un effet dramatique qui émerge d'une scène ou d'un contexte.

Dans *La Mise en scène de la vie quotidienne,* **Goffman** expliquait que lorsqu'un individu se retrouve en présence d'étrangers, ceux-ci vont chercher à obtenir un maximum d'informations sur lui afin de comprendre quel rôle ils vont avoir à jouer avec lui. Pour cela, ils vont observer les vêtements de la personne, son accent, sa coupe de cheveux, son attitude, ses expressions faciales, etc. C'est de cette manière que nous nous construisons une image de ce qu'est la personne en face de nous, mais Goffman rappelait aussi que nous devons croire cette image « sur parole » et nous convaincre que la personne est vraiment telle qu'elle se présente et prétend être.

De son côté, l'individu veut quelque chose : il peut désirer que ces étrangers aient une haute opinion de lui ou qu'ils croient qu'il a lui-même une haute opinion d'eux. Peut-être souhaite-t-il aussi se conformer à leurs attentes et conserver une part de mystère. (Chacune de ces possibilités peut entrer en jeu lors de la rencontre des parents de sa compagne ou son compagnon.) Goffman prétendait que tout est question de contrôle : le nouveau venu veut pouvoir contrôler l'attitude des autres personnes et l'opinion qu'elles vont se faire de lui. Ceci va peut-être le pousser à donner une image de lui très éloignée de ce qu'il est en réalité et à se comporter différemment de ce qu'il ferait avec ses amis, son conjoint, ses professeurs, son chef, etc. Chacun de nous, poursuivrait Goffman, joue un rôle en fonction de la situation présente. C'est cette capacité à faire « comme si » qui est utilisée dans la dramathéraphie afin de nous libérer de nos rôles habituels.

Goffman ne vous jetterait pas la pierre en vous voyant vous comporter bizarrement devant les parents de votre compagne ou compagnon ; il vous dirait que la société nous impose d'agir ainsi afin que les interactions humaines s'effectuent sans accroc au quotidien. Il vous dirait aussi que l'idée qu'on puisse se présenter honnêtement et dire ce qu'on pense réellement est aussi optimiste qu'irréaliste et inutile. Le nouveau venu doit plaire à tout le monde en offrant une image de lui-même que les autres vont trouver acceptable, au moins temporairement. Et pour ce faire, il doit faire taire ses sentiments spontanés.

Un rôle à jouer

L'idée que nous faisons semblant d'être quelqu'un d'autre afin de satisfaire aux attentes de ceux qui nous entourent rejaillit

La vie comme représentation théâtrale

Pour Goffman, les interactions sociales sont une représentation théâtrale, que l'on donne sur une scène, devant un public, avec des accessoires, etc. Par exemple, dans un restaurant, la salle à manger serait la « scène », où le serveur (acteur) entame la représentation en vous tendant le menu (accessoire) et en vous demandant votre commande. Les aliments (autres accessoires) sont préparés en cuisine (en coulisses) et le serveur vous les apporte en suivant une cérémonie établie (un spectacle, sans le moindre doute !) avant de disparaître (en coulisses). Vous avez été le membre du public au centre de cette production. Mais, les choses sont plus complexes que cela, car ce n'est pas seulement une représentation donnée devant vous, vous en faites partie. Et si vous avez représenté le public pour l'acteur jouant le rôle du serveur, il a aussi été votre public tandis que vous jouiez le rôle du client. Selon Goffman, si l'on envisage la société par ce biais, elle peut donner l'impression d'être une immense compagnie théâtrale coopérative (la plupart du temps).

L'émergence du faux *self*

Le vrai self possède en lui un potentiel faux *self*.

Le faux self émerge du vrai self et devient le *self* visible.

fortement dans la psychothérapie et la psychanalyse. Si vous endossez le costume de ce que vous pensez être leur conception du « partenaire idéal » pour leur fille ou leur fils, c'est parce que vous avez déjà l'habitude de jouer le rôle du fils ou de la fille parfaite aux yeux de vos parents. Certains thérapeutes diraient que c'est le lot commun pour chacun d'entre nous, car nous nous assurons l'attention et le soin de nos parents en étant aimables. Dans les faits, cela peut se traduire différemment, car tout le monde n'entend pas la même chose par « être aimable », la notion est variable et subjective.

Donald Winnicott prétendait que si nos parents sont « suffisamment bons », nous pouvons développer un *self* (soi) authentique (ce qui ne vous empêchera pas forcément de jouer un rôle sous la pression, comme lors de la rencontre des parents de votre compagne ou compagnon). Un nourrisson dont un parent privilégie ses propres désirs et volontés par rapport aux besoins du bébé apprend très vite à taire ses propres besoins afin de devenir l'enfant que son parent aimerait avoir dans l'idéal. C'est le début du développement du « faux *self* », qui peut finir par occuper une telle place que le vrai *self* se retrouve totalement caché, non seulement aux yeux des autres, mais parfois aux yeux de la personne elle-même. Dans ces circonstances, il est tout à fait possible de réussir ses études brillamment, d'avoir une belle carrière et des revenus confortables tout en ayant l'impression d'être un imposteur, un escroc, et de rencontrer toutes les difficultés à construire des relations durables et sincères. Cette personne, dirait Winnicott, s'est tellement éloignée de la personnalité réelle qu'elle aurait dû incarner qu'elle peut avoir l'impression d'avancer dans la vie comme un somnambule.

Une loyauté imméritée

La psychanalyste **Alice Miller** a étudié la question avec ferveur après s'être rendu compte du nombre de ses patients qui avaient subi de mauvais traitements durant leur enfance. Pourtant, tous étaient intimement convaincus que leurs parents étaient des gens très bien et que leur enfance s'était très bien passée, vraiment. Miller a alors émis

« Le moi en tant que personnage représenté n'est donc pas une réalité organique ayant une localisation précise et dont le destin serait essentiellement de naître, d'évoluer et de mourir ; c'est un effet dramatique qui se dégage d'un spectacle que l'on propose. »
Erving Goffman

l'hypothèse que si ses patients faisaient preuve d'une telle loyauté envers leurs parents, c'est parce qu'ils craignaient inconsciemment d'être abandonnés. Devenus adultes, ils continuaient toute leur vie à rechercher l'amour de leurs parents, maintenant dur comme fer que ceux-ci étaient bons, quitte à se dévaloriser eux-mêmes. Ils pensaient être « mauvais » et mériter les punitions qu'on leur avait infligées (voir aussi la théorie de Dorothy Rowe liant cette idée à la dépression, pp. 37–39).

À travers la thérapie, Miller aidait ses patients à faire resurgir et à réinterpréter leurs souvenirs et, par la même occasion, à redécouvrir leurs vraies émotions, mises de côté depuis si longtemps afin de permettre au mythe de la famille heureuse de perdurer et de fonctionner. Miller pensait que nous devons nous débarrasser de l'idée qu'il faut « honorer son père et sa mère » s'ils ne se montrent pas dignes de respect. Sinon, affirmait-elle, cette idée peut être utilisée pour détruire un enfant, le forçant à ignorer ses émotions au point qu'il ne sache plus ce qu'il aime ou désire réellement, et le laissant avec un sentiment de culpabilité inexplicable toute sa vie.

Alors, est-ce un problème ?

Le faux *self* peut donc être une façade durable, avec un caractère pathologique, mais il peut aussi prendre la forme d'un masque, qu'une personne parfaitement bien dans sa peau revêt temporairement pour huiler les rouages des interactions sociales. Puisque vous avez conscience d'agir bizarrement, vous ne vivez pas inconsciemment sous la façade d'un faux *self*, vous vous contentez d'enfiler occasionnellement un déguisement adapté à la situation. Goffman vous dirait que vous recherchez une sorte d'accord, de mode opératoire, car vous avez de bonnes raisons de vouloir contrôler l'impression que vous voulez donner à vos potentiels beaux-parents. Vous voulez qu'ils vous aiment, pas parce que vous avez besoin d'amour, mais parce que cela pourrait vous être utile. C'est une attitude naturelle et compréhensible, mais n'oubliez pas de laisser transparaître votre vrai moi au fur et à mesure des rencontres. Freud s'interrogerait sur votre désir de plaire, toutefois, et vous renverrait p. 24.

Concepts clés

La vie comme représentation théâtrale
– Erving Goffman

Le vrai et le faux *self*
– Donald Winnicott

Pourquoi est-ce que j'achète toujours la même marque ?

John B Watson • Daniel Kahneman • Paul MacLean

Le pouvoir insidieux du marketing flatte votre esprit inconscient irrationnel, vous vous retrouvez soudain avec un bonbon dans la main. Du moins, c'est ce que les adeptes du neuromarketing veulent nous faire croire, mais ils prétendent ensuite que c'est la partie reptilienne du cerveau qui prend les décisions. Le processus est-il si simple ?

La psychologie et la publicité ont été associées pour la première fois en 1922, quand l'une des plus grandes agences de publicité au monde, J Walter Thompson, s'est alloué les services du psychologue **John B Watson**, que l'on connaît aujourd'hui pour être le père du béhaviourisme. Watson s'était fait un nom peu de temps auparavant en démontrant qu'il était possible de provoquer un réflexe émotionnel conditionné chez les animaux et les enfants. Avant lui, Pavlov avait prouvé qu'on pouvait susciter un certain type de comportement chez les chiens en réponse à un stimulus. Partant de là, Watson a montré qu'on pouvait faire naître une *émotion* particulière chez les êtres humains en réponse à un stimulus. C'était une découverte considérable et, lorsque Watson a été renvoyé de la Johns Hopkins University suite à une sombre histoire de mœurs, l'agence J Walter Thompson s'est empressée de l'engager.

Peu importent les caractéristiques

La tâche de Watson a alors consisté à déterminer comment utiliser la psychologie pour convaincre les gens d'acheter des produits. L'une des premières expériences qu'il a menées visait à évaluer le pouvoir de la fidélité aux marques (même si l'expression n'existait pas encore à l'époque). Il a demandé à des fumeurs d'identifier des marques de cigarettes en les fumant et ils se sont avérés incapables de repérer celle qu'ils utilisaient habituellement. En tant que béhaviouriste, il a été très surpris ; il pensait que les gens étaient liés à leur marque favorite par le goût et divers aspects physiologiques. Au contraire, il a découvert que les marques éveillaient des sensations et des émotions chez le consommateur ; ce n'est pas pour ses spécificités qu'on achète un produit, mais pour l'atmosphère qui lui est associée. Watson est parti du principe que les consommateurs

« J'ai commencé à trouver aussi excitant d'observer la montée d'une courbe de ventes d'un nouveau produit que d'observer la courbe d'apprentissage des animaux ou des hommes. »
John B Watson

Le cerveau triunique

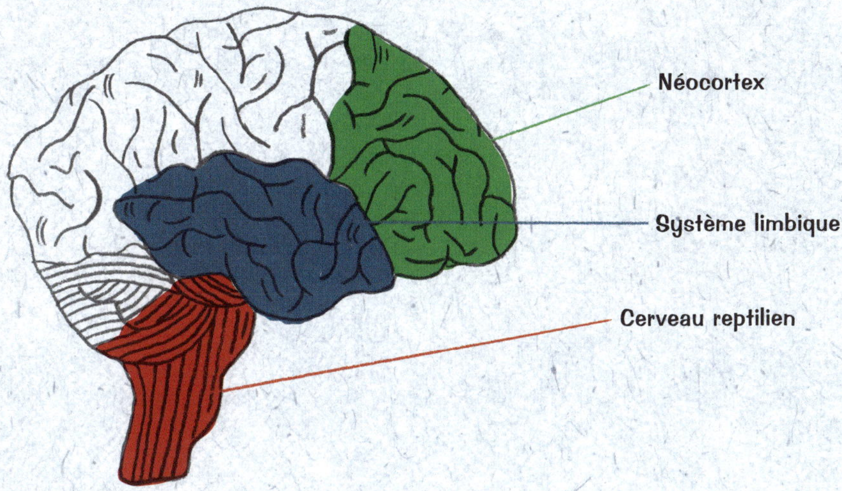

Le cerveau humain s'est développé au cours de l'évolution. La partie la plus ancienne du cerveau contient les structures du cerveau reptilien. Le système limbique possède les structures communes à tous les mammifères et le néocortex a commencé à jouer un rôle prépondérant chez les primates.

avaient certaines prédispositions (nous sommes tous attirés par les représentations de visages souriants et les paysages vallonnés, par exemple) et que les publicitaires n'avaient qu'à s'en servir. En d'autres termes, plutôt que d'essayer de vendre un produit en vantant ses mérites supposés, il vaut mieux chercher à envoyer un message qui fait appel aux caractéristiques psychologiques des consommateurs.

Watson a poursuivi ses recherches et compris que, pour s'imposer, une marque devait développer une image répondant aux désirs conditionnés (non innés) des consommateurs, comme la volonté de réussite sociale et de richesse. C'est ainsi que la marque de café Maxwell House, un client de JWT, a produit des spots publicitaires ayant pour cadre des lieux somptueux. Dans l'un d'eux, on voit l'actrice Lily Langtry boire un café Maxwell House, assise à une table ornée de chandeliers, en compagnie d'un homme en smoking qui fume un cigare. Dès lors, la publicité n'a plus tant concerné le produit en tant que tel que ce que l'achat du produit disait des consommateurs.

Programmés pour décider vite

Watson venait de mettre le doigt sur un point essentiel : notre cerveau est programmé de telle façon que nous sommes sujets à certains biais à un niveau inconscient. Il ne s'agit pas ici de l'inconscient tel que l'a défini Freud (même s'il prétendrait peut-être le contraire), mais de l'inconscient tel qu'il est perçu aujourd'hui par les psychologues et les neurobiologistes. C'est le « système 1 » ultra-rapide décrit par **Kahneman** (voir p. 52),

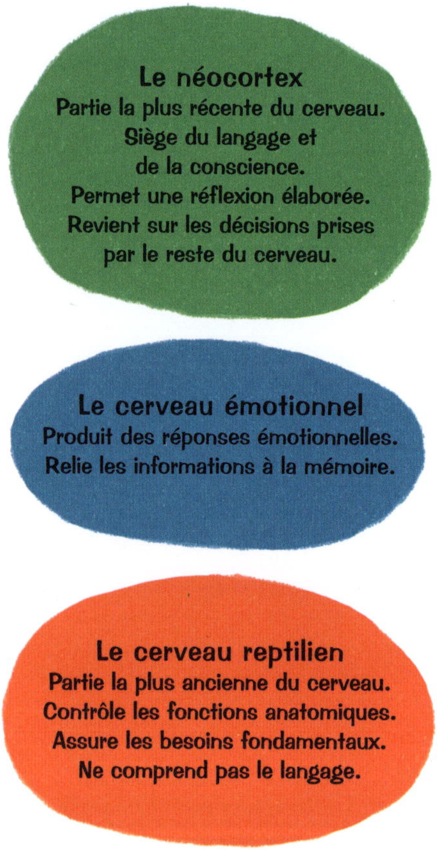

capable d'effectuer dix quadrillions de calculs à la seconde, mais ne laissant accéder qu'un nombre extrêmement limité de pensées à l'esprit conscient. Il doit « réfléchir » vite, et pour ce faire, il lui faut des raccourcis, qui s'effectuent à tous les niveaux du cerveau.

Les neurobiologistes ont proposé une approche simplifiée du fonctionnement du cerveau en disant qu'il est composé de trois aires distinctes. C'est **Paul MacLean** qui a introduit cette notion de « cerveau triunique ». L'idée qu'il défendait était que le cerveau humain s'est développé en plusieurs phases au cours de l'évolution et que chaque nouveau cerveau est venu se superposer au précédent. Le plus ancien, le plus primitif des trois, se nomme le « cerveau reptilien ». C'est lui qui contrôle les fonctions anatomiques (comme la respiration) et assure les besoins fondamentaux, tels que l'alimentation, la reproduction, etc. : en bref, la survie. Cette aire du cerveau n'évolue pas avec l'expérience, elle réagit de manière systématique et compulsive. Elle prend en compte les informations sensorielles, mais ne comprend pas le langage (et ne réagit donc pas aux mots des publicités).

Au-dessus se trouve le cerveau émotionnel ou « système limbique », commun à tous les mammifères. Celui-ci fournit une réponse émotionnelle à un stimulus. Il nous éloigne de la souffrance et nous dirige vers le plaisir. Il nous permet d'apprendre de nos expériences (« Mmm… c'était délicieux, j'en remangerai ») en reliant les informations à la mémoire.

Tout en haut, se situe le néocortex, la partie la plus récente du cerveau en termes d'évolution. Tous les mammifères en disposent, mais il est généralement peu développé, sauf chez les êtres humains, chez qui il occupe 76 % du volume cérébral. Il gère le langage et la conscience ; il est le siège de la réflexion élaborée et de l'anticipation, et il est capable de revenir sur les décisions prises par les autres zones du cerveau. Il peut contourner les biais, s'il en a l'occasion (c'est le Système 2 de Kahneman, décrit p. 52).

Le marketing utilise des procédés visant à nous faire prendre des décisions rapides, avant qu'elles aient le temps d'atteindre cette zone, et le neuromarketing prétend détenir la clé pour obtenir ce résultat, quel que soit le produit.

> *« Nous ne voyons donc pas avec nos yeux, mais bien avec notre cerveau. »* Paul Bach-y-Rita

Le neuromarketing peut-il manipuler le cerveau ?

Le neuromarketing utilise divers outils, tels que l'imagerie cérébrale, l'oculométrie, l'étude des expressions faciales et le *biofeedback* pour mesurer la réaction *réelle* des gens à un produit et non ce qu'ils en disent (parce qu'il s'avère qu'on ment souvent lors des études marketing, incroyable, non ?). Certains spécialistes du neuromarketing prétendent ainsi pouvoir prédire le succès d'un produit, en se basant sur les réponses involontaires du cerveau. Selon eux, le marketing doit s'adresser directement au cerveau reptilien, car c'est lui qui offre le premier niveau de réponse, et qui prend les décisions les plus rapides (et qui cède aux achats compulsifs). Pour ce faire, ils préconisent d'utiliser des messages codés à travers des images visuelles, et non du langage (car le cerveau reptilien ne peut pas le saisir) ; d'avoir recours à des histoires (parce que le cerveau reptilien ne sait pas faire la différence entre la réalité et une histoire) ; d'interpeller l'égoïsme et le besoin naturel chez les humains d'aller de la souffrance vers le plaisir ; et d'accrocher l'attention par un moyen clair et « impactant ».

Habitudes et cerveau reptilien

Le cerveau reptilien va ainsi peut-être nous diriger vers notre paquet de bonbons favori, et le cerveau émotionnel l'encourager par un « Ceux-là, je les adore ! » avant d'envoyer, éventuellement, une deuxième réponse de culpabilité (en raison du prix, des calories, etc.), ce qui va provoquer une certaine hésitation. Peut-être serons-nous arrivés à la caisse avant qu'une réponse rationnelle ait fait surface. Voilà pourquoi les achats compulsifs nous paraissent souvent si étranges après coup. Mais les achats habituels font aussi appel à des facteurs qui plaisent à notre cerveau reptilien. Nous sommes programmés pour nous méfier de la nouveauté ; elle attire notre attention, mais elle porte en elle un danger potentiel (« Cet animal à rayures que je n'ai jamais vu est-il dangereux ou non ? ») et nous ralentit, ce qui est un problème quand on gère une infinité de données à la seconde. Alors, nous nous sentons rassurés par des informations déjà vérifiées. Nous aimons aussi que nos attentes soient satisfaites : le supermarché sera plein d'aliments, pas d'animaux ; une fête d'anniversaire sera agréable, pas un test à l'effort. Nos attentes satisfaites, nous ne nous sentons pas menacés, la réponse « peur » n'est pas activée par une impression de « qu'est-ce que c'est que ce truc ? ». Nous nous sentons en sécurité. Et le système nerveux humain, et donc la moindre parcelle de notre cerveau, aime se sentir en sécurité (l'*homéostasie* est assurée). Ce qui explique, au bout du compte, pourquoi le premier bonbon du paquet est si bon.

Concepts clés

Réactions émotionnelles conditionnées
– John B Watson

Le cerveau triunique
– Paul MacLean

Les autres

P. 86 : Pourquoi je ne trouve pas l'amour ?

P. 91 : Pourquoi ce nouveau se montre-t-il si gentil envers moi ?

P. 94 : Comment convaincre mon ado de fille de ne pas se faire tatouer ?

P. 98 : Je vis avec un.e imbécile…

P. 103 : Mon couple va très bien, alors pourquoi je songe à avoir une liaison ?

P. 107 : Comment empêcher qu'il me retire de sa liste d'amis sur les réseaux sociaux?

P. 110 : Pourquoi mon chef est-il si méchant?

P. 115 : Ma famille est un cauchemar. Devrais-je couper les ponts?

P. 119 : Ma moitié me ment-elle?

P. 123 : Ma chef est géniale : elle est rapide, claire, organisée et même bien habillée. Pourquoi ne suis-je pas comme elle?

Chapitre 3

Pourquoi je ne trouve pas l'amour ?

Erich Fromm

C'est assurément l'un des problèmes les plus courants. À en juger par tous les sites de rencontres en ligne, on pourrait croire que trouver l'amour est facile, et que c'est un peu comme chercher une maison : on en voit beaucoup, surtout quand tous les critères semblent réunis, et l'on finit forcément par trouver son bonheur. En apparence, ce n'est qu'une question de données. Il suffit de spécifier ce qu'on cherche, de noter un numéro et c'est parti ! Cela signifie-t-il que vous n'essayez pas vraiment ?

Le psychanalyste **Erich Fromm**, grand spécialiste s'il en est de la question de l'amour, serait horrifié d'une telle approche. Dans *L'Art d'aimer*, publié en 1957, il expliquait que nous n'abordons pas du tout le problème de la bonne manière, et ce parce que *« toute notre culture se fonde sur un appétit d'achat »*. Nous pensons qu'il nous suffit de faire nos courses en visitant suffisamment de boutiques pour trouver la personne idéale. Cela s'accompagne d'idées étranges, disait-il, et notamment de celle que l'autre personne est un « objet » désirable. Cela revient à dire que le grand amour naît lorsque deux personnes ont trouvé le meilleur produit disponible sur le marché.

Si c'est difficile à entendre, tant mieux, vous assurerait Fromm, car selon lui, nous nous dirigeons tout droit vers l'isolement éternel. Le fait de transformer les relations en marchandises ne rend pas le monde meilleur ni les gens plus heureux. Si nous partons du principe qu'il faut être aimé plutôt qu'aimer, nous avons un comportement narcissique. Cela signifie aussi que nous nous sentons obligés de faire de nous des objets de désir en présentant des revenus confortables, un statut social enviable et une apparence impeccable grâce aux cosmétiques. Et puis, il y a cette idée étonnante qu'il faut chercher un objet (trouver la bonne personne), plutôt que maîtriser une compétence, celle d'aimer et d'être aimable. Les gens pensent qu'aimer est simple, disait Fromm, mais que trouver un objet d'amour est difficile, alors que c'est tout le contraire. Pourquoi y aurait-il tant

« L'amour n'est pas essentiellement une relation à une personne spécifique… c'est une attitude, une orientation du caractère. »

L'épanouissement dans une orientation productive selon Fromm

Ne soyez pas uniquement réceptif.

Ne soyez pas thésauriseur.

Ne soyez pas exploiteur.

d'échecs dans les relations amoureuses, sinon? Aimer est un art, qui requiert de la pratique et de l'implication, de la même manière que la musique, la peinture ou la charpenterie.

Mais l'amour, c'est naturel?

Absolument. Le problème vient du fait que notre conception de l'amour est biaisée à la fois par notre culture consumériste et par le mythe qu'il existe LA bonne personne, qui n'attend que nous. Dans *Le Banquet,* Platon faisait référence à un mythe ancien disant que les hommes étaient autrefois des êtres sphériques parfaitement heureux, dotés de quatre bras, quatre jambes et deux sexes. Mais un jour, ils déplurent aux dieux et Zeus décida de les couper en deux. Depuis, chacun rechercherait sa moitié perdue. Les contes de fées du monde entier reposent sur le mythe que trouver celui ou celle qui nous correspond parfaitement est la garantie du bonheur, et cette croyance est profondément ancrée en nous. Mais Fromm, réaliste, prétendait que c'est une idée absurde. Imagine-t-on un artiste qui ne prendrait pas la peine d'apprendre à peindre en se disant que le jour où l'objet ou le modèle parfait se présenterait à lui, il saurait le peindre à la perfection? Qu'est-il donc advenu de notre capacité d'agir, en dehors de faire du shopping?

Une question de personnalité

Selon Fromm, nous devons cesser d'être narcissiques («Regardez-moi, ne suis-je pas adorable?») et matérialistes («Il/elle répond à tous les critères, je l'aurai») pour comprendre d'où provient ce besoin essentiel d'amour. Pour lui, il vient de la solitude profonde de l'être humain. Nous naissons seuls et nous

> *«Aimer signifie de nous ouvrir au négatif comme au positif – au chagrin, à la tristesse et à la déception aussi bien qu'à la joie, à la satisfaction et à une intensité de conscience que nous n'imaginions pas possible auparavant.»* Rollo May

mourrons seuls, et des gens que nous aimons mourront avant et après nous. Non seulement nous sommes séparés des autres êtres vivants, mais nous en avons conscience.

L'amour est la seule puissance capable de briser les murs qui nous séparent les uns des autres, poursuivrait Fromm, mais pour qu'une réelle intimité naisse – la vraie rencontre de deux esprits, âmes et corps – l'union doit être celle de deux êtres évolués, ou Productifs. C'est, pour Fromm, le type de personnalité le plus élevé. Il en a identifié six formes, parmi lesquelles cinq ne mènent qu'au malheur. Si vous voulez vivre le véritable amour, ne soyez pas du type Réceptif, vous préviendrait-il. N'attendez pas que tout vous soit servi sur un plateau et que les autres prennent des décisions à votre place. C'est le meilleur moyen de s'engager dans une relation masochiste. Résistez aussi à la tentation de devenir un Thésauriseur et de tout voir, même les gens et les idées, comme des possessions. Ne vous faites pas Exploiteur, en n'envisageant une relation que si elle vous permet de manipuler l'autre dans votre propre intérêt (le sadisme n'est pas loin). Évitez la si courante orientation Marketing du « C'est nouveau, c'est beau » et où les problèmes ne sont que des manifestations du marché. Enfin, ne tombez pas dans le caractère Nécrophile, fasciné par la mort ou par tout ce qui est mort, à savoir le monde technologique, avec ses imitations de la vie. Pour prendre tout son sens, l'amour demande de l'implication.

L'amour en abondance

Le seul type de personnalité capable de maîtriser l'art d'aimer, déclarerait Fromm, est la personne Productive, qui vit « sans masque ». Celle-ci n'est pas enchaînée par les habitudes

> *« Il faudra que les deux partenaires deviennent capables d'aimer cette distance qui les sépare et grâce à laquelle chacun des deux aperçoit l'autre entier, découpé dans le ciel. »*
>
> R M Rilke

> *« L'attirance sexuelle donne sur le moment l'illusion d'être unis, mais il n'empêche que, sans amour, cette "union" laisse les personnes aussi étrangères, aussi isolées qu'auparavant. »*
> Erich Fromm

et les compulsions de la société, elle répond de manière ouverte, flexible et engagée aux défis. Il ou elle n'a pas peur d'accepter les gens tels qu'ils sont et il ou elle le fait pleinement. En amour, cette personne donne sans compter, mais sans que cela soit en rien un sacrifice. Le don est la plus grande expression de puissance, selon Fromm ; c'est dans le don qu'on déploie toute sa force, sa richesse et son pouvoir.

La véritable motivation de l'amour, c'est ce désir de donner et de partager – notre joie, notre intérêt, notre compréhension, notre savoir, notre humour, notre tristesse. Nous voulons prendre soin de l'autre, tenter de répondre à ses attentes et le traiter avec respect. Le terme « respect » dans ce contexte, renvoie à sa racine latine : *respicere*, qui signifie « prendre en considération », car nous avons besoin de voir la personne exactement comme elle est, pas comme nous aimerions qu'elle soit, et l'aider à mûrir et à se dévoiler à sa façon. Enfin, nous devons nous préparer à connaître l'autre au plus profond de lui-même, afin de savoir que lorsqu'il est en colère, cela veut aussi dire qu'il est anxieux et se sent seul. Ainsi, nous pouvons voir la souffrance en l'autre, et pas seulement s'arrêter à « il est en colère ».

Pour parvenir à se comporter ainsi, il faut avoir atteint une indépendance totale, il faut être capable de marcher *« sans avoir besoin de béquilles, sans avoir à dominer et exploiter quelqu'un d'autre »*. Et sans chercher l'homme ou la femme idéale. La quête d'amour naît d'une conscience accrue de la solitude et pourtant, paradoxalement, déclarait Fromm, la capacité à être seul est la condition *sine qua non* de la capacité à aimer.

Dois-je arrêter de chercher, alors ?

Fromm vous inviterait à cesser de vouloir trouver l'homme ou la femme idéale jusqu'à ce que vous ayez compris que vous n'avez plus besoin de chercher qui que ce soit : vous vous sentez bien seul.e. Vous serez alors prêt.e à aimer. *« L'amour accompli,* écrivait-il, *est une union qui implique la préservation de l'intégrité, de l'individualité… le paradoxe de l'amour réside en ce que deux êtres deviennent un et cependant restent deux. »* Et si vous en profitez pour faire une pause, il ajouterait que le but d'une thérapie analytique est avant tout d'aider le patient à trouver ou à retrouver sa capacité d'aimer. Direction… le divan !

Concepts clés

L'art d'aimer
– Erich Fromm

Pourquoi ce nouveau se montre-t-il si gentil envers moi ?

Sigmund Freud

La gentillesse pose rarement problème, mais une certaine perplexité pointe derrière votre question ; comme si vous ne méritiez pas cette sympathie ou que votre relation ne la légitime pas. Peut-être est-elle provoquée par l'attirance sexuelle, mais il n'y aurait rien de déroutant à cela – à moins que vous ne réagissiez de la même manière sans le savoir. « Ah ! » s'écrierait Freud en se frottant les mains. L'inconscient est à l'œuvre. Et si ce nouveau vous prenait pour sa mère ?

Freud serait le premier à dire que la réalité ne se laisse pas appréhender facilement. Les philosophes le savent bien, qui rappellent que nous ne disposons que de nos cinq sens pour déterminer la signification de ce qui se passe hors de notre corps. Avec cinq sens de plus, nous percevrions le monde de façon totalement différente. Freud en conviendrait volontiers, mais il ajouterait quelques degrés de difficulté. Les informations fournies par nos sens sont interprétées par notre cerveau et cette interprétation dépend de la façon dont nous avons appris à classifier nos expériences : la manière dont chacun d'entre nous appréhende le monde influe sur ce que nous percevons et sur la signification que nous lui donnons. Les événements, les lieux et même les objets ont un sens différent selon les personnes.

Anaïs Nin évoque cette idée avec talent dans *La Séduction du Minotaure* : *« S'ils marchaient tous deux le long de la Seine, elle la voyait sinueuse et scintillante, d'un gris soyeux. Il la dépeignait opaque et boueuse, jonchée de cadavres de bouteilles de vin et de mauvaises herbes prises dans les eaux stagnantes le long de la berge. »* Comme le proclame le Talmud : *« Nous ne voyons pas les choses telles qu'elles sont. Nous les voyons tels que nous sommes. »*

La construction de modèles

Et comme si cela ne suffisait pas, Freud ajouterait que, bien souvent, nous n'avons même pas conscience de la manière dont nous voyons les choses, car ce processus est la plupart du temps inconscient (voir p. 12). De plus, nous interprétons toutes nos relations à travers les « modèles » relationnels que nous avons établis durant notre enfance, du temps où nous apprenions comment survivre dans notre environnement. Les nourrissons sont sans défense, leur survie dépend donc en permanence du soin prodigué par les adultes. Les bébés apprennent ainsi très rapidement quels effets a leur propre attitude sur leur entourage (une erreur d'interprétation peut les mettre en danger de mort). Les nourrissons ont aussi besoin de tendresse, d'interaction et d'expression de soi et, pour cela, la participation active d'une autre personne est nécessaire. La maîtrise de la communication est donc essentielle à la santé et au développement de l'enfant. Comme le psychothérapeute

> *« Dans le transfert, le patient confond le passé avec le présent. »*
> Otto Fenichel

Richard Erskine le rappelle, la question centrale pour un nourrisson est la suivante : « *Que doit faire quelqu'un comme moi avec quelqu'un comme toi dans un monde comme celui-ci ?* » Ainsi, nous élaborons des modèles de relations avec ceux qui prennent soin de nous dès le début de notre vie, et ils nous serviront pour toutes nos relations à venir, à moins que ces modèles ne deviennent conscients et ne soient corrompus d'une manière ou d'une autre.

Le transfert

Les modèles dirigent à la fois la manière dont nous voyons les gens et agissons avec eux, mais aussi les attentes que nous avons d'eux. Par exemple, si votre père était sévère et avait la critique facile, il n'est pas impossible que vous ayez des *a priori* quand vous rencontrerez votre chef, de vingt ou trente ans votre aîné, pour la première fois. Vous pourrez croire qu'il vous juge et qu'il a déjà une piètre estime de vous, ce qui risque de provoquer une réaction défensive, dans vos pensées comme dans vos actes. S'il émet un jugement légèrement négatif, vous pourrez imaginer que cela ne fonctionnera jamais et que vous n'auriez pas dû accepter cet emploi. Ce n'est pas de la folie, c'est un processus que Freud nomme *transfert*, et par lequel nous transférons les sentiments et les attentes que nous avions envers quelqu'un qui a marqué notre vie dans le passé sur une autre personne dans le présent. En d'autres termes, nous reprenons un modèle de relation et nous l'appliquons à une nouvelle personne.

Des études socio-cognitives récentes ont corroboré cette idée en montrant que notre mémoire enregistre les représentations mentales des personnes ayant joué un rôle important et que nous les activons et appliquons parfois quand nous faisons la connaissance de quelqu'un. La thérapeute Susan Andersen a établi que lorsque nous rencontrons une personne qui active la représentation d'un être qui a beaucoup compté à nos yeux, nous lui prêtons des traits de caractère qu'elle n'a pas forcément, et nous les intégrons dans notre mémoire comme s'il s'agissait de traits effectifs de la personne, en plus de ses caractéristiques réelles.

On ne parle pas ici de « mal » voir ou de « mal » se souvenir des personnes. Andersen prétend qu'*« une vaste gamme d'émotions complexes, d'attentes, d'attitudes et d'altérations de soi entrent parfois en jeu dans une relation avec une nouvelle personne, et ceci est basé sur un processus de transfert »*. Ses expériences ont montré que le transfert est un processus

> *« La cure psychanalytique ne crée pas le transfert, elle révèle simplement son existence comme celle de bien d'autres phénomènes cachés de la vie psychique. »*
> Sigmund Freud

courant, quotidien même, dans les relations interpersonnelles. Il fait appel aux représentations de différentes personnes marquantes, comme ses frères et sœurs, ses meilleurs amis, ses anciens partenaires ainsi que ses parents.

Partant de cela, nous disposons tous d'un certain nombre de modèles que nous invoquons en permanence. Cette jeune femme dans le bureau d'à côté, qu'il vous semble avoir déjà vue, ne ressemble-t-elle pas à votre sœur ou à une ancienne amie ? Est-ce son sourire ? Un geste de la main ou sa façon de regarder sa montre en fronçant les sourcils ? Si votre cerveau repère suffisamment de points communs visuels ou auditifs avec quelqu'un qui a compté pour vous autrefois, il ressentira les émotions qu'il avait envers cette personne.

Il se peut tout à fait que vous évoquiez des choses pour ce nouveau au travail. Peut-être riez-vous facilement ou vous asseyez-vous sur le bureau, les jambes croisées, pour discuter comme le faisait son meilleur ami à l'école ? À moins qu'il ne vous ait vu.e offrir un café à quelqu'un et l'écouter avec attention vous raconter ses soucis du jour, comme sa mère le faisait toujours. Il n'en sait rien lui-même, bien entendu, car le processus est inconscient. Il sait seulement qu'il vous apprécie. Les transferts négatifs provoquent des réactions d'hostilité, mais ici, c'est clairement un transfert positif. Les transferts positifs produisent toujours des sensations d'attachement et de lien, ce qui est un atout indéniable pour créer des alliances. C'est fort utile dans un contexte professionnel compétitif et cela revient bien moins cher à l'entreprise que de vous envoyer dans un séminaire de cohésion de groupe hors de prix. Mais rien ne vous oblige à le dire à vos employeurs. Profitez, tout simplement.

Concepts clés

Le transfert
– Sigmund Freud

La représentation d'une personne marquante
– Susan Andersen

Comment convaincre mon ado de fille de ne pas se faire tatouer ?

Daniel Siegel • Peter Huttenlocher

Comme le neurobiologiste et psychiatre Daniel Siegel l'explique, une tempête cérébrale se joue à l'adolescence. Entre douze et quatorze ans, précise-t-il, le cerveau se modifie et dirige l'adolescent dans quatre voies : la quête de nouveauté, l'intensité émotionnelle accrue, l'exploration créative et un engagement social intense, surtout avec les pairs. Cette phase est aussi difficile à négocier pour les enfants que pour les parents, et quoi de mieux pour lancer les hostilités qu'un tatouage, comme votre fille veut le faire ?

Daniel Siegel s'est beaucoup intéressé aux adolescents et à tous les changements physiques et mentaux qu'ils ont à gérer tout en se forgeant une identité au sein d'une famille et d'une culture particulières. Mais pour lui, l'adolescence est avant tout la période où la pensée créative – qui sera si utile pour les générations adultes futures – va soit se recroqueviller soit se développer. Si nous parvenons à aider les adolescents à se lancer dans les nouvelles expériences sans risques, à gérer l'intensité émotionnelle qui les submerge, à laisser libre cours à leurs pulsions créatrices et à s'investir socialement, ils vivront pleinement aussi bien maintenant qu'à l'âge adulte. Si nous n'y arrivons pas, et que ces quatre besoins se perdent au cours de l'adolescence, leur vie d'adulte sera ennuyeuse, terne, solitaire et régie par la routine. Qui plus est, tout le monde continuera à utiliser les mêmes stratégies archaïques alors qu'elles ne fonctionnent pas dans un monde en mutation. La réalité de l'évolution, c'est *« adapte-toi ou meurs »*, déclare Siegel, et les adolescents sont notre force d'adaptation. Nous avons besoin de leurs élans passionnés pour le défi et le changement, mais nous devons aussi faire preuve de sérénité pour les aider à négocier ce virage extraordinaire de leur vie.

Je veux une récompense !

Une fois les cartes posées, Siegel explique pourquoi tous ces changements se produisent. Pendant l'adolescence, les neurones commencent à sécréter davantage de dopamine, un neurotransmetteur qui joue un rôle clé sur le système de récompense dans le cerveau. À partir de la puberté, le taux de dopamine libéré par les neurones s'accroît de manière constante jusqu'à atteindre un pic autour de dix-huit ans. Cette modification au niveau du cerveau entraîne les adolescents vers des expériences et des sensations excitantes, qui libèrent de la dopamine. Selon certaines recherches, le niveau de base de dopamine serait plus bas que la normale chez les adolescents, mais il s'élèverait bien davantage en réponse à une

« Pour les adolescents, il ne s'agit pas seulement de survivre à la puberté ; c'est la réussite de leur vie qui se joue à cette période charnière de leur vie. » Daniel Siegel

expérience exaltante, ce qui expliquerait pourquoi les adolescents se plaignent si souvent : « Qu'est-ce que je m'ennuie... »

Ce besoin de sensation de récompense se manifeste à travers trois éléments : l'impulsivité, une susceptibilité accrue et une addiction à l'hyperrationalité. Les élans motivés par la dopamine exigent une satisfaction immédiate ; il n'y a pas de place pour la réflexion avant d'agir, d'où l'impulsivité : il me faut des sensations fortes, je dois prendre des risques, maintenant ! Une autre possibilité consiste à prendre des raccourcis pour obtenir sa dose de dopamine, en prenant des substances addictives, en ayant des relations sexuelles ou en assistant à des concerts, parce que la drogue, le sexe et le rock'n'roll (et la plupart des formes de musique, en fait) provoquent la libération de dopamine. Le problème, c'est qu'au bout de quelques heures, le niveau de dopamine chute... et l'utilisateur a besoin d'une nouvelle dose. Enfin, l'*hyperrationalité* est le terme utilisé par Siegel pour décrire le processus mental des adolescents, qui privilégient le « ici et maintenant » sans se soucier du contexte. Selon lui, cette façon de pensée naît d'un calcul effectué par le cerveau, qui accentue fortement les bénéfices potentiels (« C'est tellement excitant ! ») et minimise les inconvénients (« C'est terriblement dangereux »).

Sur la voie rapide

À la fin de l'adolescence, nous commençons à envisager les conséquences à plus grande échelle et les gains (et pertes) à long terme

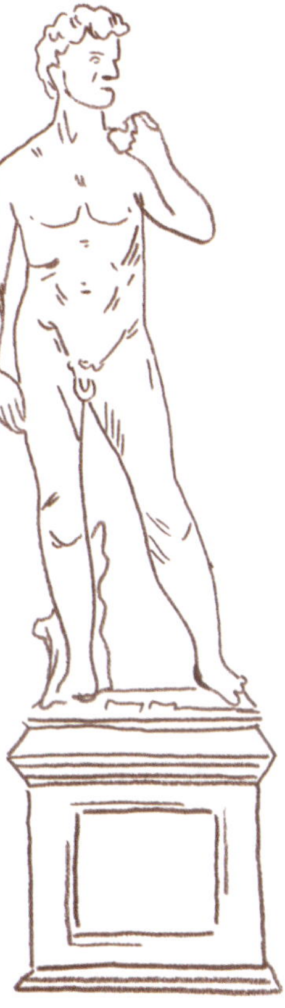

Tel Michel-Ange taillant et coupant la pierre pour révéler la beauté du *David*, le cerveau humain atteint sa forme la plus aboutie grâce à l'élagage, la suppression de connexions neuronales pendant la puberté. Celles qui restent, les plus utiles, sont recouvertes d'une couche de myéline qui les protège et augmente la rapidité de réflexion.

de nos actions. Cela se produit, car le cerveau se remodèle de deux façons au cours de l'adolescence : il fait de l'élagage parmi les connexions neuronales et il enveloppe les nerfs d'une couche protectrice composée de myéline. En 1979, le neurobiologiste **Peter Huttenlocher** a montré que, durant l'enfance, nous produisons une quantité incroyable de neurones et de connexions synaptiques, mais qu'à partir de l'âge de douze ans, nous nous débarrassons de toutes les connexions excédentaires et inutiles, de façon que notre cerveau soit plus rapide et plus efficace. Par exemple, si vous avez appris à jouer de la flûte à sept ans, mais que vous n'avez pratiqué que pendant un an, les circuits neuronaux liés à la pratique de la flûte seront coupés. Si vous avez continué à jouer de la flûte après l'âge de sept ans, les circuits ne seront pas éliminés, mais renforcés ; le cerveau va recouvrir les membranes reliant les neurones d'une couche de myéline. La gestion du flux des informations se fait ainsi plus rapidement et de manière mieux coordonnée, ce qui rend le circuit plus court et plus efficace.

Pendant cette phase de remodélisation, le cerveau peut ressembler à un chantier de construction, où l'électricité, la plomberie, etc., seront un jour au point, mais sont pour l'instant en attente. Le cortex préfrontal étant en pleine reconstruction, cela signifie que toutes les choses formidables qu'il sera capable de faire quand il sera de nouveau parfaitement opérationnel (comme gérer ses émotions, penser à son avenir, prendre des décisions et faire preuve d'empathie et de perspicacité) sont au mieux fragiles, mais bien plus souvent aux abonnés absents.

La conscience de soi entre en ligne de compte, de même que la pensée abstraite, mais elles sont associées à une intensité émotionnelle telle que, même si les activités du cortex sont plus complexes, elles sont souvent perçues comme trop difficiles à gérer pour l'instant. En parallèle, les aires du cerveau situées sous le cortex deviennent plus actives, en particulier l'amygdale, qui évalue la menace

« Les adolescents constituent notre avenir, et c'est à travers leur audace et leurs efforts créatifs parfois scandaleux pour "ne pas être comme tout le monde" que notre espèce a su s'adapter. »

Daniel Siegel

dans l'environnement. Généralement, nous disposons de deux voies pour acheminer les informations jusqu'à l'amygdale : un chemin long, via le cortex supérieur, qui a déjà filtré les données entrantes, et une route rapide, où le flot des perceptions accède directement à l'amygdale. Des études ont montré que le cerveau des adolescents prend plus souvent la voie d'accès rapide que les adultes, raison pour laquelle la plus anodine des remarques peut provoquer des émotions violentes.

L'« engagement social » que Siegel décrit comme si important pour les adolescents provient d'un instinct apparu au cours de l'évolution et qui part du principe qu'on est en sécurité en groupe. Chez les êtres humains, il faut remplir certains critères pour être admis dans un groupe, comme avoir les cheveux longs, faire du skateboard, s'habiller tout en noir ou se couvrir le corps de piercings.

Et pour cette histoire de tatouage ?

Si votre ado veut un tatouage, il se peut que ce soit une question d'engagement social. Cela fait peut-être partie de l'« uniforme » que portent les membres du groupe qu'elle veut intégrer. C'est aussi quelque chose de nouveau et de différent, qui répond directement à la quête de nouveauté qui est son obsession du moment. Il se peut aussi qu'elle y voit une part d'exploration créative, lui permettant de découvrir des moyens originaux de décorer son corps et de jouer avec son apparence. Votre réaction première sera sûrement d'en appeler à son cortex préfrontal afin qu'elle prenne conscience des conséquences d'un tel acte à long terme, mais cela ne fonctionnera pas, parce que son cerveau est en plein élagage (et que plus vous insisterez sur le risque, plus elle aura envie d'avoir son tatouage). Il est tout à fait possible aussi que ce que vous lui direz soit immédiatement interprété comme une menace par l'amygdale (« Va-t'en ! Arrête de vouloir diriger ma vie ! »).

Votre seule chance de succès consistera à amadouer le cortex jusqu'à ce qu'il reprenne le dessus et à apaiser l'amygdale. Pour cela, il vous faudra communiquer de façon ouverte, calme et positive, vous conseillerait Siegel. À moins que vous n'utilisiez la vieille ruse de la diversion : quel autre moyen aurait-elle de satisfaire son besoin d'expériences nouvelles et excitantes, d'amitié et d'intensité émotionnelle ? C'est à vous de voir.

Concepts clés

Le cerveau adolescent
– Daniel Siegel

L'élagage synaptique
– Peter Huttenlocher

Je vis avec un.e imbécile...

John Bowlby • Mary Ainsworth • Donald Winnicott • Judith Solomon • Mary Main

C'est à croire qu'il n'y a pas d'échappatoire : le choix d'un partenaire de vie est déterminé par nos relations à nos parents. Depuis que Freud a émis cette hypothèse dans les années 1890 jusqu'à nos jours, avec les théories de l'attachement, la règle reste inchangée : on rejoue la dynamique vécue dans sa prime enfance au moment de choisir un partenaire. Ce modèle ne nous dicte pas seulement notre choix, mais aussi la manière dont nous voyons notre conjoint, et c'est ce qui nous intéresse ici. Pourquoi en vient-on à dire de sa moitié qu'il ou elle est un.e imbécile ?

Il n'est pas évident d'accepter que le lien établi avec nos parents nous influence encore aussi fortement à l'âge adulte, pourtant un nombre important de preuves récoltées dans plusieurs pays viennent accréditer cette thèse, à la base de la *théorie de l'attachement*. D'après celle-ci, la façon dont nos parents répondaient à notre comportement et la réponse que nous leur donnions en retour ont formé une sorte de schéma, qui nous servira de modèle pour toutes nos relations à venir. Freud avait déjà compris que les liens parents-enfants sont cruciaux, mais dans les années 1960, des études ont établi que les interactions cohérentes et continues que le bébé entretient avec ses parents déterminent ses interactions sociales pour toute la vie.

Freud et la plupart de ses disciples pensaient que les fantasmes que se crée l'enfant à propos du monde extérieur jouent un rôle clé dans la formation de ses modèles relationnels. Mais, dans les années 1960, le psychiatre **John Bowlby** a affirmé, au contraire, que c'est la réalité (et non le fantasme) du lien entre l'enfant et ses parents qui est au cœur de ce processus. Selon lui, un lien affectif se crée entre l'enfant et celui qui prend soin de lui, le *caregiver*, selon la manière dont ils interagissent. Sa collègue **Mary Ainsworth,** psychologue du développement, a approfondi le sujet et mené des expériences en laboratoire. Elle a établi qu'il existe trois formes d'attachement : sécure, évitant, et anxieux ou ambivalent.

Le bébé et celui ou celle qui prend soin de lui jouent tous deux un rôle dans la formation de tel ou tel type de lien, car la manière dont le *caregiver* traite le bébé reflète son état psychologique et son caractère, et le bébé répond au type de soin qu'on lui apporte. La chercheuse Alison Gopnik prétend que les bébés sont le Département de recherche et de développement de la race humaine, car ils formulent et testent en permanence des hypothèses pour déterminer ce qui fonctionne dans le nouveau monde dans lequel ils se trouvent. Ils explorent de nombreux domaines, mais en tout premier lieu, ils établissent ce qui est nécessaire à leur survie. Ainsi, si on les nourrit et les câline tendrement quand ils pleurent, ils conserveront les pleurs comme stratégie utile. Si, à l'inverse, ils sont ignorés, voire frappés ou secoués, ils rejetteront cette stratégie et apprendront à se taire, quels que soient leurs besoins. En un laps de temps court, les nourrissons s'adaptent à leurs parents afin de maintenir un lien stable et à ce qu'au moins leurs besoins vitaux soient assurés.

Et si tout cela conserve une telle importance pour nous en tant qu'adultes, c'est parce que ces interactions précoces sont encodées dans le circuit neuronal du cerveau. Cela est dû au fait qu'elles sont répétées quotidiennement et, comme le neuropsychologue Donald Hebb l'expliquait dans les années 1940, lorsque des neurones sont activés simultanément, les synapses entre elles sont renforcées : nous créons des voies neuronales rapides pour tout ce qui concerne les relations interpersonnelles. Entre l'âge de douze et dix-huit mois s'établissent des « schèmes d'attachements », des modèles qui vont régir la manière dont nous allons interagir avec les autres pour le restant de nos jours, à moins qu'ils ne soient modifiés consciemment à un moment donné. Ils opèrent dans notre inconscient (ou « mémoire implicite ») en arrière-plan et nous indiquent comment nous comporter avec les autres et qu'espérer de nos proches.

Des jours heureux

Lorsque les parents sont attentionnés et dévoués, le nourrisson apprend qu'il a tout à fait le droit d'exprimer ses besoins et de s'attendre à ce qu'ils soient satisfaits. En grandissant, il lui arrive parfois de devoir patienter (nul parent n'est parfait), mais c'est normal aussi. Comme **Donald Winnicott** le faisait remarquer, il est important que les parents ne répondent pas à toutes les attentes, dans la limite du raisonnable, de temps à autre, de façon que l'enfant apprenne à vivre dans un monde imparfait. Si les parents sont « suffisamment bons » (qu'ils se montrent disponibles et sensibles aux besoins de l'enfant dans au moins 40 % des cas), le tout-petit se sentira en sécurité et acquerra une assurance et une indépendance suffisantes pour explorer son environnement. On dit qu'il a « développé un schème d'attachement sécure ».

Quand l'incertitude est là

Toutefois, si les parents ne se montrent pas capables d'être assez attentifs et disponibles, le bébé va commencer à faire davantage attention aux besoins de ses parents qu'aux siens. Il en résultera le schème d'attachement ambivalent et anxieux décrit par Ainsworth, et par un autre schème, désorganisé, évoqué pour la première fois par **Judith Solomon** et **Mary Main** dans les années 1980. C'est sûrement là que se trouve la réponse à votre question, car s'il nous est impossible de dire si votre conjoint est un nul ou non, nous savons que vous êtes en couple avec quelqu'un que vous vous

« La parentalité n'est pas qu'une question de comportement, cela demande de s'impliquer dans une relation interpersonnelle diffuse et affective. » Nancy Chodorow

Les types d'attachement

Sécure

Se rapproche des autres facilement • Est souvent plus satisfait.e de ses relations que les adultes insécures • Sait que sa/son partenaire répondra présent.e en cas de besoin • Accepte qu'on puisse avoir besoin de lui/d'elle ou de demander de l'aide • Ses relations se caractérisent par une plus grande longévité, par la confiance, l'implication et l'interdépendance • S'attend à être traité.e respectueusement et traite les autres avec respect • Possède une capacité évidente à lier le contact

Ambivalent

Craint que les autres ne l'aiment pas totalement • Se montre vite frustré.e ou colérique si ses besoins affectifs ne sont pas satisfaits • Voit ressurgir le rejet et des blessures du passé qui n'ont pas été surmontées • Provoque le conflit et sabote souvent les relations • Voudrait que les autres se montrent plus proches • A un fort besoin d'intimité, mais doute de sa propre valeur et peine à accepter un rapprochement venu de l'autre • A besoin d'être rassuré.e sans cesse sur l'amour de sa/son partenaire

autorisez à traiter de nul. Une relation entre deux adultes «sécures» étant basée sur l'égalité, l'honnêteté, l'ouverture d'esprit, la confiance et la compréhension, elle ne générerait pas une telle attitude envers l'autre. Pour Erich Fromm (voir p. 90), c'est le type de relations vers lequel nous devons tendre, une relation où chacun est totalement indépendant, heureux et serein en compagnie de l'autre.

Malheureusement, seuls 50 à 60 % des gens disposeraient d'un schème d'attachement sécure, ce qui laisse tous les autres plus ou moins insécures, et capables de lancer à son partenaire : «Tu es un.e imbécile.»

Un sentiment d'ambivalence

Un enfant élevé par des parents instables ou surprotecteurs ne peut avoir la même sérénité qu'un enfant sécure. Des études ont montré que, dans ce type de relations, les enfants vont tout mettre en œuvre pour maintenir l'attachement. Ils restent le plus près possible du parent, ont des réactions exagérées lorsqu'ils ont un problème (afin d'envoyer un signal assez fort pour attirer l'attention du *caregiver*) et ont perpétuellement besoin d'être rassurés. Ces enfants ont un schème d'attachement ambivalent. À l'âge adulte, ils ont tendance à baser leur relation avec leur compagne ou leur compagnon sur le manque d'autonomie, car c'est ce qui fonctionnait quand ils étaient enfants. Ils ont parfois l'air ingénieux et accomplis, mais dans le cadre d'une relation établie, ils vont se montrer démunis et faire preuve d'un désir important de faire plaisir.

Les personnes qui fonctionnent selon ce schème ont souvent un besoin insatiable et désespéré d'attention et d'amour. Elles n'ont

Évitant

Semble ne pas faire grand cas des relations • Évite l'intimité et le conflit • Éprouve des difficultés à être proche des autres, à leur faire confiance ou à être dépendant.e d'eux • Si d'autres tentent de créer un lien, ressent le besoin de fuir • Se considère comme autosuffisant • Idéalise ses relations amoureuses passées de sorte que sa/son partenaire actuel.le ne puisse rivaliser • Blâme volontiers sa/son partenaire pour l'échec de la relation tout en ayant une très faible estime de soi

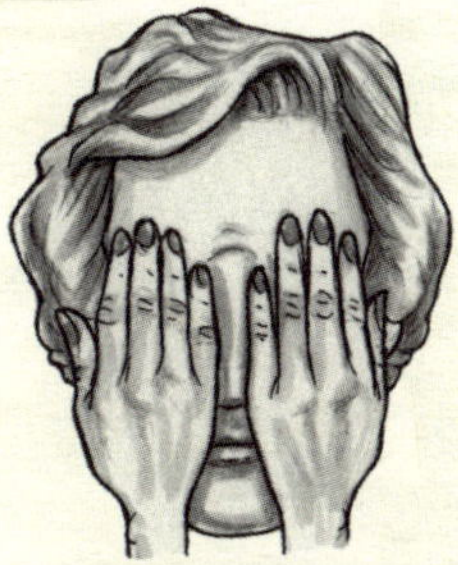

Désorganisé

Peine à déterminer le sens de ses propres expériences • Joue le chaud et le froid dans une relation • Apaise parfois ses tourments émotionnels par des biais dangereux comme l'alcool ou la drogue • A du mal à faire confiance aux autres • Ne parvient pas à s'impliquer dans une relation ou à la maintenir • Craint l'intimité • Se sent indigne d'amour ou de soutien • Ne tient pas compte des règles et se confronte difficilement aux figures d'autorité • Peine à gérer ses émotions

pas confiance en leur conjoint, sont possessives, et exigeantes et recherchent sans cesse le contact de l'autre tout en redoutant d'être abandonnées. L'ambivalence (l'instabilité) de la relation initiale donne lieu à l'âge adulte à une situation contradictoire. Ces personnes ne rêvent que de stabilité et de sécurité, mais multiplient les attitudes qui font fuir l'autre. Une telle personne qualifierait-elle sa moitié d'imbécile dans une tentative désespérée d'attirer son attention ? Sans doute. Une relation comme celle-ci ne laisse la place ni à l'apaisement ni à la sérénité.

L'absence d'émotions

Les enfants de parents qui ne se montrent pas disponibles émotionnellement (qui répondent physiquement aux attentes de l'enfant, mais sans lui porter d'affection) apprennent à subvenir à leurs propres besoins et à ne réclamer l'aide de personne. Au bout d'un moment, ils finissent par occulter ces besoins, par s'en détacher, et ils prétendent ne ressentir aucune émotion. À l'âge adulte, ils ne sont jamais totalement présents à l'autre dans une relation, ils redoutent l'intimité et le rapprochement ; pour eux, reconnaître qu'ils ont besoin d'aide revient à donner à l'autre la permission de le rejeter ou à admettre ne pas être à la hauteur, ce qui est terriblement humiliant. La seule émotion qu'ils tolèrent, parce qu'elle crée une distance, est la colère. Le psychothérapeute David Wallin explique que les adultes qui présentent ce type de relations ont grandi dans un désert émotionnel. Ils ont appris à se protéger de leurs propres émotions et à se montrer insensibles à leurs besoins en ayant trop confiance en eux et pas assez aux autres. Ils seraient tout à fait

« Derrière le masque de l'indifférence se cache une détresse infinie, et derrière la dureté, le désespoir. »
John Bolwby

capables de traiter leur partenaire d'imbécile. La règle pour eux consiste à garder leurs distances. Est-ce votre forme d'attachement ?

Un sentiment de peur

La quatrième catégorie d'attachement, désorganisé, correspond à un lien entre parent et enfant qui est à la fois ambivalent et dangereux, où l'enfant est attiré par le parent pour des raisons de survie, mais craint aussi de s'en approcher, car celui-ci pourrait constituer une menace à sa survie. Devenus adultes, ces êtres recherchent le contact des autres, mais craignent d'en souffrir. Ils peinent à contrôler leurs émotions, parce qu'ils n'ont jamais appris à les maîtriser dans leur enfance, ils se montrent donc imprévisibles dans leur humeur comme leur comportement, tout comme leurs parents l'étaient. Ce type de personne décrirait-elle son ou sa partenaire comme un.e imbécile ? Oui. Oserait-elle le formuler ? Peut-être pas, ou alors lors d'une des crises que ce genre de relations rencontrerait fréquemment. À moins qu'elle ne garde la remarque pour elle, et qu'elle l'intègre comme une critique douloureuse de ce qu'elle est elle-même.

Voilà que je me pose des questions sur moi maintenant…

La bonne nouvelle, c'est qu'on peut acquérir un attachement sécure, vous assureraient les psychothérapeutes. Avec de la détermination, de l'honnêteté, une grande lucidité, beaucoup de travail et un retour positif de la part des personnes de l'entourage (dont le thérapeute), il est possible d'identifier le schème d'origine, afin de le détricoter et de le reconstruire différemment. Cette démarche apporte une compréhension profonde, ainsi qu'une conscience de soi plus aiguë, ce qui rend presque impossible d'imaginer que quelqu'un puisse être simplement nul.

C'est comme si vous vous considériez comme inférieur ou supérieur à votre partenaire sans autre raison qu'un système ancré en vous, et que vous soyez désormais sur un pied d'égalité. Au bout du compte, vous aurez une vision plus claire du monde et vous comprendrez que vous êtes en accord avec vous-même, quoi que les autres puissent dire ou faire. Comme le dirait le psychothérapeute Eric Berne, nous recherchons un équilibre, un « Je vais bien, tu vas bien ». Beaucoup d'entre nous luttent avec les séquelles du passé et les défis du présent, mais nous saurons que nous avons tous évolué conjointement le jour où chacun reconnaîtra que personne n'est « un nul ».

Concepts clés

La théorie de l'attachement – John Bowlby et Mary Ainsworth

Le parent « suffisamment bon » – Donald Winnicott

Mon couple va très bien, alors pourquoi je songe à avoir une liaison ?

Sigmund Freud • Jaak Panksepp • Daniel Kahneman

C'est là toute la beauté et le malheur de l'espèce humaine. Nous sommes des animaux, avec les structures et les processus cérébraux des autres mammifères, mais notre néocortex beaucoup plus développé fait de nous des êtres uniques, dotés de la conscience de soi. Alors nous avons tous des pulsions et des désirs bestiaux irrationnels, mais aussi une part rationnelle qui dit « C'est quoi, ce bazar ? » Pourquoi la rationalité ne gagne-t-elle pas ?

Que l'on parle d'inconscient freudien ou de « mémoire implicite » des neurosciences, il semblerait que de grandes parties du cerveau humain fonctionnent en pilote automatique, et qu'elles ne soient pas contrôlées par l'esprit conscient. De l'inconscient de **Freud** (voir p. 11) au Système 1 de **Kahneman** (voir p. 52) et aux processus primaires de **Panksepp** (voir p. 50), le constat est le même : la majorité des décisions se prennent en dehors de toute conscience, et comme Kahneman le souligne, ce n'est qu'en prenant conscience des biais à l'œuvre dans les processus de décisions rapides qu'on peut commencer à exercer un contrôle plus conscient sur ses activités quotidiennes.

Quand l'habitude s'en mêle

L'esprit humain ne peut tout simplement pas analyser tous les stimuli entrants de façon consciente, alors il utilise des *heuristiques*, ou opérations mentales automatiques, qui permettent à l'attention consciente de se focaliser sur ce qui semble le plus important à un moment donné. L'un de ces processus est appelé *habituation* ; il s'agit d'un outil d'apprentissage important pour les humains comme pour les animaux. Les propriétaires de chiens connaissent bien l'habituation, c'est le procédé qui consiste à présenter au chien des éléments de façon répétée (comme de jeunes enfants bruyants) jusqu'à ce qu'il ne soit plus dérangé par la situation et qu'il finisse à terme par ne plus déceler que vaguement les stimuli (afin qu'il ne coure plus après les enfants). En tant qu'êtres humains, nous faisons de même : quand un élément nouveau se présente dans notre environnement, nous nous en préoccupons quelques instants (« Est-ce dangereux ou non ? ») avant de nous y accoutumer (« Ah, c'est encore cette voiture qui pétarade ! ») et ne plus y prêter la moindre attention. L'habituation est un outil extrêmement utile pour savoir ce qu'on peut ignorer sans risque et ce à quoi il faut faire attention, mais il y a un revers à cela. Nous nous accoutumons aussi à celui ou celle qui partage notre vie. Et nous ne voyons plus ses charmes, qui nous faisaient chavirer au début.

Waouh ! Mais qu'est-ce donc ?

Parallèlement, nous sommes attirés de façon irrépressible par la nouveauté, car lorsque nous sommes confrontés à un élément nouveau, le cerveau libère davantage de dopamine,

L'affordance

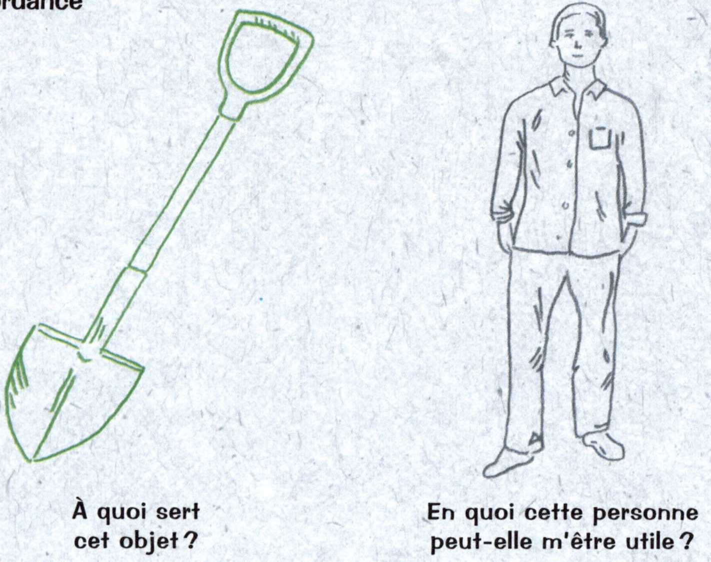

Dès notre plus jeune âge, nous observons notre environnement pour en déterminer l'affordance, c'est-à-dire ce qu'il a à offrir et qui pourrait nous être utile. Lorsque nous repérons un objet ou une personne qui répond à ces critères, nous sommes programmés pour en faire usage.

ce neurotransmetteur dit de la « récompense » qui joue également un rôle important dans les addictions et qui entraîne un toxicomane encore et toujours vers la récompense que procure la sensation de planer. Face à quelque chose de totalement nouveau, nous recevons la même décharge de dopamine : se pourrait-il qu'il y ait une récompense pour moi par ici ? La nouveauté nous excite à un tel point que la seule éventualité qu'il puisse y avoir quelque chose de nouveau à découvrir suffit à nous motiver et à nous pousser à explorer notre environnement. Ce trait est apparu au cours de l'évolution, car il permettait de découvrir de nouvelles ressources (eau ou nourriture).

Ainsi, nous sommes programmés pour rechercher la nouveauté et pour cesser de prêter attention aux choses (ou aux personnes) qui nous entourent depuis un certain temps, car elles ne représentent pas une menace

« Nous ne sommes pas des machines pensantes qui ressentent des émotions, nous sommes des machines émotionnelles qui pensent. »
Antonio Damasio

> *« Lorsqu'il est activé, [le système de RECHERCHE] se contente de rechercher* quelque chose, *mais rien de spécifique. Il sait juste que ce quelque chose qu'il veut est là, quelque part. »*
>
> Mark Solms

et (attention, préparez-vous !) parce que nous ne les associons plus à la récompense. Elles ont perdu leur potentiel. Notre cerveau considère qu'il a déjà récupéré toutes les récompenses qu'il y avait à prendre dans ces objets de notre environnement et nous ne cherchons plus à les explorer. (Cette hypothèse mérite peut-être que vous vous y attardiez un peu.)

Que m'offre mon environnement ?

Le sens de la vue est intimement lié à notre besoin perpétuel et inconscient de trouver de nouvelles ressources. Les bébés ont une faible acuité visuelle à la naissance, mais peu à peu, ils commencent à discerner les formes et les couleurs, à différencier deux objets et à évaluer la distance qui les sépare, etc. Ce progrès permet à l'enfant de tirer des informations de son environnement et de déterminer son « affordance », c'est-à-dire de repérer les éléments qui pourraient lui être utiles (l'enfant voit une pomme et comprend qu'il a de la nourriture à sa portée). L'affordance implique donc aussi des possibilités d'action (l'enfant peut s'approcher de la pomme, la saisir et la manger). En résumé, cela signifie que nous passons notre temps à observer notre environnement pour y déceler des menaces, mais aussi des récompenses éventuelles, et le sexe en fait partie. Si nous en repérons une, nous sommes programmés pour agir. Et justement, vous venez de remarquer cette personne si séduisante à la machine à café, qui ne semble à nulle autre pareille…

Programmés pour explorer

À ce stade, vous êtes motivés par l'exploration parce que le système de RECHERCHE de votre cerveau s'est activé. Le neurobiologiste Jaak Panksepp a établi que le cerveau paléo-mammalien, vieux de trois cent millions d'années, compte sept types primaires de systèmes émotionnels. Il s'agit de mécanismes clairement identifiables : si l'on stimule électriquement l'un d'eux, l'émotion associée à ce mécanisme précis, comme la colère, s'active immédiatement (voir p. 51). Ces mécanismes encodés dans le cerveau sont extrêmement puissants et le système de RECHERCHE est peut-être le plus important de tous. C'est ce système qui nous permet d'avancer chaque jour, qui nous sort du lit le matin (« Quelle heure est-il ? Où est mon téléphone ? ») et nous motive ; il nous incite à chercher sans cesse des informations, des objets et des personnes utiles. C'est lui aussi qui pousse un chien à explorer avidement un nouveau lieu en reniflant et en grattant dans l'espoir de trouver quelque chose d'intéressant. Il peut provoquer le même type de réponse chez vous lorsque vos yeux se posent sur cette superbe créature nouvelle qui prend un espresso au bureau. « Hé ! Mais que vois-je ? Ça m'a l'air formidable ! » En vous approchant, il se peut que se déclenche un autre système sous-cortical, celui de la SEXUALITÉ. Celui-ci est associé à l'assouvissement des appétits activés par le système de RECHERCHE. Oh, oh !

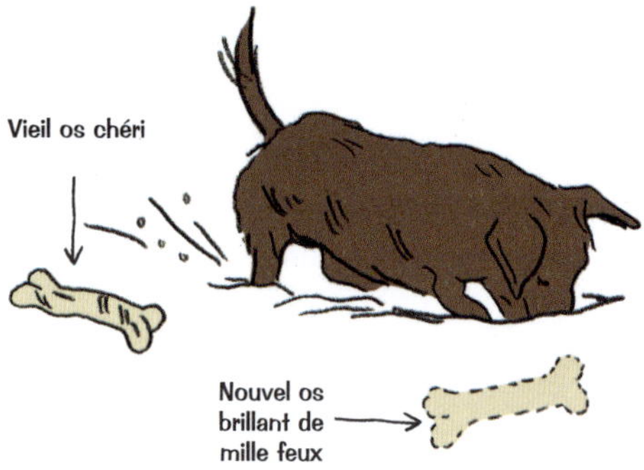

Profondément vivant

Le système de RECHERCHE nous pousse à poursuivre sans cesse la quête de nouveauté, de ressources, de vie. Les émotions associées à la RECHERCHE sont l'enthousiasme, l'expectative et l'espoir. Quand une personne a connu une forme d'attachement difficile dans son enfance (voir pp. 98–102), elle se sent moins libre d'explorer le monde qui l'entoure ; son système de RECHERCHE est éteint, voire fonctionne dans le sens opposé de cette chaîne émotionnelle, vers la dépression. D'un côté se trouve le désespoir, de l'autre des sentiments profonds d'espoir et d'expectative, comme si vous étiez sur le point de trouver tout ce dont vous avez toujours rêvé. Si votre système de RECHERCHE augmente d'un cran grâce à la dopamine libérée par la nouveauté, il va aller encore plus haut si vous décidez de partir à la découverte (de cette personne vraiment attirante qui boit maintenant un déca), car ce système envoie de la dopamine à quatre zones différentes du cerveau. Vous voilà parti.e pour la machine à café, rempli.e d'espoir, d'expectative et d'enthousiasme. Depuis combien de temps ne vous étiez-vous pas senti.e aussi vivant.e ?

Était-ce couru d'avance, alors ?

Non. N'oubliez pas que vous vous êtes posé la question, ce qui montre que les fonctions cognitives ont leur rôle à jouer aussi. Celles-ci nous permettent d'adopter un comportement dans un but précis, volontairement et surtout consciemment. Vous devez choisir désormais, pas seulement réagir. La partie « humaine » du cerveau nous donne les pouvoirs nécessaires pour contrer le système de RECHERCHE qui nous pousse vers la nouveauté, malgré ces envolées de dopamine si tentantes. Vous possédez un cerveau humain ultra-performant, dont le pouvoir surpasse largement celui du cerveau animal. Il maîtrise les souvenirs, les valeurs, les espoirs et les peurs du passé, du présent et de l'avenir. Il connaît le désir sexuel, mais aussi l'amour... et la perte. Alors, ralentissez. Réfléchissez à la question de l'habituation. Tout ce qui brille n'est pas or, et la dopamine vous aveugle peut-être... Appuyez sur le bouton Pause. Comme avec la COLÈRE (voir p. 51), il y a des signes annonciateurs d'un danger imminent. Essayez de les repérer.

Concepts clés

Les types primaires de systèmes émotionnels
– Jaak Panksepp

Pensée rapide, pensée lente
– Daniel Kahneman

Comment empêcher qu'il me retire de sa liste d'amis sur les réseaux sociaux?

Albert Ellis

Nous sommes un concentré de besoins et de désirs, et s'il y a une chose que nous voulons avant tout, c'est que tout le monde nous aime. Nous aimerions aussi avoir plus de contrôle sur notre vie, et il s'en faudrait de peu pour qu'on admette qu'on aimerait obliger les autres à nous aimer. Cela ressemble un peu à un caprice d'enfant, mais Albert Ellis trouverait cela normal. Dans un tel cas, nous avons perdu toute notion de rationalité, mais elle est pourtant toujours prête à revenir mettre de l'ordre dans ces volontés fantaisistes, selon lui. Cessez de vouloir contrôler le monde et reprenez donc vos esprits.

Ellis était un psychanalyste américain, qui ne croyait plus en l'efficacité de l'analyse. Il prétendait : *« Freud avait un gène pour l'inefficience. Je crois que j'en ai un pour l'efficacité. »* Il souhaitait que la thérapie ait davantage de résultats, afin que les gens ressentent un changement rapide dans leur vie. Il a nommé sa méthode *Thérapie rationnelle*, mais le nom semblait sous-entendre qu'elle ne prenait pas en compte les émotions, alors il l'a rebaptisée *Thérapie rationnelle émotive*. Certains confrères lui ont alors reproché d'être « trop cognitive » et de faire fi du béhaviourisme (même si elle reprenait de nombreuses techniques comportementales), alors Ellis a fini par l'appeler *Thérapie rationnelle émotive comportementale* (mais on supprime souvent le dernier adjectif pour la désigner en français).

Une pensée logique

Si Aaron Beck (voir p. 29) est le père de la *Thérapie cognitivo-comportementale*, Albert Ellis en est le grand-père. Selon lui, nous avons tous des idées préconçues à propos de nous-mêmes, des autres et du monde en général, et certaines sont à la fois incorrectes et irrationnelles. Mais comme elles nous guident tout au long de notre vie, nous allons à l'encontre de problèmes, puisque ces croyances irrationnelles nous font croire que nous devrions réussir l'impossible.

« La réalité n'est pas tant ce qui nous arrive ; c'est plutôt ce que nous pensons de ces événements qui crée la réalité telle que nous la vivons. En réalité (la vraie), cela signifie que chacun d'entre nous crée la réalité dans laquelle il ou elle vit. »

Albert Ellis

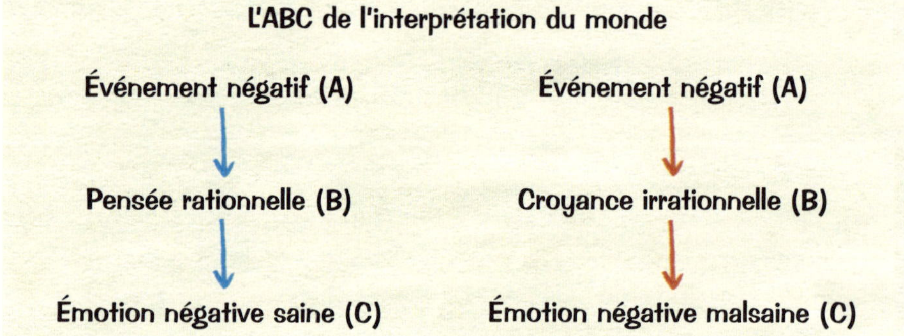

Ellis a développé la technique de l'ABC, qui montre de quelle manière nous en venons à nous sentir tristes, troublés, ou mal. Le «A» représente l'élément déclencheur, «B» nos pensées et croyances, et «C», les conséquences.

Par exemple, certaines personnes pensent qu'elles devraient être compétentes dans tous les domaines, quels que soient leur niveau intellectuel ou leurs dons particuliers. D'autres croient qu'elles ne peuvent vivre sans l'appui de quelqu'un de plus fort. D'autres encore se disent qu'il existe une solution à tous les problèmes, du moment qu'on la cherche. Ellis encouragerait ses patients à remettre en cause ces idées préconçues. Tous les problèmes ont-ils réellement une solution parfaite? Et même si c'est le cas, pour quelle raison serait-elle découverte un jour?

Une mauvaise interprétation

C'est la manière dont nous réfléchissons et interprétons les situations qui nous posent problème, pas les situations en tant que telles, préciserait Ellis. Personne ne peut obliger quelqu'un à nous aimer, mais personne ne peut non plus nous obliger à ressentir une émotion quelconque. Si votre partenaire vous traite d'idiot.e, vous direz peut-être qu'en retour, cela vous a mis.e en colère, mais ce n'est pas le cas, objecterait Ellis. Pour que ce soit vrai, il faudrait que chaque fois que X fait Y, l'émotion qui en découle soit toujours Z. Pourtant, certaines personnes se moqueraient éperdument d'un tel commentaire, d'autres en riraient tandis que d'autres se demanderaient quelle mouche a piqué leur moitié ce matin. Ce sont ces croyances déformées qui nous entraînent sur le chemin périlleux de la surinterprétation, et il est important qu'on s'en rende compte dès que possible afin de les décortiquer. Autrement dit, nous devons identifier et remettre en cause ces pensées, reformuler le problème d'une façon qui reflète plus précisément la réalité, et adopter des stratégies afin de transformer nos idées préconçues en pensées saines, basées sur des preuves tangibles.

Dans un ouvrage rédigé avec Robert Harper, Ellis a identifié dix croyances irrationnelles ainsi que les moyens de les contrer. Il se trouve que la pensée irrationnelle n° 1 consiste à croire qu'il faut – oui, il faut – absolument être aimé de tous ceux qui ont une importance à nos yeux. Nous apprécions tous la reconnaissance, expliquerait Ellis, et il est toujours bon d'en recevoir, mais ce n'est pas une question de vie ou de mort. En revanche, vous risquez de sombrer dans des abîmes de souffrance en essayant d'atteindre un idéal impossible où tout le monde vous aimerait. Voilà pourquoi il faut recadrer ces pensées aussi vite que possible.

La réponse rationnelle

Ellis vous dirait qu'il est impossible d'être aimé de tous. Peu importe votre popularité, il y aura toujours quelqu'un qui ne vous appréciera pas, et c'est normal. Les gens sont différents et ont donc des goûts différents. Certains apprécieront des choses chez vous que d'autres détesteront, comme votre coupe de cheveux : personne ne se mettra jamais d'accord sur l'idée qu'il est indispensable d'avoir les cheveux longs et la raie au milieu. Et même si vous parveniez à vous faire aimer de tous, vous ne sauriez jamais s'ils vous aiment suffisamment ou s'ils continueront de vous aimer. À quel moment direz-vous : « Ça y est, j'ai réussi » ?

Il n'y a rien de mal à vouloir être populaire, mais il ne faut pas y accorder trop d'importance non plus, assurerait Ellis. Il est bon pour soi de chercher à être populaire, mais il est destructeur d'avoir besoin de l'être. Vous vous épuiseriez à atteindre un tel objectif, vous y consacreriez tant de temps et d'efforts que vous ne feriez plus rien d'autre à côté. Et si vous cherchez à vous conformer à l'idée qu'ont les autres du look parfait ou de la destination idéale de vacances, vous passerez votre temps à faire ce que veulent vos amis, pas ce que vous souhaitez faire. Votre vie ne vous appartiendra plus, et vos efforts pourraient même se retourner contre vous : vos amis risquent de trouver que vous manquez de personnalité et de ne plus avoir aucun respect pour vous.

Il est impossible d'être aimé de tous, affirme Ellis, alors nous devons accepter que les autres réagissent tous de façon différente envers nous.

Débattez la question avec vous-même si vous êtes triste à l'idée que quelqu'un vous ait retiré de sa liste d'amis, vous inviterait Ellis. Prenez-le comme un signe d'individualité et un pas vers l'acceptation et l'approbation de soi, ce qui vaut bien mieux que l'avis des autres. Vivez votre propre vie, faites ce que vous aimez, et vous trouverez quelques vrais amis en chemin sans même les chercher.

Concepts clés

La thérapie rationnelle émotive (comportementale)
– Albert Ellis

Pourquoi mon chef est-il si méchant ?

Carl Jung • Wilfred Bion • Harold J Leavitt • René Girard

Le harcèlement au travail est monnaie courante. Des études menées aux États-Unis et au Royaume-Uni ont établi que près de 33 % des travailleurs en sont victimes à un moment ou à un autre. L'Organisation internationale du travail (OIT) prédit que la violence physique et mentale au travail sera l'un des problèmes majeurs du prochain millénaire. C'est dire l'ampleur de la chose, et cela signifie que si vous subissez le comportement exécrable de votre chef, vous n'êtes pas le/la seul.e, car c'est une tendance inquiétante globale sur le marché du travail. Le psychanalyste Carl Jung interpréterait cela comme la manifestation de l'« inconscient collectif » et dirait que l'« ombre » n'est pas étrangère à l'affaire.

Pour **Jung,** la personnalité est constituée d'une part consciente et d'une part inconsciente. Il pensait que l'inconscient est composé de différentes structures personnifiées qui interagissent dans notre monde intérieur et nous servent de cadre pour appréhender le monde extérieur. Il les a nommées *archétypes* (voir p. 136). Dans le langage courant, un archétype est le modèle original d'un objet ou d'une œuvre, auquel les versions ultérieures se réfèrent toutes d'une manière ou d'une autre, et l'acception que Jung avait du terme n'en est pas si éloignée. Selon lui, l'esprit humain a accès à des images types de personnages – comme le héros ou la marâtre – qui nous permettent d'interpréter et de comprendre le monde afin de déterminer comment agir. Et si ces représentations ou archétypes apparaissent dans les contes de fées, les mythes et même les religions du monde entier, c'est parce qu'elles sont inscrites dans l'inconscient collectif ; ce sont les dépositaires de nos expériences ancestrales.

Cela laisse supposer que certains types de personnes et de manières d'agir ont toujours existé, et une fois intégrées dans l'inconscient collectif, leurs représentations (les archétypes) se transmettent de génération en génération. Nous pouvons ainsi les reconnaître et les voir à l'œuvre chez les autres, mais aussi en nous. Deux des archétypes les plus importants sont la *persona* et l'ombre. La *persona* représente le masque que nous enfilons pour nous présenter au monde ; c'est l'image que nous souhaitons

« Chacun porte en lui une ombre, et moins elle s'exprime dans la vie de l'individu, plus elle est sombre et dense. »

Carl Jung

Cinq types d'organisations dysfonctionnelles qui peuvent mener à une dynamique de désignation d'un bouc émissaire

1

Les organisations paranoïaques

Ces entreprises craignent en permanence d'être la cible de menaces risquant d'altérer leur fonctionnement. Chaque problème ou menace potentielle est analysé dans les moindres détails, même si c'est extrêmement coûteux et chronophage.

2

Les organisations obsessionnelles

Dans ces entreprises, les dispositifs de contrôle sont établis de façon à surveiller étroitement les affaires internes, la productivité, les coûts, etc. Elles reposent fortement sur la tradition et les pratiques consolidées.

3

Les organisations hystériques

Incapables d'adapter leur structure aux nouveaux besoins opérationnels, ces entreprises sont hyperactives et impulsives. Elles sont davantage gouvernées par les valeurs et les idées de leur dirigeant que par la réalité de la conjoncture.

4

Les organisations dépressives

Il s'agit d'entreprises au fonctionnement bureaucratique, qui suivent des *process* automatiques sans réel *leadership*. Leurs caractéristiques sont essentiellement l'inactivité, le manque de confiance et un conservatisme extrême.

5

Les organisations schizoïdes

Ces entreprises n'ont pas de réel *leadership* : le dirigeant ne semble prêter aucune attention à l'organisation, ne suit pas de logique et n'écoute pas les autres. L'entreprise change constamment de choix opérationnels au gré des changements de dirigeants.

Déplacer la faute

Selon Girard, lorsqu'un groupe est en péril lors d'un conflit, ses membres essaient souvent de retrouver une cohésion en choisissant un bouc émissaire à qui faire porter la faute. Cette personne est alors dénoncée avec ferveur et conviction avant d'être exclue du groupe. Il est habituellement clair pour les personnes extérieures au groupe que la victime n'est pas responsable du « crime » dont elle est accusée.

donner aux autres, mais aussi à nous-mêmes. Freud et Jung avaient bien compris que nous reconnaissons volontiers nos bons côtés, mais nettement moins facilement ceux que nous considérons comme mauvais ou honteux.

Bienvenue dans l'ombre

D'après Jung, tous ces « mauvais » aspects sont réunis dans l'archétype de l'ombre ; c'est le côté sombre de notre personnalité, celui qui contient tous les traits que nous désavouons. L'ombre est nécessairement cachée et réprimée, même à nos propres yeux, et comme elle est composée de caractéristiques que nous jugeons impardonnables, une large part de culpabilité, de honte et d'infériorité y est associée. Et malgré nos efforts désespérés pour la garder secrète et prétendre qu'elle n'existe pas, il y a toujours un moment où elle refait surface, surtout dans les situations de stress. L'ombre est cette part de nous-mêmes qui surgit de façon aussi spontanée qu'inattendue lorsque nous faisons du mal, à nous ou à quelqu'un d'autre, et qu'après, nous nous disons : « Mais comment ai-je pu faire ça ? » Si vous avez un doute, vous la reconnaîtrez à sa marque de fabrique : le sentiment de culpabilité, d'humiliation et de honte qui fait suite à un accès furieux de l'ombre.

La projection

Très souvent, l'ombre se présente chez quelqu'un d'autre, du moins en donne-t-elle l'impression. En psychanalyse, le mécanisme de défense qu'on appelle la « projection » est un moyen de renier une émotion ou une idée désagréable qui nous assaille en l'attribuant à quelqu'un d'autre : nous projetons cette émotion sur autrui. L'ombre se manifeste souvent par la projection. Par exemple, si un chef de service passe ses nerfs sur un employé en lui reprochant son inutilité ou son incompétence, il est tout à fait possible qu'il se sente lui-même inutile, et qu'incapable de supporter cette idée, il préfère la renvoyer à quelqu'un d'autre. Il se sent ensuite beaucoup

« Tout le monde a tendance à rejeter, sous quelque prétexte que ce soit, les individus qui ne correspondent pas à leur conception de ce qui est normal ou acceptable. »
René Girard

mieux, sans pour autant se rendre compte de ses motivations inconscientes.

Il n'est donc pas impossible que l'agressivité de votre chef soit liée à son propre sentiment d'inaptitude, qu'il est parfaitement incapable d'admettre. Il arrive que l'ombre ne jaillisse qu'occasionnellement (« Il n'est pas lui-même aujourd'hui »), mais il se peut aussi qu'elle menace le Moi, voire qu'elle prenne sa place. L'ombre devient alors la part dominante, c'est elle qui présente sa face au quotidien.

Pourquoi moi ?

L'un des *a priori* les plus courants à propos du harcèlement consiste à croire que c'est la victime qui provoque un comportement agressif chez son oppresseur. Et il est vrai que certaines personnes élevées dans un foyer très autoritaire ont tendance à rechercher des relations qui reproduisent ce rapport de force déséquilibré.

Il existe, toutefois, une victime potentielle très différente, quelqu'un qui recherche davantage l'indépendance que l'intégration. Quelqu'un qui n'a aucune intention d'adopter les valeurs, les idéaux ou les objectifs du groupe juste parce qu'elles sont partagées par le groupe, mais qui préfère conserver une ligne de conduite et de pensée autonome.

D'après le psychanalyste **Wilfred Bion**, les autres membres du groupe voient cette marque d'indépendance comme une menace. Les valeurs du groupe ont été mises en place par une figure qui fait autorité (qui n'est pas sans rappeler le chef de famille autoritaire), quelqu'un qui sait ce qui est le mieux pour l'entreprise et qui s'est donné beaucoup de mal pour transmettre ces idées aux employés et les leur imposer. Selon le psychologue du travail **Harold J Leavitt**, chaque groupe est enclin au conformisme et à l'acceptation de ce que le groupe devrait penser, faire et valoriser. Ce sont des « forces centripètes » qui créent une identité commune et une cohésion. Tout est connu et compris. Tout est sous contrôle et prévisible, jusqu'à ce que quelqu'un arrive et décide de remettre les choses en question. « Pourquoi est-ce qu'on utilise ce logiciel obsolète plutôt que celui-ci, plus récent et bien plus performant ? Pourquoi est-ce qu'on n'essaierait pas le *hot-desking* pour gagner en efficacité ? Faisons bouger les choses ! »

« Surtout pas ! » répond instinctivement le groupe. Et comme si les sirènes du bateau-entreprise s'étaient mises à hurler, tout le monde commence à paniquer et à s'agiter dans tous les sens (« Mon emploi, mes assignations sont menacées, tout ce qui était clairement établi est en train de s'effondrer »). Il faut faire quelque chose ! Et la solution est... jeter le nouveau venu par-dessus bord ! Pour se débarrasser du problème, vite !

Ce phénomène consiste à désigner un « bouc émissaire ». L'anthropologue français **René Girard** a longuement étudié la question et, selon lui, tout le processus s'effectue en dehors du champ de la conscience, même quand il est à l'œuvre. Ce qu'il se passe est que lors d'une période de crise (réelle ou supposée), on fait porter la responsabilité à une personne,

« L'ombre fait partie intégrante de la personnalité : l'homme fort a forcément des faiblesses cachées, tout comme l'homme intelligent dissimule une part de bêtise, sinon, il est trop beau pour être vrai et fait reposer son existence sur la façade et le bluff. »

Carl Jung

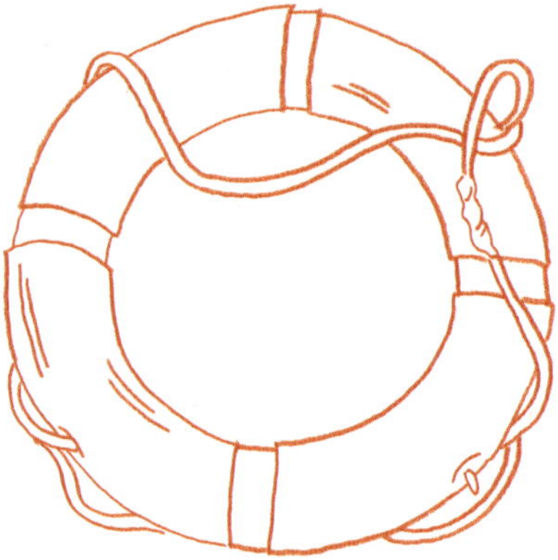

qui se retrouve alors la cible d'une hostilité grandissante. Lorsqu'on désigne un bouc émissaire, le but ultime est de l'exclure (« Il n'y a qu'à se débarrasser de cette personne et ce sera très bien »).

On peut aussi analyser la désignation d'un bouc émissaire à travers le prisme de l'ombre, qui peut opérer à un niveau personnel, mais aussi collectif. Dans sa forme collective, l'ombre se présente à travers un groupe, qui peut être de taille très réduite ou prendre la forme d'une entreprise dans son ensemble, voire d'un parti politique ou d'un État. Le groupe projette son ombre collective, comme un échec économique, sur un bouc émissaire bien pratique, qui sera soit un individu soit un autre groupe (comme les migrants ou un groupe religieux). Les victimes en appelleront peut-être à la réalité des faits – en dénonçant la pratique dans les médias par exemple –, mais cela ne fonctionnera pas, préviendrait Jung, car on ne peut échapper à l'ombre. Il faut que quelqu'un porte ce fardeau sombre que ni l'individu ni le groupe ne veulent endosser, et cette fois-ci, le bouc émissaire, ce sera… vous.

Alors, si vous êtes plutôt indépendant.e, que vous vous sentez en décalage par rapport à l'organisation établie, et que vous remarquez que vous êtes de plus en plus souvent la cible des suppôts de votre chef, voire de tout le service, il serait peut-être judicieux de sauter dans un canot de sauvetage avant qu'on vous jette à la mer. Si cela peut vous rassurer, le soulagement qui suit l'expulsion du bouc émissaire est de courte durée, et un autre prendra bientôt votre place. En parallèle, il est possible que votre propre ombre vous dicte le besoin d'être un.e étranger/ère qui ne se conformera jamais au groupe.

Concepts clés

L'archétype de l'ombre
– Carl Jung

Les dynamiques de groupe
– Wilfred Bion

Le bouc émissaire
– René Girard

Ma famille est un cauchemar. Devrais-je couper les ponts ?

Murray Bowen

À l'âge adulte, nous aimerions croire que notre psyché est bien établie et que nous effectuons nos choix librement et rationnellement. Les psychologues et neurobiologistes ont montré qu'il n'en était rien, mais ces idées étaient encore en vigueur à l'aube de la Seconde Guerre mondiale jusqu'à ce que les soldats revenant du front posent un nouveau problème aux psychiatres : pourquoi leurs troubles psychologiques empiraient-ils lorsqu'ils retournaient chez eux ? Il semblerait que vous viviez la même chose. Pourquoi nos familles ont-elles encore un tel impact sur nous ?

Les années 1940 ont vu apparaître une idée nouvelle dans la thérapie, selon laquelle nous ne naissons pas avec un tempérament fixe, mais qu'il évolue en fonction des relations que nous entretenons avec les autres. Cette théorie a servi de base aux travaux du psychiatre **Murray Bowen**, qui a commencé à glisser de la compréhension du patient en tant qu'individu à celle de familles entières en tant que « systèmes émotionnels humains ». Il a beaucoup travaillé sur les cas de schizophrènes, mais ses recherches sur la famille l'ont amené à comprendre qu'il existe une continuité ; *« les familles diffèrent quantitativement, mais pas qualitativement »*, disait-il. Et d'ajouter : *« il y a en chacun de nous une part de schizophrénie. »*

Au cœur du système

Par cette phrase provocatrice, Bowen voulait dire que c'est la manière dont nous opérons les uns avec les autres qui conditionne le développement du bien-être émotionnel ou à l'inverse de troubles psychiques (tels que la schizophrénie) chez autrui. Nous effectuons en permanence des choses qui aident ou gênent d'autres personnes, et altèrent leur façon de fonctionner ; nous émettons des jugements, nous leur réclamons des réactions émotionnelles ou nous refusons de reconnaître leurs besoins affectifs. Nous les entendons et les voyons, et nous le leur faisons savoir, ou bien nous ne les entendons pas et ne les voyons pas, ce qui transparaît tout autant. Nous attendons des choses d'elles, notamment certains types de comportements, et nous sommes déçus ou en colère quand ils ne se produisent pas. Tout cela prend une ampleur immense dans le cadre de la famille, surtout avec les parents.

L'intensité émotionnelle qui préside aux liens familiaux augmente l'effet que chaque membre de la famille a sur l'autre, surtout dans la manière que les parents ont de réaffirmer ou de contester la réalité de l'enfant et son importance (sa présence, même) dans le monde. Soit ils l'aideront à développer un soi solide et indépendant, soit, au contraire, un soi flou, dépendant, qui recherchera sans cesse la reconnaissance et l'approbation des autres. À un haut degré de différenciation du soi, les individus sont capables de séparer leurs pensées

Les quatre questions à se poser quand on souhaite se détacher des rôles et du système familial afin de prendre son indépendance

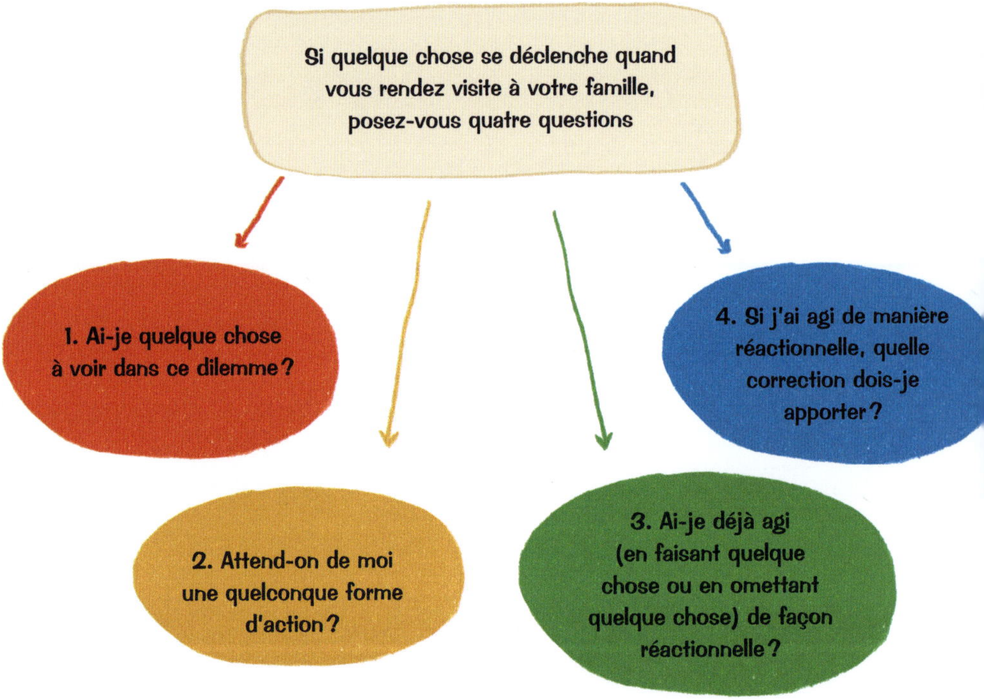

et leurs émotions, de gérer les angoisses et de maintenir leur individualité à l'intérieur du groupe familial. Les gens qui manquent de différenciation vivent une sorte de « fusion émotionnelle » au sein de la famille, éprouvant ce que le groupe ressent, anticipant les besoins de ses membres et agissant de façon à maintenir le système en équilibre. Ils peinent à établir les frontières de leur Moi et agissent dans l'intérêt du groupe, pas le leur. En un sens, ils se perdent eux-mêmes au sein du groupe.

La force dans la cohésion

Bowen expliquait qu'au cours de l'évolution, les familles se sont développées pour protéger, abriter et nourrir ses membres. Pour que cela fonctionne, chaque groupe familial doit faire preuve de coopération et de cohésion. Cependant, les règles et les attentes ne sont pas posées explicitement : les membres doivent découvrir ce qu'on attend d'eux. Cela signifie que pour que le groupe gagne en cohésion, il faut souvent gommer la différenciation

> *« La différenciation trace notre chemin à travers un système de guidage interne personnel, sans qu'il soit nécessaire de vérifier en permanence où les autres se trouvent. »*
> Edwin Friedman

de ses membres, et certains d'entre eux se retrouvent à jouer un rôle inconfortable, voire destructeur. Par exemple, dans les familles où l'un des membres est alcoolique, l'autre parent se retrouve parfois obligé de réparer les dégâts causés par le comportement du premier, et ce sont les enfants qui prennent à leur charge la parentalité. Un enfant peut ainsi assumer le rôle de protecteur, l'autre de plaisantin, tandis qu'un dernier portera toute la tristesse de la famille afin que les autres n'aient pas à l'endurer, etc.

Créer une coupure émotionnelle

Bowen a identifié une pratique courante que nous utilisons pour échapper à nos rôles familiaux désagréables et obsolètes ; il l'a nommée « coupure émotionnelle » (*emotional cut-off* en anglais). Nous pensons que si nous mettons une distance entre nous et les autres membres de la famille, nous nous libérerons des émotions et des comportements que nous adoptons avec eux. Bowen, toutefois, assure que cette technique ne fonctionne pas. Les rôles que nous avons endossés dans l'enfance pour permettre au système familial de fonctionner nous suivent, car ils font partie de nous, même s'ils se sont développés au sein d'un système (la famille). Si ces rôles ne sont plus exercés dans le cadre familial d'origine, parce que nous avons coupé les ponts avec les autres membres de la famille, ils vont ressurgir dans une nouvelle relation, après une brève période idyllique où tout semble aller pour le mieux. Si la coupure peut apporter un sentiment immédiat de soulagement et d'évasion, nos mécanismes de réactions dans n'importe quel type de relations restent inchangés et se reproduisent indéfiniment. Voilà pourquoi nous nous surprenons souvent à penser « Et voilà, ça recommence ! » dès qu'une relation commence à s'installer.

À l'inverse, quand quelqu'un veut retourner vers sa famille après une période de coupure, c'est souvent l'enfer, parce que les sentiments qui ont poussé la personne à s'éloigner sont toujours latents. Les anciens mécanismes refont surface en l'espace de quelques heures, et il en découle une politesse glaciale, des sous-entendus cinglants, voire des disputes violentes, des cris et des larmes. Par exemple, vous avez peut-être décidé de couper les ponts parce que vous en aviez assez d'être accusé.e de tous les maux, et vous vous rendez compte que vos parents sont terriblement anxieux et que vos frères et sœurs souhaitent vous voir partir pour apaiser la tension de plus en plus présente. Les membres de votre famille essaient en fait de retrouver un équilibre dans le système familial – un peu comme un mobile fragile balancé par le vent – en *vous* mettant à distance. Le système est en cours de rééquilibrage sans vous.

Alors, dois-je rester ou partir ?

Bowen explique qu'il y a une différence entre « couper les ponts » et « prendre son envol », et c'est la deuxième option qui porte en elle la possibilité d'un changement positif. Elle offre le moyen d'acquérir l'indépendance, et pas

« Ce n'est qu'en sortant légèrement d'un mécanisme systématique de réponses (et la fusion interne émotionnelle et intellectuelle qui l'accompagne) qu'il devient possible d'observer les choses avec du recul. » Murray Bowen

seulement de mettre de la distance, car elle permet de déterminer et de poursuivre ses objectifs personnels sans renier son appartenance au système familial. En identifiant notre rôle dans ce système ainsi que les mécanismes relationnels qui le sous-tendent et la manière dont nous y contribuons, il devient possible de les détricoter et, à terme, d'être davantage à même de décider librement de notre manière d'agir dans n'importe quelle forme de relation.

On ne peut commencer à changer qu'à partir du moment où on a désactivé le pilotage automatique suffisamment longtemps pour réagir et remarquer ce qu'il se passe en soi, et pas au sein de la famille. Elle vous perturbe, pourtant, n'est-ce pas ? Cette danse étrange possède un attrait insondable. Il vous paraît difficile de détacher le regard de ses mouvements pour observer les vôtres. Mais continuez à regarder. Vous vous verrez bientôt danser sur un autre rythme.

Un système en équilibre

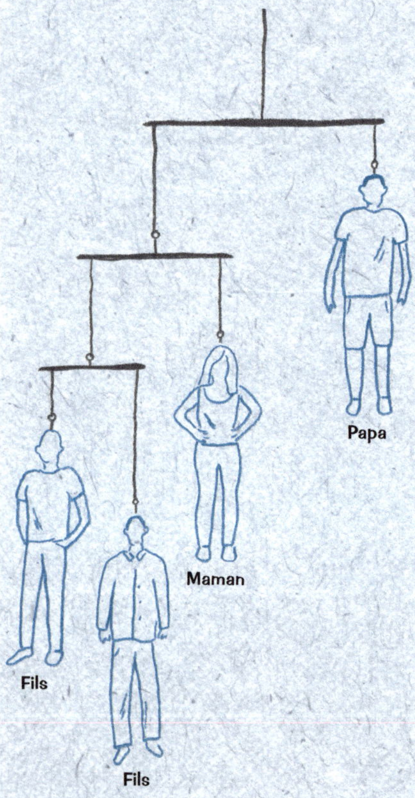

Bowen expliquait que les familles sont des sortes de systèmes, où chaque membre joue un rôle particulier qui permet à la famille de maintenir un équilibre, même de manière dysfonctionnelle.

Concepts clés

Les systèmes familiaux
– Murray Bowen

Ma moitié me ment-elle ?

Sigmund Freud • Paul Ekman

Nous mentons tous, alors la réponse est « Oui, probablement », car des études ont montré qu'un adulte ment environ treize fois par semaine. Mais il semble qu'il y ait autre chose derrière votre question, et que cela ait trait à la morale. S'il ou elle vous ment à propos de quelque chose, est-ce forcément mal ? Les psychologues devraient peut-être réfléchir à deux fois avant de parler de mensonge et d'immoralité, car il leur arrive d'utiliser des techniques trompeuses, qu'ils justifient en disant que la fin expérimentale justifie les moyens. Par ailleurs, nous enseignons à nos enfants qu'il ne faut pas mentir ; nous adjoignons même à l'avertissement une menace de punition que nous n'avons aucune intention de tenir. Autant dire que nous nous mentons aussi à nous-mêmes.

Bien sûr, nous mentons tous. C'est dans la nature humaine. En fait, c'est même une étape clé dans le développement humain, parce que les tout jeunes enfants voient leurs parents comme parfaits – ils voient tout, savent tout et ont tous les pouvoirs – jusqu'à ce qu'un jour, la réalité leur saute aux yeux. Ils testent leurs parents en leur racontant un petit mensonge et ils se rendent compte que papa et maman le croient. Ils ne savent donc pas tout ! C'est une nouvelle terriblement excitante pour l'enfant, alors âgé de deux ans environ, car cela lui donne l'impression d'avoir acquis une certaine indépendance. En termes psychanalytiques ou freudiens, la découverte du mensonge est aussi importante que la capacité à dire « Non ! » et de jouer à cache-cache sans donner leur position. Ces trois actes sont en effet la preuve que les parents ne peuvent pas lire dans notre esprit, ce que les enfants tenaient pourtant pour acquis.

L'excès de mensonge

C'est très libérateur, mais il arrive qu'on se laisse emporter. Le psychologue Bryan King évoquait un patient qui prétendait avoir prononcé une phrase complète à trois mois, donné un sermon à l'église à trois ans et travaillé pour un magazine qui le rémunérait huit millions de dollars par semaine. Cette âme fort créative souffrait de mythomanie. Dans cette forme de mensonge pathologique, il n'y a aucune limite à l'affabulation et le malade s'autoglorifie de façon si exagérée qu'aucun

« Plus l'émotion est forte, plus elle risque de transparaître à travers un signe, malgré tous les efforts que pourra faire le menteur pour la dissimuler. » Paul Ekman

Les micro-expressions

La peur

Les sourcils se relèvent et se rapprochent • Le front se plisse entre les sourcils • Les paupières supérieures se relèvent ; les paupières inférieures se crispent et se relèvent • La partie supérieure du blanc des yeux est visible • La bouche s'ouvre et les lèvres s'étirent

Le dégoût

Les paupières supérieures, la lèvre inférieure et les joues se relèvent • Le nez se plisse • Des sillons se creusent sous la paupière inférieure.

La colère

Les sourcils se relèvent et se rapprochent • Les paupières inférieures se crispent • Les yeux ressortent ou le regard est fixe • Les lèvres sont serrées et les coins abaissés • Les narines sont dilatées • La mâchoire inférieure ressort

Le mépris

Un côté de la bouche se relève.

interlocuteur ne peut le croire. Le mythomane ment sans chercher à être cru, et pourtant, cette pathologie est difficile à repérer, car le degré de mensonge peut varier et le diagnostic dépend pour beaucoup des symptômes rapportés par le malade même, ce qu'il n'est pas du tout enclin à faire dans un tel cas.

Les mondes intérieur et extérieur

Il est donc parfois bon et sain de mentir, mais, pour les psychanalystes, une propension trop importante aux mensonges peut avoir des revers : ceux-ci détériorent la confiance, éloignent la personne des autres, accentuent le stress (surtout lorsqu'ils commencent à s'entremêler), la rendent susceptible et finissent par altérer sa capacité à penser honnêtement. Dans les cas extrêmes, le menteur se retrouve incapable de reconnaître la réalité, car le mensonge brise la communication entre son monde intérieur et le monde extérieur. Nous avons tendance à oublier que, dès que nous sommes éveillés et conscients, nous interprétons l'environnement dans notre esprit : nous nous représentons le monde extérieur dans notre monde intérieur. Cela se produit de manière automatique, alors nous n'avons généralement pas à y penser, mais quand nous mentons, nous cassons délibérément ce lien. C'est pourquoi certains escrocs en puissance conseillent aux aspirants artistes et aux menteurs de croire les histoires qu'ils ont inventées, afin de réaligner leurs mondes intérieur et extérieur. À part qu'aucun d'eux ne reflète la réalité.

Si vous voulez vraiment savoir si votre moitié vous ment, la notion de congruence pourrait vous être utile. De même que le mensonge crée une dichotomie entre les faits du monde extérieur et la façon dont nous nous les représentons dans notre tête, le même décalage transparaît dans la façon dont nous replaçons notre histoire intérieure dans le monde extérieur, c'est-à-dire quand nous produisons un mensonge.

Nos expressions nous trahissent

L'un des plus grands experts au monde en matière de mensonge est le psychologue **Paul Ekman**, qui a concentré ses recherches sur les émotions et leur manifestation à travers les expressions faciales ; pour lui, elles trahissent nos pensées et nos émotions les plus profondes. Ces travaux menés auprès de minorités isolées l'ont convaincu que Charles Darwin avait raison : les expressions faciales sont universelles et innées. Il a mis au point une méthode, le *Facial Action Coding System,* pour mesurer les expressions faciales à travers l'activité musculaire, ce qui lui a permis de détecter le plus infime éclat d'émotion, dans les « micro-expressions ». Celles-ci laissent transparaître la vérité de notre monde intérieur en une fraction de seconde, malgré tous nos efforts pour les dissimuler. D'où que l'on vienne dans le monde, les sept émotions suivantes – la peur, le dégoût, la colère, la tristesse, la joie, la surprise et le mépris – s'expriment toujours par l'usage des mêmes muscles faciaux. Ces données se sont avérées d'une valeur inestimable pour les forces antiterroristes, la police et les États. Il se pourrait que cela vous soit utile aussi. Réfléchissez-y... tout en tapotant votre cuisse du bout des doigts alors que vous doutez de la véracité des paroles de votre moitié.

Ekman affirme qu'il n'y a pas de formule magique pour détecter si une personne ment,

« Les micro-expressions, les signes ultrarapides d'une émotion cachée s'effectuent en un vinq-cinquième de seconde et ne mentent jamais. »
Paul Ekman

et que même un polygraphe (le prétendu « détecteur de mensonges ») est d'une efficacité toute relative. Il peut indiquer un malaise ou une émotion cachée, mais ceux-ci peuvent être dus à la nervosité et à la crainte de ne pas être cru pltutôt qu'à la dissimulation d'un mensonge. La machine n'a rien d'infaillible. Et même l'agitation, qui a longtemps été considérée comme la preuve flagrante d'un mensonge – surtout par les enseignants, semble-t-il – est seulement le signe d'un malaise, et pas forcément d'un mensonge.

Les signes du mensonge

Toutefois, Ekman assure qu'il existe parfois des conflits entre les mots prononcés et les gestes, qui montrent clairement qu'on ne vous dit pas l'entière vérité. Les micro-expressions faciales associées à la peur, au dégoût, à la colère ou au mépris peuvent vous donner une idée des émotions qui se cachent derrière les mots de quelqu'un (voir l'illustration p. 120). De même, des signes d'incongruence, comme quelqu'un qui secoue légèrement la tête (ce qui signifie « non ») alors même qu'il dit « oui », ou encore quelqu'un qui hausse discrètement les épaules tout en assurant son interlocuteur/trice qu'il a confiance en lui/elle. Bien des signes permettent d'aller au-delà des apparences : les mots, la voix, la posture, le regard et les gestes, petits ou grands. Quand une personne a les pupilles dilatées ou qu'elle cligne rapidement des yeux, par exemple, cela signifie qu'elle doit réfléchir davantage, et s'il a été prouvé que les menteurs battent plus lentement des paupières, cela peut changer dans certaines circonstances. Ainsi, si quelqu'un ment à propos d'une transgression qui le rend anxieux, l'angoisse fait augmenter la cadence des battements.

Les menteurs évitent le contact visuel quand ils ne veulent absolument pas être démasqués, alors regardez les yeux de votre partenaire si vous voulez savoir ce qu'il en est. S'il ou elle vous fixe des yeux tout en niant quelque chose, il se peut qu'il ou elle soit en train de mentir, mais cela ne le/la rend pas anxieux/se. Il/elle se moque de ce que vous pensez. Peut-être est-ce le moment pour vous de vous arrêter. Souhaitez-vous vraiment en savoir plus ? Nous préférons généralement repousser les mauvaises nouvelles à plus tard, rappelle Ekman, car la vérité est parfois douloureuse. Nous pouvons choisir de l'éviter même si nous repérons les signes que quelque chose va mal. Peut-être le problème n'est-il pas tant que votre conjoint vous mente, mais que vous ayez peur de la vérité. Nous voilà de retour dans le domaine de Freud. Le divan, c'est par ici.

Concepts clés

Le mensonge et **les micro-expressions** – Paul Ekman

Le développement psychosocial – Sigmund Freud

Ma chef est géniale : elle est rapide, claire, organisée et même bien habillée. Pourquoi ne suis-je pas comme elle ?

Melanie Klein • Ronald Fairbairn

C'est à croire que votre chef est parfaite... ce qui est, bien sûr, impossible. Ce n'est qu'un être humain, après tout, et elle fait des erreurs au même titre que tout le monde. Mais il semblerait que vous ne voyiez pas ces erreurs, comme si quelque chose troublait votre vision. Les psychanalystes décrivent ceci comme un processus d'idéalisation, né d'un choix que vous avez opéré il y a longtemps : « Est-elle la méchante, ou est-ce moi ? »

Dans les années 1920 est apparue une nouvelle branche de la psychanalyse, nommée *Théorie de la relation d'objet*. Freud avait utilisé le terme d'« objet » pour désigner le but de nos pulsions, mais il n'y avait guère prêté plus d'attention, car selon sa théorie du narcissisme primaire, les énergies et les pulsions sont dirigées vers le soi dans les premiers temps du développement. Pourtant, l'une de ses disciples, **Melanie Klein**, a commencé à travailler avec des enfants et a exprimé l'idée que les autres – les « objets » externes – ont une importance capitale dans la construction du soi et dans la manière dont nous voyons le monde, les autres et nous-mêmes. De plus, les procédés que nous utilisons à ce stade et les conclusions auxquelles nous parvenons nous dictent les relations que nous entretiendrons avec les autres pour le restant de nos jours. Les « relations » sont ainsi brusquement passées sur le devant de la scène psychanalytique et y sont restées depuis. Ce faisant, les analystes ont compris pourquoi certains d'entre nous voient le monde en noir et blanc, et considèrent les autres comme entièrement mauvais ou entièrement bons.

Les mondes interne et externe

Klein a émis l'hypothèse que les nourrissons souffrent d'une anxiété presque insurmontable, associée à l'« instinct de mort » qui menace de les tuer, au traumatisme de la naissance et aux premières expériences de la faim et de la frustration. Selon elle, les bébés ont également une imagination débordante, de très nombreux fantasmes et une tendance innée à se créer une représentation intérieure de tout ce avec quoi ils entrent en contact. Ils internalisent des « objets » (tels que les parents) constamment, en s'en créant une représentation mentale, qu'ils mélangent avec leurs propres fantasmes et angoisses, puis ils projettent cette image mentale sur les autres dans le monde extérieur. Ils les voient alors à travers ce prisme modifié.

C'est un bel exploit de la part d'un bébé, alors comment cela se produit-il ? Klein expliquait que le nourrisson projette ses émotions, positives ou négatives, sur les objets du monde extérieur, et le premier élément réellement important auquel il est confronté est le sein maternel. C'est sur lui que le bébé projette aussi bien ses sentiments d'amour que de haine. Le « bon sein » représente la mère vue comme aimante et aimée ; elle satisfait à la fois le désir sexuel et l'instinct de vie. Le « mauvais sein » est la mère perçue comme méchante et haineuse, et sur laquelle l'enfant peut projeter tous ses sentiments négatifs. Avec le temps, le bébé apprend à réunir ces deux mères en une, par le biais d'un cycle perpétuel d'internalisation et de projection des représentations, qui intègrent chaque jour un peu plus de la mère réelle dans ses versions mentales, jusqu'à ce qu'elles ne fassent plus qu'un « objet » fusionné qui contient les bons et les mauvais éléments. C'est ce que Donald Winnicott nomme la mère « suffisamment bonne » (voir p. 78).

La synthèse de la bonne et de la mauvaise mère est essentielle à un développement sain de l'enfant, selon Klein, car cela l'aide à intégrer les différents aspects de sa propre personnalité, afin qu'il ne se voie ni comme entièrement « bon » ni comme globalement « mauvais ». C'est aussi ainsi que nous apprenons que chacun peut réagir de façon différente et adopter un comportement qui va du plus attentionné au plus nocif ; au lieu de voir les gens comme absolument parfaits (en les idéalisant) ou comme totalement mauvais (en les dénigrant), nous intégrons l'idée que chacun peut être d'humeur changeante et adopter différents types de comportements.

Moins de fantasmes, plus de réalité

Klein insistait sur l'idée que les angoisses de l'enfant dirigent la manière dont il perçoit les objets, mais dans les années 1940, le psychanalyste **Ronald Fairbairn** a changé de perspective et s'est davantage intéressé à la réalité du monde extérieur. Selon lui, le bébé dispose de deux représentations différentes de la mère, parce que la mère n'interagit pas avec le bébé de la même manière ni dans le même état d'esprit, ce n'est pas seulement une projection. Toutefois, si la mère se montre réceptive et attentive aux besoins de l'enfant la plupart du temps, les angoisses du bébé commencent à s'apaiser, et il parvient alors

« Il est difficile d'imaginer qu'il puisse exister une personne à l'ego suffisamment unifié et stable pour que jamais un clivage ne rejaillisse à la surface, sous aucun prétexte. »
Ronald Fairbairn

« Le but de la cure psychanalytique consiste à ouvrir une brèche dans le système fermé que constitue le monde interne du patient, afin que ce monde s'ouvre à l'influence de la réalité extérieure. »

Ronald Fairbairn

à réunir des représentations (la bonne mère/la mauvaise mère) en une mère « suffisamment bonne », comme Klein la décrivait.

Le parent doit être vu comme bon

Un vrai problème se pose, en revanche, expliquerait Fairbairn, lorsque le parent est émotionnellement absent, intrusif, instable ou inconstant. Ceci est à la fois douloureux et dangereux pour l'enfant, dont la survie dépend entièrement de celui ou celle qui s'en occupe. Dans un tel scénario, le seul moyen dont il dispose pour se sentir en sécurité consiste à réprimer complètement l'idée du mauvais parent, afin que « la mauvaise mère s'en aille ». Mais le problème ne disparaît pas pour autant : si la mère n'est plus qu'entièrement bonne, pourquoi ne répond-elle pas aux cris de faim ou de détresse ? Il doit bien y avoir une raison… Ah ! Le bébé se dit que c'est sûrement parce que c'est lui qui est mauvais ; s'il était bon, le parent entièrement bon prendrait soin de lui. À ce stade, l'enfant retire tout le « mal » qui était attaché à l'image réprimée de la mère pour l'intégrer à sa propre image du Moi.
Il absorbe ainsi toute l'instabilité, la dépression et le désordre (le « mal ») du parent, et obtient une sécurité externe en sacrifiant sa sécurité intérieure. Comme Fairbairn le formulait, *« il vaut mieux être pécheur dans un monde régi par Dieu que vivre dans un monde dominé par le diable »*. Fairbairn parlait de *défense morale*. Mais quelque chose de terrible s'est produit ici, car l'enfant aura désormais toujours le sentiment d'être « mauvais » et que le « bien » n'existe que dans les autres.

C'est une situation vraiment catastrophique, car les psychanalystes sont convaincus que même si elle est apparue dans le cadre d'une relation entre parent et enfant, elle se reproduira dans chacune des relations qu'entretiendra cet enfant au cours de sa vie. Le « clivage » d'un « autre » en entièrement bon ou entièrement mauvais est généré par l'anxiété, il risque donc de réapparaître en tant que mécanisme de défense quand un individu est incapable d'absorber des sentiments complexes et anxiogènes, notamment vis-à-vis d'une figure d'autorité. En idéalisant cette personne – votre chef, en l'occurrence – vous n'avez plus à vous inquiéter ; elle va tout gérer à la perfection,

« Le mauvais objet est nié, de même que tout le phénomène de frustration, et les mauvais sentiments (la souffrance) que la frustration a fait surgir. » Melanie Klein

parce qu'elle peut tout faire ! Elle est le parent entièrement bon et vous n'avez qu'à poursuivre vos efforts. Vous vous sentez reconnu.e, compris.e et parfaitement en sécurité, mais vous ne savez pas pourquoi. En réalité, le clivage interne et la projection en guise de défense se sont activés inconsciemment en reproduisant la relation d'origine. Vous ressentez les effets du mécanisme de défense, mais sans vous rendre compte qu'il s'est déclenché.

La chute

Malheureusement, ce sentiment de bien-être ne durera pas longtemps, car le revers de l'idéalisation est la *dévalorisation*. Vous avez placé votre chef sur un piédestal et sa chute inévitable sera terrible. En tombant, elle passera de l'état d'objet d'admiration et d'affection sublime et parfait à celui de petite chose faillible et brisée. À ce moment-là, la réalité vous sautera au visage ; elle semble si pathétique maintenant. Comment avez-vous pu vous vous montrer aussi stupide ?

Le processus d'intégration n'est pas possible pour quelqu'un qui n'a pas appris dans son enfance à réunir la bonne et la mauvaise mère en une seule entité, et qui voit donc les gens soit comme absolument merveilleux, soit comme totalement décevants. C'est ainsi que fonctionne la pensée en noir et blanc, parfois traversée d'un bref sentiment d'inadéquation (« Comment ai-je pu être aussi stupide ? »), qui doit être immédiatement contré par une nouvelle idéalisation (« Je viens de rencontrer le plus fabuleux des coachs sportifs ! »).

Ce processus qui consiste à placer des gens sur un piédestal puis à les destituer est épuisant. Si tout semble aller pour le mieux dans les phases d'idéalisation, la dévalorisation qui s'ensuit est source de souffrance et de confusion. Elle porte en elle les réminiscences de la déception que les manquements du parent provoquaient dans l'enfance, et elles peuvent être tout aussi douloureuses. Et pourtant, c'est dans la déception que peut naître l'espoir. Une fois que le faux espoir d'un Autre tout-puissant et salvateur s'effondre, il vous est enfin possible d'entrapercevoir ce que vous vouliez réellement, mais que vous vous sentiez incapable d'atteindre. Cette part de bien, de bon en vous, est à portée de mains. Lors de la chute de l'idole, la magie de l'idéalisation laisse la place à la réalité – vous êtes tout près – avant que nous ne la repoussiez pour retourner dans un état de désolation stérile où vous confierez de nouveau tous les pouvoirs à un nouvel Autre. À moins que vous ne fassiez un petit tour sur le divan ?

Concepts clés

Le clivage
– Melanie Klein

La défense morale
– Ronald Fairbairn

« Le Moi est
incapable de cliver l'objet…
sans qu'un clivage correspondant se
produise à l'intérieur de lui-même. »
Melanie Klein

Que se passe-t-il ?

P. 130 : Pourquoi dis-je toujours des choses gênantes ?

P. 134 : Qu'est-ce qui nous plaît vraiment dans *Harry Potter* ?

P. 141 : Je regrette d'avoir vendu cette maison.

P. 146 : Dois-je travailler pour le plaisir ou l'argent ?

P. 150 : Pourquoi j'achète toujours ce qu'il y a de plus cher ?

P. 154 : À quoi bon ?

Chapitre 4

Pourquoi dis-je toujours des choses gênantes ?

Sigmund Freud • Donald Norman • James Reason

« J'aimerais fesser tous les enseignants... » Voici ce qu'a dit le président George W Bush lors d'une conférence nationale des enseignants alors qu'il souhaitait, de façon apparemment sincère, les féliciter pour leur travail. Maladroit ? Très. Signe d'un désir caché ? Possible. Freud affirmait que ce genre de lapsus, que l'on qualifie aujourd'hui de « lapsus révélateur », exprime une vérité que le locuteur cherche à dissimuler, peut-être à lui-même ; Freud dirait *surtout* à lui-même, parce que cela révèle une croyance profonde qu'il refuse d'admettre. Balivernes, disent les psychologues – la psychologie cognitive avance des explications beaucoup plus simples des lapsus langagiers et trous de mémoire, ils ne signifient donc rien du tout. Que se passe-t-il vraiment alors ?

En 1901, **Freud** a écrit un ouvrage étudiant la psychopathologie de la vie quotidienne, dont le titre est commodément formulé en ces termes mêmes. Il n'y examinait pas les habitudes de personnes souffrant d'un état d'esprit inhabituel, mais de nous tous, chaque jour. Freud était fasciné par ces bizarreries parce qu'il les voyait, à l'instar des rêves, comme des preuves de l'existence de l'inconscient et de ses manifestations. Le terme « erroné » n'est pas fortuit, mais significatif, disait-il, et en retrouver l'origine peut se révéler instructif pour le locuteur. Il soutenait aussi que ces étrangetés montrent qu'*« entre l'état nerveux normal et le fonctionnement nerveux anormal, il n'existe pas de limite nette et tranchée et (que) nous sommes tous plus ou moins névrosés »*.

Une idée qui à l'évidence remet les choses à leur place, même si elle est un peu désagréable pour la plupart d'entre nous. Alors, réjouissons-nous que les psychologues cognitivistes d'aujourd'hui affirment que les lapsus ne révèlent guère que les mécanismes ordinaires de l'esprit. Le psychologue **Donald Norman**, qui a étudié ces lapsus en détail, soutient que les formes les plus communes sont dues à l'intrusion de l'habitude. Par exemple, il propose de s'imaginer à la porte d'un ami, à essayer de l'ouvrir avec la clé de sa propre maison. On voit sans peine Freud tomber sur cet exemple avec délice, mais le Dr Norman prétend qu'il s'agit simplement d'utiliser une séquence habituelle dont on reconnaît facilement qu'elle est liée à une activité qui est plus fréquente, récente ou familière que celle en cours.

Une erreur qui ne signifie rien

Au fond, dit Norman, les lapsus langagiers ou les actes manqués nécessitent une sorte de « sous-spécification » cognitive, comme l'inattention, des informations sensorielles

> *« Il est rare que je trouve [une erreur de langage] que je sois forcé à attribuer… seulement à ce que Wundt appelle “la contamination mécanique des sons entre eux”. Presque invariablement je découvre en plus l'influence troublante d'idées extérieures à l'intention qui dicte le discours »* Sigmund Freud

incomplètes ou des connaissances insuffisantes, et l'existence d'un schéma de réponse approprié à la situation. Le psychologue **James Reason** ajoute que les personnes qui sont sujettes à un certain type d'erreur (qui ont souvent la langue qui fourche, par exemple) le sont aussi souvent à d'autres types de lapsus, comportementaux ou autres. Il en conclut qu'on a ici affaire à un genre de facteur général agissant sur tous les aspects du fonctionnement mental ; il s'agit d'une incapacité à supprimer des options antagonistes.

Ce que le (bien nommé) Dr Reason veut dire, c'est que lorsque l'esprit ne parvient pas à supprimer une alternative, il produit un lapsus. Justement, s'égosillerait Freud ! La clé, c'est la suppression. Et qu'est-ce qui cause le manque de suppression de ce mot si « erroné » ? Le Dr Reason pourrait suggérer une *confusion cognitive* de mots qui se prononcent plus ou moins de la même manière, mais Freud réagirait immédiatement : « C'est de la honte, évidemment ! » Honte et culpabilité vis-à-vis d'un désir ou d'une pensée en conflit avec ce que nous aimons penser de nous-mêmes.

Freud, en prévision des possibles objections à son explication des lapsus verbaux, disait que des choses comme l'étourderie, la distraction, l'excitation, la fatigue ou l'ivresse y participent, mais ne suffisent pas seules à les expliquer. Ils *« facilitent le lapsus en lui indiquant la voie qu'il peut suivre. Mais suffit-il que j'aie un chemin devant moi pour qu'il soit entendu que je le suivrai ? Il faut encore un mobile pour m'y décider, il faut une force pour m'y pousser. »*

Nous adorons les lapsus évidents qui semblent trahir directement les sentiments réels du locuteur, telle la prétention cachée derrière l'annonce du Premier ministre Gordon Brown

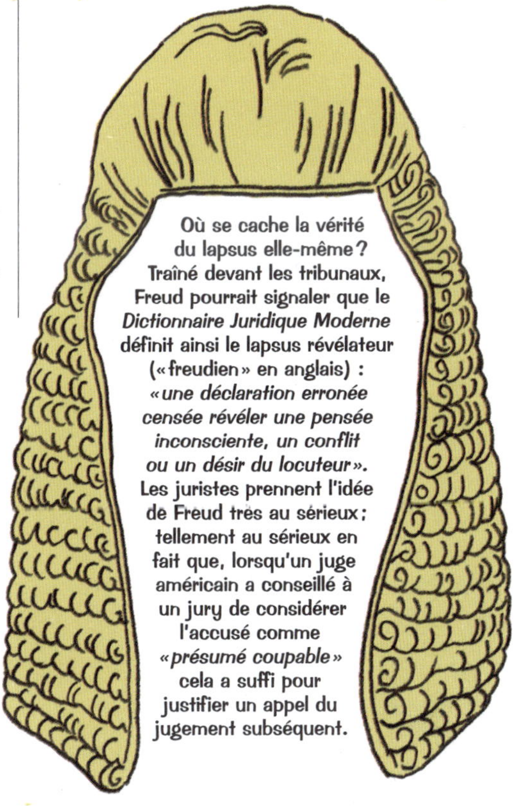

Quelques lapsus révélateurs célèbres

« On pose rarement la question : est-ce que nos enfants apprend… ? »

George W Bush, président des États-Unis qui croyait fermement aux vertus du système éducatif, lors d'un discours en 2000.

« Le travail est la plaie des classes buveuses. »

Le Révérend William A Spooner, qui voulait dire *« La boisson est la plaie des classes laborieuses »*, est devenu célèbre pour ses lapsus, au point qu'on a créé en anglais le terme de *spoonerism* pour décrire ce type d'erreur langagière.

« Armes de distraction massive »

Le Premier ministre Australien Kevin Rudd se référant aux armes chimiques lors d'une conférence de presse en 2013. Il s'est rapidement corrigé.

« Ce président va nous mener hors de la reprise. »

Dan Quayle (ancien vice-président des USA) lors d'un meeting de campagne présidentielle en 1992.

en décembre 2008 devant le parlement britannique que *« Nous avons non seulement sauvé le monde, euh, sauvé les banques… »* ou l'affirmation contre-productive du Premier ministre suivant, David Cameron, qu'il *« collectait plus d'argent pour les riches »* en tentant d'affirmer que sa prochaine réforme des impôts aiderait vraiment les pauvres. Pensons aussi au mari de Kim Kardashian, Kanye West, tweetant *« Levé tôt ce matin pour des rencontres dans la Silicone Valley »*, corrigé plus tard en *« Silicon »* pour bien préciser qu'il ne faisait pas allusion au produit utilisé en chirurgie plastique. Même le président Obama a été victime d'un ou deux lapsus, comme celui-ci, qui nous interroge sur la manière dont il concevait la vie hors de la Maison-Blanche : *« Nous devrions réformer notre système de justice pénale de façon à ne pas incarcérer des délinquants non violents d'une manière qui les rend inaptes à trouver un emploi en sortant du bureau »* (au lieu de « prison »).

Sur le divan

Freud avait une approche plus nuancée que la nôtre quand il traquait le sens derrière les lapsus qui surgissaient dans le discours de ses patients en termes de complexes, mais aussi, parfois, en termes de simple désir ou peur. Il a décrit en particulier le cas d'un jeune médecin qui, timide et respectueux, se présente ainsi au célèbre Dr Virchow : *« Je suis le Docteur Virchow »*. Freud s'est demandé si le jeune homme s'était senti insignifiant en présence de ce « grand homme » au point d'en oublier son nom, et s'il avait eu le courage d'avouer qu'il espérait en secret devenir un jour aussi célèbre que Virchow.

Un autre patient, avide de montrer qu'il n'était pas un représentant de la « génération inutile » qu'il voyait autour de lui, a cité un proverbe latin, mais a omis un mot : *aliquis* (qui signifie « quelqu'un »). Il a mis Freud au défi d'analyser le lapsus, et Freud a commencé par demander au jeune homme de lui dire *« loyalement et sans critique tout ce qui vous passera par la tête, lorsque vous dirigerez votre attention sur le mot oublié »*. L'homme s'est ainsi mis à énumérer une série d'associations : *aliquis, a-liquis, reliquiae* (reliques), liquéfaction, fluidité, fluide, Simon de Trente, les accusations de meurtres rituels contre les Juifs… nouvelles éditions du Sauveur... un article à propos de saint Augustin et les femmes… saint Benoît, encore saint Augustin, saint Janvier qui accomplissait « le miracle du sang ». Il a expliqué comment le sang de saint Janvier se liquéfiait prétendument un certain jour de fête. Il s'est alors remis à parler du miracle du sang, mais s'est arrêté au milieu d'une phrase ; quand Freud l'a invité à poursuivre, il a révélé son inquiétude à propos d'une jeune femme qui pourrait bientôt annoncer une *« nouvelle délicate »*. *« Qu'elle n'a plus ses règles ? »* a demandé Freud. *« Comment avez-vous pu le deviner ? »* a répondu le jeune homme, consterné.

Pourquoi est-ce important ?

Freud soutenait que les lapsus (comme il vous arrive d'en faire) révèlent un conflit entre quelque chose qui insiste pour être exprimé et une force intérieure qui cherche à le refouler. Il est intéressant de noter qu'il y a aussi un conflit entre l'adoption populaire de la notion de lapsus révélateur (ils circulent sur Internet en permanence, à notre grand amusement) et la réticence de la psychologie moderne à les accepter pour autre chose que des cas innocents d'erreurs de langage. En substance, il s'agit d'une vraie bataille sur l'existence de l'inconscient lui-même ; si les lapsus ne sont que des « erreurs » maladroites de l'esprit et qui ne signifient rien, il n'y a pas de raison de supposer l'existence de l'inconscient. Si elles ont un sens, en revanche, il semble alors que quelque chose au-delà de l'esprit conscient et rationnel se soit momentanément manifesté. C'est l'idée même d'inconscient que les psychologues souhaitent formellement refouler. Et nul n'en apprécierait l'ironie plus que le Dr Freud.

Concepts clés

Les lapsus révélateurs
– Sigmund Freud
La confusion cognitive
– James Reason

Qu'est-ce qui nous plaît vraiment dans *Harry Potter*?

Carl Jung • Donald Kalsched • Donald Winnicott

À ce jour, plus de quatre cent cinquante millions d'exemplaires de *Harry Potter* sont parus en librairie et le livre a été traduit en soixante-treize langues. La saga continue à se vendre aux lecteurs du monde entier, quels que soient leur culture ou le contexte. Qu'est-ce qui séduit donc tant de gens ? La réponse se trouve peut-être au niveau mytho-poétique de l'esprit dont Carl Jung disait qu'il existe en chacun de nous, peuplé d'archétypes magiques qui ont le pouvoir de nous sauver dans le monde réel.

Comme pour tous les récits, il faut commencer par le commencement, avec *Harry Potter à l'école des sorciers*. Il y est question de la pierre philosophale, une substance légendaire, dont les alchimistes du Moyen Âge croyaient qu'elle pouvait transformer les métaux vils en or, ou créer un élixir de longue vie. De manière symbolique, elle représente l'instant ultime de la transformation intérieure d'une personne, quand on devient véritablement soi-même et qu'on réalise pleinement son potentiel. La recherche de la pierre est la quête au cœur du premier volume de la saga Harry Potter, et elle nous avertit de la nature alchimique, transformationnelle de la saga ainsi que de la quête d'authenticité du héros – deux thèmes que **Carl Jung** a longuement étudiés.

Mythes et archétypes

De nombreux récits sont basés sur le parcours du héros. Le protagoniste, relativement impuissant et malheureux au départ, se lance dans un aventure périlleuse, relève des défis et découvre son pouvoir et sa véritable personnalité. À un certain niveau, c'est l'histoire de Harry Potter. Cependant, puisque nous sommes dans le monde des personnages et des créatures mythiques, nous sommes aussi au pays des archétypes de Jung. Celui-ci pensait que nous avions tous accès à un «inconscient collectif», un niveau mytho-poétique de l'esprit où l'on retrouve les archétypes (modèles antiques) des êtres. En parcourant la planète, Jung a découvert que le même genre de figures surgissaient régulièrement dans les contes et les mythes du monde entier, comme le vieux sage, la méchante sorcière et le *Puer Aeternus* (voir p. 49), ce type de personne qui, à l'image de Peter Pan, ne devient jamais tout à fait adulte. Jung en a déduit qu'ils devaient exister en tant que formes dans l'esprit du bébé, profondément enfouis dans l'inconscient. Quand on rencontre dans la vraie vie des gens qui correspondent à un archétype, tel le farceur, on les reconnaît et cela aide à avancer dans la vie.

Le contenu exact d'un archétype donné, contrairement à sa forme générale, varie d'un pays et d'une époque à l'autre, disait Jung. Le farceur, par exemple, apparaît sous la forme du Roi-singe dans la mythologie chinoise, du Loki en Scandinavie, et du Coyote dans les mythes indiens d'Amérique. Nous nourrissons aussi chacun des archétypes au gré de nos expériences, et donc mon idée de la méchante sorcière serait légèrement différente de la vôtre, même si nous étions frères et sœurs. Les archétypes sont un mélange du « moule » qui nous vient de notre inconscient collectif et de nos expériences dans le monde extérieur.

Les archétypes jungiens sont présents non seulement dans les gens que nous rencontrons, mais aussi comme des parts de nous-mêmes. L'Anima est l'élément féminin de l'homme, et l'Animus la part masculine de la femme. L'Ombre (voir p. 112) est la part de nous-mêmes que nous aimons le moins, que nous haïssons même, car nous la trouvons méchante et méprisable.

Comme dans tous les contes, les personnages de la saga semblent trouver leur équivalent parmi les archétypes de Jung. Dumbledore est une parfaite représentation du *senex*, ou du Vieux Sage, figure barbue d'un grand discernement, qui sert de mentor à une figure plus jeune. Mme Weasley est peut-être la Grande Mère, nourricière et créatrice, tandis que Bellatrix est une possible Marâtre, force de mort et de destruction (l'analyste Mélanie Klein apprécierait le clivage – voir p. 124). Ron et Hermione représentent peut-être l'Animus et l'Anima, tandis que Hagrid est sûrement le Bon Géant, un archétype qui mène une vie simple et lente, et offre amitié et protection.

Qui est Harry ?

Au premier abord, il semble être le héros, à l'aube d'un voyage qui va le transformer, surmontant des défis de plus en plus difficiles jusqu'à ce qu'il devienne pleinement lui-même, plutôt que de se laisser modeler par les idées que les autres se font de lui. Nombre d'entre elles le font vraiment souffrir tout au long des volumes, car les gens s'obstinent à projeter sur lui leurs idées diverses de ce qu'il devrait être, tandis qu'il essaie en vain de résister. La projection la plus importante en est, bien sûr, celle de l'Élu, né pour sauver le monde des sorciers. Dans ce rôle, on peut le voir comme l'Enfant Divin, un archétype qui paraît extrêmement faible et vulnérable, mais qui survit contre toute attente et malgré toutes les forces rassemblées contre lui, et qui finit par s'épanouir et accomplir de grandes choses. Pour les chrétiens, cet archétype est illustré par Jésus ; pour les bouddhistes, par Siddhartha ; pour les hindouistes, par Krishna. La notion d'Enfant Divin se retrouve dans tous les mythes et religions du monde. Cela ne veut pas dire que Harry symbolise l'une ou l'autre de ces figures, mais qu'il porte dès le début la marque de l'Enfant Divin qui sauvera tout le monde. Mais, est-ce vraiment plausible quand on sort de l'univers terne des Dursley ? Est-il possible d'émerger d'un placard sous l'escalier d'une maison de banlieue et de devenir un héros ?

« Les énergies archétypales… peuvent être lumineuses ou sombres, angéliques ou démoniaques. »
Donald Kalsched

Les archétypes

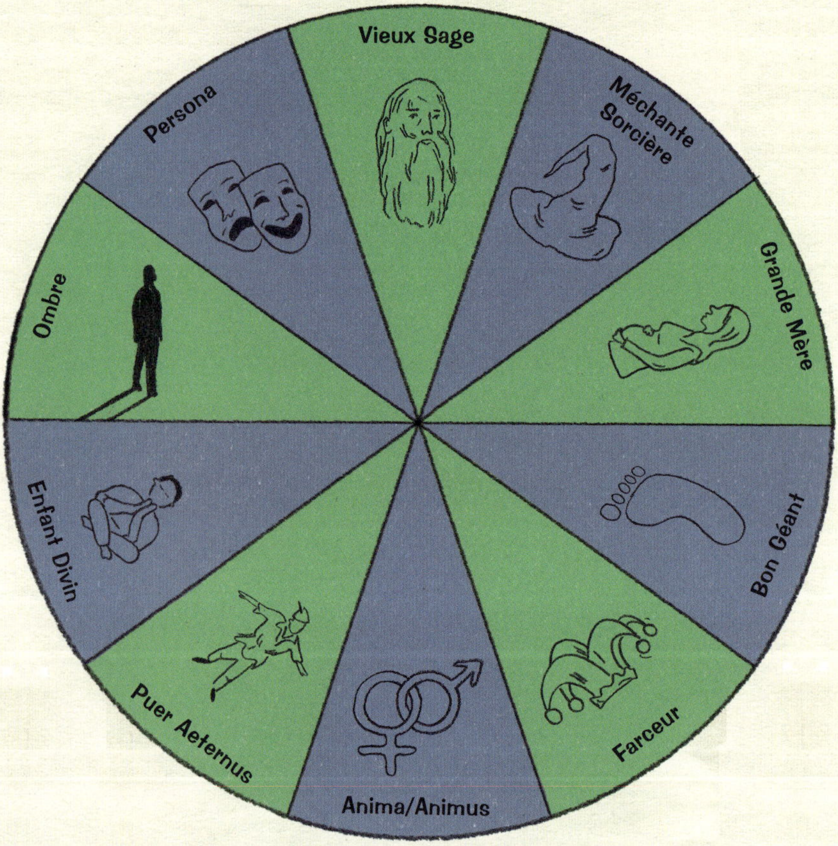

Jung disait que nous avons tous accès à des personnages mythologiques enregistrés dans notre esprit et que nous pouvons utiliser pour identifier des types de personnes dans le monde extérieur, mais aussi pour se créer une personnalité alternative à la suite d'un traumatisme. Nous reconnaissons les archétypes dans les contes de fée et les fictions magiques comme les livres de la saga *Harry Potter*.

Harry lui-même en doute et combat longtemps cette idée au début de la saga. Jung concevait la transformation non comme le fait d'*« aller au bout de soi-même »* ou de quelque image de soi idéalisée, mais de reconnaître *« la loi de notre être propre »*. Il entendait par là que, peut-être, nous parviendrons à reconnaître ce qui nous appelle – notre vocation – si nous nous acceptons pleinement. Cela peut paraître simple, mais les psychanalystes jungiens admettent que la tâche est ardue. Cela implique d'accepter toutes les parties de nous-mêmes que nous n'aimons pas (y compris notre Ombre, notre Persona, nos Animus et Anima) et de dire : *« Oui, cela aussi c'est moi »*. Tout cela. Même si, d'une façon ou d'une autre, cela semble gênant ou risqué. Si telle est la quête de Harry, cela signifie que nous nous dirigeons en permanence, tout au long de la saga, vers l'instant où Harry accepte totalement qui il est et le destin qui l'attend. Il découvre, finalement, qu'en acceptant qui il est et la loi de son être propre, il doit se rendre volontairement au sorcier maléfique Voldemort pour qu'il le tue. Ce qu'il fait. Et l'instant de transformation en personne pleine et entière est marqué par Dumbledore, qui rencontre Harry dans « l'autre monde » où il est temporairement transporté : *« Tu es un garçon extraordinaire. Un homme très, très courageux. »*

Les défenses archétypales

Il y a pourtant un autre niveau du récit où les psychanalystes jungiens trouveraient du sens. Par exemple, **Donald Kalsched**, qui a attiré l'attention sur le rôle des archétypes comme stratégies de défense. Confrontés à quelque chose d'effrayant ou de très dur, nous pourrions inconsciemment convoquer un archétype et devenir ce « personnage » pour nous aider à nous tirer de certaines situations. Dans des cas extrêmes, où notre terreur est telle que nous « sautons au plafond » (hors de nous-mêmes), nous pouvons nous fondre complètement dans un archétype comme lieu alternatif. Jung disait qu'un traumatisme favorise la formation de *« complexes autonomes »* (personnalités distinctes) dans la psyché, ce qui signifie que lors d'un événement traumatisant, l'esprit réagit à la réalité insupportable de ce qui est en train de se passer en se divisant en plusieurs fragments. Il le fait pour cloisonner la partie maltraitée, afin de permettre au reste de la personne de continuer à fonctionner. Ainsi, l'enfant qui a été victime d'abus sexuels pendant la nuit, par exemple, n'est pas le même que celui qui prend son petit-déjeuner avec son agresseur. La vie peut continuer tant bien que mal, car il le faut. Ce clivage, ou dissociation, est une fonction protectrice de l'esprit qui nous permet de continuer à avancer malgré les expériences insupportables. Nous nous réfugions dans une partie de nous-mêmes qui « n'a pas vécu ça ».

Le pays des rêves

Kalsched (et Jung) suggère que, dans des situations extrêmes, notre esprit passe au niveau mytho-poétique, le siège de l'inconscient collectif et des rêves, où il trouve une réserve d'archétypes ou de personnages. Certains enfants traumatisés se retirent entièrement dans un monde intérieur de créatures et de lieux magiques, qui garde à l'abri une partie innocente d'eux-mêmes, loin de l'horreur du monde extérieur. D'autres se réfugient dans un ou deux archétypes, voire plus, dans le cadre des personnalités multiples qu'entraîne la dissociation. Et dans les livres *Harry Potter,* qui subit un traumatisme ? Qui « se divise » ?

En un sens, on peut voir en Harry l'enfant traumatisé, qui survit à l'expérience terrifiante de voir ses parents mourir alors qu'ils combattent Voldemort, avant que le sorcier maléfique ne se retourne contre Harry et lance un Sortilège de la Mort sur lui. Le sort rebondit, car Lily, la mère de Harry, refuse d'être épargnée, choisissant plutôt de se jeter devant son fils. Le front de Harry est marqué par un symbole de fracture – la cicatrice en forme d'éclair –, mais il ne se fracture pas. Le sort ne parvient ni à le tuer ni à provoquer quelque fracture que ce soit, et cela semble dû au fait que l'amour l'a sauvé. Ses parents ne l'ont pas abandonné, il a été cajolé et aimé pendant plus d'un an (il a un attachement sécure ; voir p. 100), et ces débuts suffisent à le conserver entier, même si sa vie est désormais difficile.

Mais il n'en va pas de même pour Voldemort, sur qui rebondit le Sortilège de la Mort. Son corps physique est détruit, son esprit est détaché de son corps et pendant une douzaine d'années, dit-on, il vit dans le corps d'autres personnes, pour retourner finalement à Poudlard sous la forme d'un visage derrière la tête du Professeur Quirrell. Cela est emblématique du clivage et de la dissociation, et ce n'est que plus tard que l'on se rend compte que Voldemort aussi est issu d'un traumatisme. Son père a quitté sa mère alors qu'elle était enceinte, en apprenant que c'était une sorcière, et elle est morte peu après l'avoir mis au monde, le laissant aux « soins » d'un orphelinat. Il n'a jamais su ce qu'est l'amour et ne le saura jamais ; il se révolte contre son destin et se jure de devenir le plus grand sorcier qui ait jamais existé (Harry, lui, refuse à maintes reprises cette idée de destin) et de tromper la mort (Harry marchera vers elle volontairement). Sous la plume de Rowling, dans une description de division des plus saisissantes, Voldemort divise son âme en sept fragments – les horcruxes – qu'il cache partout dans le monde. Il faut les trouver et les tuer tous pour faire vraiment mourir Voldemort, et l'un d'eux est Harry lui-même.

Héros et destructeurs

Harry et Voldemort sont-ils le Moi et l'Ombre d'une seule et même personne, qui se battent contre les effets d'un traumatisme de façon opposée ? Harry est-il la preuve qu'il est possible de survivre pour celui qui a connu l'amour dès le début, et Voldemort un exemple du Moi désespéré qui ne l'a jamais connu ? Les deux ne font qu'un, dit Rowling : ils ont

« On considère que les archétypes sont des images primordiales, des produits spontanés de la psyché, qui ne reflètent aucun processus physique, mais s'y reflètent. »
Carl Jung

Carl Jung
« En étudiant ces processus de transformation collective et en comprenant la symbolique je suis parvenu au concept central de ma psychologie : le processus d'individuation. »

«J'ai senti d'emblée que j'avais une destinée, comme si ma vie m'était assignée par le sort et devait être accomplie. Cela m'a donné une certaine sécurité intérieure, et même si je n'ai jamais pu me le prouver à moi-même, cela s'est prouvé à moi. Je n'avais pas cette certitude, c'est elle qui m'avait.» Carl Jung

accès aux pensées l'un de l'autre. Voldemort ne peut toucher Harry sans ressentir une douleur atroce, et leurs baguettes partagent le même cœur – une plume de phénix, qui représente le retour à la vie après une catastrophe. Les deux personnages sont comme une seule personne dédoublée par un traumatisme, prenant des voies différentes parce qu'ils ont eu des passés très différents. Quand on fait l'expérience de l'horreur et de la douleur, on peut devenir un héros plein de sagesse ou un monstre sans cœur, sauver le monde ou se jurer de le détruire. Mais les psychothérapeutes prétendent que si nous avons été véritablement aimé, cela peut faire toute la différence.

Dans le roman, Harry est né le 31 juillet 1980, et sa mère a été tuée le 31 octobre 1981, alors que Harry avait quinze mois. Dans la vraie vie, les théoriciens de l'attachement diraient que c'est essentiel, car le bébé a besoin de recevoir de l'amour et de la chaleur pour construire les bases d'une personnalité stable (voir p. 123). Le neurobiologiste Allan Schore a aussi montré que la maturation des aires d'association corticale et limbique impliquées dans la construction de l'attachement sécure s'achève à l'âge de… quinze mois. (Coïncidence ? Jung dirait plutôt synchronicité). Schore a aussi remarqué que l'angoisse de la séparation, de l'abandon, entraîne protestation, désespoir et détachement. Le bébé qui n'a jamais connu amour ou soutien est incapable de ressentir de l'amour ou de créer des liens avec autrui ; il se sent totalement seul.

Le psychanalyste **Donald Winnicott** parlait d'une forme d'*«agonie primitive»* qui mène à l'annihilation du Moi et à un sentiment de *«chute libre»*, que l'on combat en créant des défenses qui sont psychotiques par nature, comme l'archétype du Destructeur.

Si Harry Potter était le garçon qui a survécu, Voldemort – Tom Riddle – était sûrement le garçon qui est mort, avant même le début du tome 1, quand son corps a été tué alors qu'il attaquait Harry. Peu après, son âme a été divisée en sept fragments et dispersée sur sept volumes qui semblent tous centrés sur quelqu'un d'autre, quelqu'un qui a été aimé. Voldemort avait beau hurler «Regardez-moi !», on se détournait. L'Enfant Divin est adoré, mais l'Enfant Perdu ignoré. Peut-être l'impression d'entrapercevoir l'enfant perdu nous ramène-t-elle sans cesse à la saga tout autant que le voyage du Héros.

Concepts clés

Les archétypes
– Carl Jung

Les archétypes comme défense
– Donald Kalsched

Je regrette d'avoir vendu cette maison.

Stuart Hampshire • Janet Landman • Thomas Gilovich • Victoria Medvec
Leon Festinger • Fritz Perls

Quels que soient les choix que vous effectuerez au cours de votre vie, vous en regretterez certains ; le sentiment éminemment désagréable de regret fait donc partie intégrante de l'expérience humaine. Comment alors, comme le demandent les psychologues Thomas Gilovich et Victoria Medvec, trouver le moyen de faire disparaître cette émotion durable ?

Une grande part de jugement entre en jeu dans le regret, bien plus que dans les sentiments de colère ou de jalousie, par exemple. **Stuart Hampshire**, éminent philosophe, suggérait que c'est parce que le regret a une charge cognitive particulièrement forte ; il nous oblige à réfléchir de façon concrète sur une décision que nous avons prise, plutôt que de se contenter d'examiner nos sentiments. D'un autre côté, le regret n'est pas que cognitif, il s'accompagne d'un énorme sentiment de malaise : il s'agit donc bien d'une émotion, mais doublée d'un gros apport cognitif. Comme c'est étrange…

Alors, qu'est-ce que le regret exactement ? La psychologue **Janet Landman** le décrit comme une expérience de « raison sentie » ou émotion raisonnée, qui apparaît en réponse aux pertes, malheurs, limitations, défauts ou erreurs qui nous désolent. Comme l'ont signalé nombre de psychologues, on peut regretter d'avoir agi par commission (quand on a fait quelque chose) ou par omission (quand on a choisi de ne pas faire quelque chose). Il nous arrive même de regretter d'avoir *pensé* quelque chose d'une personne particulière, peut-être avec d'autres membres d'un groupe. Cependant, une chose que toutes les décisions que l'on regrette ont en commun, c'est que l'on avait un certain contrôle ; si l'on a été incapable de prendre la décision soi-même, le sentiment serait peut-être de la déception, mais ce ne serait pas du regret.

Et si… ?

La façon dont on réfléchit quand on ressasse quelque chose que l'on regrette, comporte une part de « pensée contrefactuelle » : on passe en revue toutes les alternatives possible à la voie choisie. On se pose mentalement un flot de questions du genre « Et si… ? » (« Et si je n'avais pas vendu la maison à ce moment-là, mais un an plus tard, quand le marché était au beau fixe ? ») Plus il nous est facile de reconstruire les événements avec une meilleure issue (« J'aurais pu mieux gérer cela de tout un tas de façons ! »), plus notre regret est intense. La « proximité » rend les choses encore pires : si le marché de l'immobilier a grimpé un mois après la vente, on se sent plus mal que s'il n'avait repris que deux ou trois ans après. Mais il y a un autre facteur d'intensification : « l'exception ». Si vous avez agi de manière exceptionnelle (peut-être louez-vous normalement un logement quelque temps quand vous déménagez), vous vous en voudrez encore plus d'avoir pris cette décision.

Des recherches ont également montré que, pour une raison ou pour une autre, nous regrettons des actions plus que des non-actions

Faire disparaître la dissonance

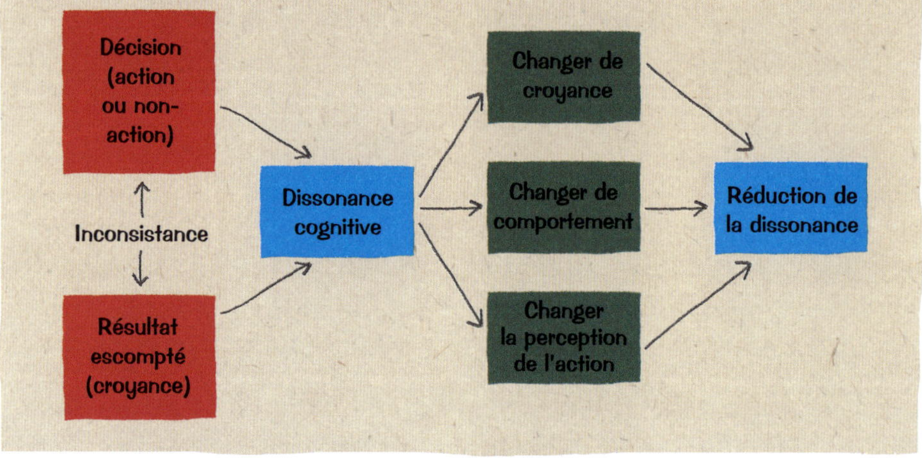

à court terme, mais à long terme, c'est l'absence d'action qui nous mortifie davantage. Si l'on interroge des gens sur leurs plus grands regrets dans la vie, ils disent «Je regrette de ne pas avoir dit à mon père que je l'aimais avant sa mort», ou «Je regrette de ne pas avoir travaillé davantage à l'école». **Thomas Gilovich** et **Victoria Medvec** ont découvert que ce sont ces absences d'action que nous regrettons le plus et qui, à terme, nous causent le plus de chagrin. Ceci est peut-être dû au fait que, si l'on fait quelque chose puis qu'on le regrette, on a peut-être une chance de réparer. Par exemple, si on regrette d'avoir épousé son conjoint, on peut toujours divorcer. Mais si on a dit «non» à quelqu'un que l'on regrette plus tard d'avoir repoussé, il aura sûrement épousé quelqu'un d'autre entre-temps. L'occasion d'agir était liée à un moment précis et elle ne peut être rattrapée après coup. De plus, l'événement étant resté en quelque sorte ouvert (on n'a pas réagi), il n'a jamais été «fermé» et, comme l'a établi Bluma Zeigarnik (voir p. 75), le «dossier» créé dans le cerveau à ce sujet reste éternellement ouvert et le sentiment de regret persiste pour toujours.

Comment m'en débarrasser alors?

Gilovich et Medvec conseillent d'utiliser ce qu'on appelle la «réduction de dissonance». Le psychologue **Leon Festinger** a été le premier à parler de *dissonance cognitive* pour désigner le sentiment que provoquent nos croyances et comportements quand ils sont en conflit (par exemple, si l'on continue à fumer tout en sachant que c'est un risque majeur pour notre santé). Cela arrive aussi quand nos pensées

«La capacité à vivre le moment présent est une composante majeure du bien-être mental.»
Abraham Maslow

«Je n'ai qu'un but : impartir une fraction du sens du mot "maintenant".»
Fritz Perls

sur le monde et sur nous-mêmes entrent en conflit; quand nous prenons une décision (basée sur toutes les informations et idées claires que nous pouvons trouver) et que les choses tournent mal, le décalage entre ce que nous attendions de la décision et ce qui s'est réellement passé provoque le désagréable sentiment de dissonance. C'est un état de tension que nous souhaitons vivement réduire et éliminer, ce que notre cerveau s'efforce de faire. Les questions tournent en rond : comment puis-je améliorer cela? Comment puis-je réconcilier mes désirs et mes attentes avec ce qui s'est passé? Puis-je changer le monde ou corriger ce que j'ai fait? Un changement quelconque est-il possible?

Le premier conseil de Gilovich et Medvec est de corriger tout ce que vous pouvez. Si vous vous êtes trompé de filière à l'université, essayez de voir si vous ne pourriez pas prendre des cours du soir. Puis recherchez les bons côtés, en prêtant attention à ce que l'expérience vous a appris sur vous-même, les autres ou le monde. Si vous repérez une ou plusieurs choses utiles que vous avez apprises et que pouvez attribuer à l'expérience («J'ai beaucoup appris!»), vous

La pensée anachronique de Perls

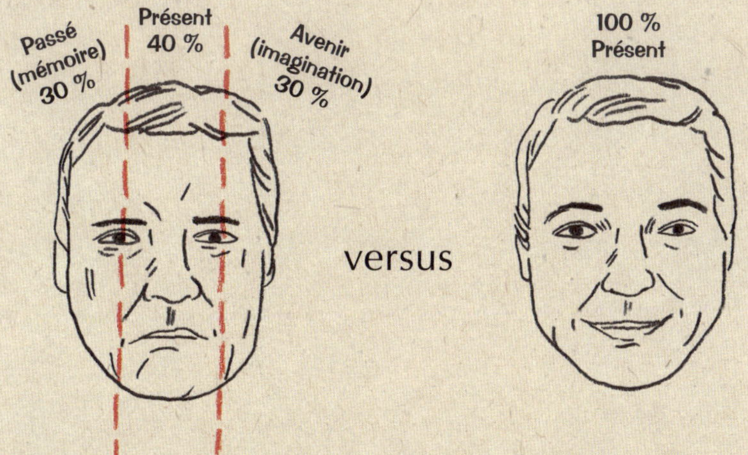

Perls disait que, lorsque l'on prend chaque jour des décisions basées sur des expériences passées ou des projections sur l'avenir, on ne peut réagir en étant totalement conscient du contexte présent et y réagir de façon spécifique.

utiliserez de fait la réduction de dissonance. C'est-à-dire que vous réduirez la tension entre le résultat et la voie que vous aviez choisie pour votre développement et votre intérêt personnels. De ce point de vue, la décision vous a apporté quelque chose de positif, qui en valait la peine. En fait, vous changez le jugement qui entre en jeu dans cette « émotion-raisonnée » ; c'est tout ce que vous pouvez faire (car vous ne pouvez pas changer l'événement).
En détournant votre attention de l'événement et en la dirigeant vers une façon différente de l'envisager, vous pouvez transformer la moitié du conflit qui crée le sentiment de dissonance et donc en réconcilier les deux aspects.
Une excellente façon d'y parvenir est de passer à une vision d'ensemble – votre vie tout entière – et de considérer l'événement de ce point de vue. Si vous voyez que vous avez appris quelque chose qui en valait vraiment la peine, la dissonance disparaîtra.

Ça semble difficile...

Pas forcément. Pas nécessairement. On peut aussi suivre les conseils du psychothérapeute **Fritz Perls**, qui, avec sa femme, Laura Perls, a mis au point la Gestalt-thérapie. Le passé n'existe pas, affirmaient les Perls ; si vous ruminez un souvenir, vous êtes toujours dans le présent, en train de penser au passé. Et de toute façon, votre souvenir ne sera pas exact parce que chaque fois que vous l'évoquez et le reprenez, vous le changez.

« La pensée névrotique est une pensée anachronique », disait Perls. *« Elle n'est pas à sa place dans le temps. »* On déprime en pensant à des événements passés qui ont contrarié nos désirs, puis on angoisse en les projetant dans l'avenir, jusqu'à patauger dans un brouillard de regret croissant, d'anxiété, de colère et de honte. Sa réponse ? *« Sortez de votre tête et reprenez vos sens ! »* Au sens propre. Arrêtez de penser et portez votre attention sur vos sens. Qu'est-ce que vous voyez, entendez, sentez ou touchez là, maintenant ? Que se passe-t-il quand vous respirez ? En se concentrant sur l'instant présent, votre esprit va s'apaiser et en même temps s'ouvrir au flot d'informations venant du monde qui vous entoure. *« Rien n'existe à part le "maintenant" »*, assurait-il. Il n'y a rien d'autre. Arrêtez de vous faire des films ! (Perls n'hésitait jamais à brusquer le patient, dans son ardeur à l'éveiller à la vie). Vous avez besoin de toute votre attention dans le présent, alors ramenez-la, de force s'il le faut. Perls était célèbre pour exhorter les gens à « être ici et maintenant » parce qu'il n'y a nulle part ailleurs où aller. Et si vous arrivez à comprendre cela, c'est magique : le conflit de dissonance cognitive disparaît entièrement, parce qu'il est sans objet. Volatilisé. Comme le lapin tiré d'un chapeau de magicien. Alors, ne vous contentez pas d'y penser, dirait-il. Faites-le. Maintenant.

Concepts clés

Faire disparaître la dissonance – Thomas Gilovich et Victoria Medvec

La non-existence du passé – Fritz Perls

« L'expérience présente, ici et maintenant, constitue la seule réalité, alors que les souvenirs du passé et les attentes vis-à-vis de l'avenir sont considérés comme des fantasmes. »

Fritz Perls

Dois-je travailler pour le plaisir ou l'argent ?

Abraham Maslow • Steve Jex • David McClelland • Robert H Frank

En ces temps de précarité économique, il semblerait logique de chercher un emploi bien rémunéré. Cependant, comme nous passerons la plus grande partie de notre vie éveillée au travail, il nous faut aussi trouver quelque satisfaction dans ce que nous faisons ou il deviendra de plus en plus pénible de pointer le matin, et à la longue cela risque d'avoir un effet négatif sur notre bien-être. Alors qu'est-ce qui compte le plus quand on étudie une offre d'emploi, le salaire ou le travail lui-même ? Ou y a-t-il une manière de combiner les deux ?

Les psychologues nous conseilleraient de commencer par étudier cet épineux problème à travers les théories de la motivation : qu'est-ce qui nous pousse à avancer ? En 1943, le psychologue **Abraham Maslow** publiait un article intitulé *« Théorie de la motivation humaine »* où il expliquait que nous sommes motivés par sept ensembles de besoins (voir p. 54). Ceux-ci sont hiérarchiques, donc une fois satisfait le niveau des besoins élémentaires, on est motivé pour chercher ensuite à satisfaire les besoins du degré supérieur.

Tout d'abord, énonçait-il, il faut s'occuper des besoins physiologiques : boire, manger, procréer. Ceci fait, on cherche à satisfaire ses besoins de sécurité, de s'assurer que l'on est physiquement protégé de tout mal. Ensuite, les besoins d'appartenance et de reconnaissance, puis les besoins d'estime, que sont la confiance en soi, l'autonomie, la reconnaissance et le statut social. Enfin, quand tous les autres besoins ont été satisfaits, on cherche à atteindre l'accomplissement : réaliser tout son potentiel en tant qu'être humain.

Si on se base sur la pensée de Maslow, on peut dire que l'argent est important dans la mesure où il nous aide à satisfaire nos besoins physiologiques et de sécurité. On n'aurait donc besoin que d'un certain niveau de revenus, et il ne servirait à rien d'en avoir davantage pour se sentir bien. De nombreuses études l'ont confirmé, y compris l'étude de 2010 effectuée par l'économiste Richard Easterlin, qui montrait que le niveau de bonheur dans trente-sept pays n'augmente pas proportionnellement aux revenus.

Faire des comparaisons

D'un autre côté, l'idée que nous nous faisons de l'argent est plus complexe que ce que

> *« Nos besoins n'émergent généralement que lorsque des besoins plus prépondérants ont été satisfaits. »*
> Abraham Maslow

pourrait le suggérer la lecture de Maslow. Les comparaisons et les notions d'injustice, en particulier ont tendance à nous perturber. Le psychologue du travail **Steve Jex** a établi que les individus évaluent leur satisfaction au travail en comparant leur salaire avec celui qu'ils pensent devoir gagner. Et que nombre de nos opinions sont affectées par notre entourage, parce que nous comptons sur nos collègues de travail pour nous aider à comprendre notre environnement et même développer des attitudes adéquates. Si nos collègues sont positifs et satisfaits, il y a des chances pour que nous le soyons aussi.

Quand on commence à se comparer à tout le monde au sein de l'entreprise, toutes sortes de facteurs entrent en jeu. Il existe une large gamme d'avantages à comparer, qu'il s'agisse d'un lieu de travail sûr et calme, d'une place de parking ou d'une assurance-vie. On peut dire que les conditions de travail correspondent aux troisième et quatrième niveaux de besoins (socialisation et estime), parce qu'elles peuvent favoriser le sentiment que l'on vous reconnaît en tant que membre d'une équipe, ce qui apporte un sentiment d'appartenance et de respect. À l'inverse, quand l'environnement de travail ne satisfait pas ces besoins, on peut se sentir isolé, peu reconnu pour ses efforts et sous-estimé. Nous avons, semble-t-il, besoin d'appartenance. Il nous faut faire partie d'une équipe, mais aussi en être un membre reconnu.

Contrôle et autonomie

Le besoin de respect et d'appartenance sociale est important pour beaucoup, mais que dire de ceux qui ont un fort besoin de pouvoir et un faible besoin d'appartenance ? Le psychologue du travail **David McClelland** avançait que nous n'avons que trois besoins motivationnels au travail : le pouvoir, la réussite et l'affiliation. Ils s'appliquent sans distinction d'âge, de sexe, de race ou de culture, d'après lui, mais ils varient en fonction de nos expériences personnelles. La théorie de Maslow suggère que l'argent ne nous affecte que dans une certaine mesure, puis d'autres considérations apparaissent, mais pour McClelland la personnalité joue un plus grand rôle. Ceux qui visent plus de pouvoir ou de réussite peuvent récolter en cours de route des avantages financiers plus importants, dit-il, mais l'argent n'est pas leur principale motivation et ne l'a jamais été. Ceux qui visent plus d'affiliation aiment faire partie d'un groupe harmonieux, et ils ne font pas non plus une fixation sur l'argent. McClelland rejetterait aussi l'idée que le salaire proposé soit central dans la prise de décision sur le front de l'emploi.

Quasiment toutes les enquêtes de satisfaction au travail semblent montrer que l'autonomie est un facteur essentiel. Un certain contrôle du travail et de l'emploi du temps est maintes fois cité par les répondants comme la condition sine qua non de la satisfaction au travail. Maslow la situe à son quatrième niveau de besoins, mais elle se rapproche du cinquième : l'accomplissement. C'est ce qu'entendent ceux qui parlent d'« aller au bout de moi-même » et cela implique l'idée de « ce que je veux » plutôt que simplement « ce que m'offre l'entreprise ». Quand c'est cela que l'on vise, la comparaison avec les autres devient inutile,

« Si ne serait-ce qu'une minuscule proportion d'un groupe d'acheteurs suffisamment important s'intéresse à vos services, vous valez peut-être une fortune. » Robert H Frank

elle n'est qu'une simple distraction, et là réside peut-être la véritable clé pour trouver le métier qu'il vous faut. Les conditions de travail peuvent vous permettre de travailler avec plaisir, mais pas une satisfaction profonde. Pour cela, il faut regarder ailleurs.

Le flux ou *flow*

L'économiste **Robert H Frank** vous conseillerait de penser d'abord à ce que vous aimez le plus faire. Quelle activité vous transporte complètement ? Qu'est-ce qui vous fait oublier l'heure parce que vous êtes si absorbé par votre tâche que vous y consacrez 100 % de votre attention ? C'est ce que l'on appelle l'expérience du «*flow*» (voir p. 36). Découvrez-le et ne vous préoccupez pas de l'argent que l'on vous propose, parce que vos gains finiront par dépasser vos rêves les plus fous. Voici comment raisonne Frank : si vous trouvez une activité qui vous met en état de *flow*, vous en deviendrez sans effort, naturellement, un expert, comme Bill Gates qui est tombé amoureux de l'informatique à l'âge de treize ans. L'accès à l'unique ordinateur du collège était payant et, quand il s'est retrouvé à court d'argent, il l'a piraté pour pouvoir continuer. D'après Frank, il ne s'agit pas d'un exemple exceptionnel de goût inné qui ait mené au succès ; avec l'avènement de la mondialisation et de l'ère technologique, la seule voie raisonnable est de devenir un expert.

Si, comme Bill Gates, vous trouvez l'activité que vous aimez le plus, vous vous mettrez tout naturellement à passer le plus de temps possible à travailler d'arrache-pied, et vous deviendrez vite un expert. Grâce à Internet, où que vous soyez, une entreprise saura repérer l'expert dont elle a besoin (vous !) sans se préoccuper de la géographie physique. Vous deviendrez extrêmement précieux. Ainsi, en vous concentrant sur ce que vous aimez, vous deviendrez autonome, travaillerez avec plaisir et récolterez les plus hautes récompenses. Ce qui signifie que, en termes de recherche d'emploi, il faut jeter Maslow aux oubliettes ; recherchez d'abord l'accomplissement, et tout le reste suivra, y compris un salaire élevé, des mets succulents (besoins de Niveau 1), une grande maison (Niveau 2) et une gamme impressionnante de partenaires potentiels (Niveau 3).

Concepts clés

La théorie de la motivation humaine
– David McClelland

La hiérarchie des besoins
– Abraham Maslow

« Il devrait être intéressant de comprendre la motivation humaine. Cela nous aiderait à découvrir ce que nous voulons vraiment pour pouvoir éviter de poursuivre des chimères qui ne sont pas pour nous. »

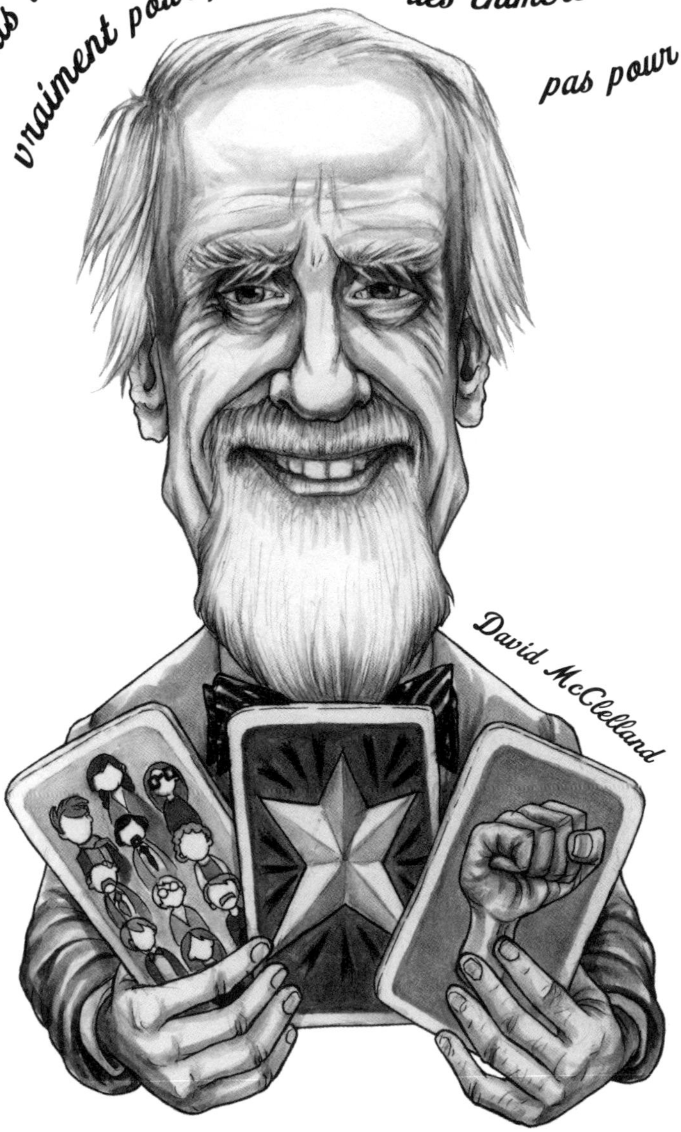

David McClelland

Pourquoi j'achète toujours ce qu'il y a de plus cher ?

Dan Ariely • Leon Festinger • Hilke Plassmann • Bernd Weber

Dan Ariely est le fondateur du *Center for Advanced Hindsight* (Centre de Rétrospective Avancée), aux États-Unis. D'après lui, même si notre comportement est souvent irrationnel, il n'a rien d'incohérent. Il y a une certaine logique derrière nos décisions, mais il s'agit d'une sorte de « logique personnelle » basée sur des faits, des postulats, des préjugés et notre état d'esprit du moment. Hélas, notre pensée est fortement biaisée et inconsciente, c'est pourquoi l'on se retrouve souvent à se dire : « Mais pourquoi ai-je acheté ça ? » Est-il possible de comprendre ses véritables motivations d'achat et de les soumettre à un contrôle conscient ?

Bien avant d'entrer dans une boutique ou de faire du shopping sur Internet, des *a priori* sont déjà à l'œuvre. Le principal consiste à croire que le prix est un gage de qualité. Il y a de bonnes raisons de le croire : d'abord, c'est encore vrai dans certains cas et, de plus, l'idée que des prix plus élevés reflètent une valeur plus importante était à une époque invariablement exacte. Avant la révolution industrielle, le coût de la matière première et de la main-d'œuvre dictait les prix. Mais, avec l'avènement de la production de masse, les choses ont changé. La nouvelle classe marchande a commencé à fixer les prix d'après l'argent qu'elle pouvait espérer en tirer et non en fonction des coûts de fabrication des produits. Cela a marqué le passage d'un prix reflétant une valeur objective (les coûts de fabrication) à une valeur perçue (l'idée que nous nous faisons de la valeur des produits). C'était une pente glissante que nous dévalons toujours, tout en essayant de nous convaincre que ces baskets valent bien ce prix exorbitant.

Prix attendu (élevé)

Que se passe-t-il, alors, quand on fait ses achats ? Tout d'abord, le « prix attendu » entre en jeu. Si nous trouvons un prix qui nous semble erroné parce qu'il va à l'encontre de nos attentes, cela retient notre attention. Si le prix est inférieur à ce que nous pensions, nous nous méfions. Y a-t-il quelque chose de louche ? Est-ce une contrefaçon ? Les psychologues ont aussi découvert que nous n'aimons pas prendre des risques, c'est pourquoi nous préférons inconsciemment choisir l'option qui nous paraît plus sûre, ce qui signifie inévitablement « plus chère », à une époque où les prix bas semblent inquiétants.

Ensuite, il y a le problème de ce qu'un produit dit de nous, ou que nous pensons qu'il dit de nous. « Ai-je l'air riche avec mes Louboutin ? Cela indique-t-il mon statut social élevé, peut-être supérieur au vôtre ? » Les psychologues savent que nous avons toujours un fort besoin de comparaison, en particulier avec notre entourage immédiat. Il semble que nous ayons un fort désir de paraître meilleur que tout le monde, à tous les points de vue, tout le temps. La théorie de la comparaison sociale, formulée par **Leon Festinger** en 1954, affirme que, du fait qu'il n'y a pas de manière objective de s'évaluer, on le fait en se comparant aux autres, que ce soit sur la base de ses capacités, ses opinions, la maison que l'on habite, ses revenus ou les produits que l'on achète. On veut « faire aussi bien que les voisins » et cela pousse à l'action, et quelle meilleure façon de montrer sa supériorité dans cette course que de brandir un sac Prada, un stylo Montblanc ou une montre Rollex ?

Prix attendu (bas)

En contrepartie, il y a le stigmate attaché au fait d'« acheter bon marché », comme si cela nous positionnait soudain plus ou moins comme un raté. Il devient clair ici que ce n'est pas seulement l'image de nous-mêmes que nous donnons aux autres qui affecte nos choix ; c'est aussi les sentiments que ces choix provoquent en nous. Si le fait d'acheter la version bon marché d'un produit provoque un sentiment d'échec, ce n'est peut-être pas le bon choix émotionnellement parlant, même si c'est mieux pour le portefeuille. Si l'on va faire du shopping dans l'intention expresse de se remonter le moral, une imitation ou un produit bon marché ne marchera pas, car il vous rappellera peut-être chaque jour que vous n'avez pas les moyens de vous payer « les vraies ». Il est très facile de laisser des habitudes d'achat affecter l'estime de soi, et les chercheurs ont découvert qu'une faible estime de soi est un facteur important pour déterminer si les gens achèteront des produits de luxe qu'ils ne peuvent pas se permettre. Quand on doute de soi et qu'on n'a pas le moral, cela peut être un moyen de se prouver qu'on a de la valeur. Cependant, avec des produits très chers, cette idée peut se révéler à la fois dangereuse financièrement et fausse, parce que l'euphorie du shopping laissera bien vite la place à la culpabilité.

Il existe bien des moyens nous permettant de changer nos états émotionnels, pour passer par exemple de la dépression profonde au sommet de la félicité. Le shopping est l'un des plus

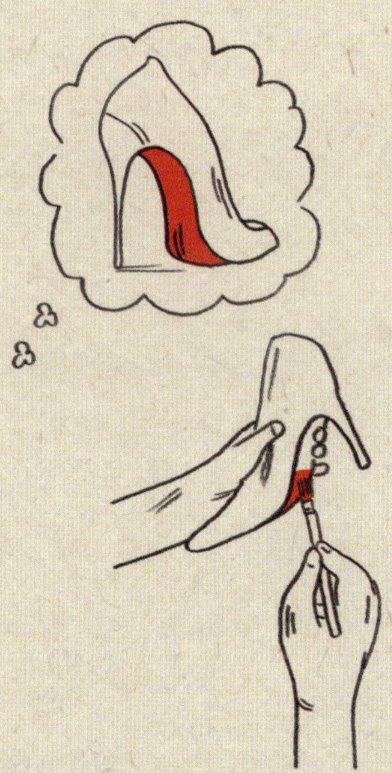

Des articles très onéreux comme les chaussures Louboutin (reconnaissables à leurs semelles rouges) sont signe de réussite et de richesse, c'est pourquoi ils sont souvent contrefaits par des gens qui veulent envoyer ce message.

populaires, et souvent le plus désastreux. Il faut savoir que les matérialistes (qui croient que l'argent et les biens matériels sont les choses les plus importantes du monde) sont les plus susceptibles de trop dépenser, parce qu'ils croient que plus les choses qu'ils possèdent sont chères, plus ils seront heureux. Même s'ils adorent acquérir des biens, malgré tout, il se passe quelque chose d'intéressant « autour » du moment où ils achètent. Des études ont montré qu'ils disent se sentir plus heureux quand ils pensent à leurs futurs achats qu'après les avoir effectués. On peut en déduire qu'il n'est pas nécessaire d'acheter pour de bon le produit qui nous tente pour se sentir bien, il suffit d'imaginer qu'on l'achète, peut-être en le plaçant dans un panier physique ou virtuel, mais de l'y laisser. Comme pour tant de choses, de l'attirance sexuelle au téléphone portable (voir p.42), c'est le processus de recherche qui procure une délicieuse décharge de dopamine dans le cerveau, pas la concrétisation.

Coût et plaisir

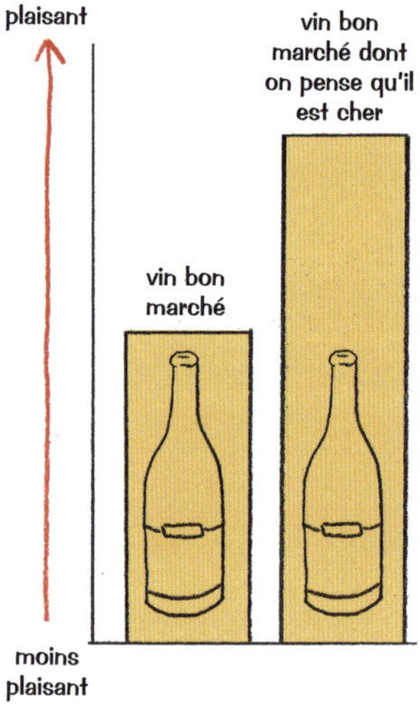

Quand les gens boivent du vin dont ils pensent qu'il est cher, l'IRM de leur cerveau montre qu'ils ressentent plus de plaisir.

Un vin cher est-il meilleur ?

Dans bien des cas, prix ne signifie pas qualité. Néanmoins, notre cerveau peut nous dire le contraire et il reste peut-être parfois légitime de choisir le plus cher. Dans une étude menée par **Hilke Plassmann** et **Bernd Weber**, on a demandé à des sujets de goûter cinq vins différents, en leur disant que les prix variaient. En fait, ils ne buvaient que trois vins différents. On leur a proposé deux fois un vin à 5 $ présenté comme deux vins différents coûtant 5 $ et 45 $. Un autre vin coûtant 90 $ a aussi été présenté deux fois, et on a indiqué aux sujets que ces deux « vins différents » valaient respectivement 90 $ et 10 $. Non seulement les gens ont déclaré meilleurs les vins présentés comme plus chers, mais l'IRM de leur cerveau a montré une plus grande activité dans la partie du cerveau liée au plaisir. Ils préféraient vraiment les vins « plus chers ». Ce n'étaient pas des vins différents, mais l'augmentation du prix augmentait le plaisir objectivement mesuré de l'individu. Ce qui signifie, quelque part, « Il vaut davantage, non ? » Ah bon ?

Dan Ariely s'est intéressé au rôle que jouent le prix et la valeur perçue des médicaments. Quel est ici l'intérêt d'acheter plus cher ? Ariely et son équipe de chercheurs ont décidé de le tester en invitant les sujets à essayer un nouveau médicament, le Veladone-Rx.

« Notre travail, c'est la vente de plaisir. Nous ne vendons pas des sacs ou de la haute couture. Nous vendons des rêves »
Alain Wertheimer, homme d'affaires français, actionnaire majoritaire de la maison Chanel

Les faux « cliniciens-chercheurs » ont dit aux sujets que des études cliniques avaient montré que 92 % des patients qui recevaient le nouveau médicament ressentaient un profond soulagement de la douleur dans les dix minutes, et que celui-ci persistait pendant huit heures. Le médicament coûte 2,50 $ la dose, leur précisaient-ils. Ils ont alors exposé chaque patient à des décharques électriques, d'abord sans antalgique, puis après la prise de Veladone. La plupart des répondants ont indiqué qu'ils ressentaient moins de douleur avec le Veladone, qui était en fait un placebo. Puis les chercheurs ont répété l'expérience en modifiant un seul paramètre : ils ont indiqué aux sujets qu'une dose de Veladone coûtait 10 cents. Dans ce cas de figure, moins de la moitié des sujets ont signalé une diminution de la douleur.

Plus le cachet est cher, plus le placebo est efficace. Bien que des versions côuteuses d'aspirine, par exemple, ne contiennent pas forcément d'ingrédients supplémentaires, elles fonctionneront mieux. Le neurobiologiste Fabrizio Benedetti a démontré que c'est dû au fait que, dans les expériences sur l'effet placebo, le cerveau produit des neurotransmetteurs qui utilisent les mêmes voies que l'opium et la marijuana. Plus le placebo est cher, plus on produit de substances chimiques naturelles.

Devrais-je alors continuer à acheter des produits chers ?

Cherté ne signifie pas nécessairement meilleure qualité, mais cela semble indiquer au cerveau qu'« il se passe quelque chose de spécial ici ». Parfois, c'est à notre avantage, nous ressentons vraiment un effet thérapeutique accru ou tirons plus de plaisir de notre achat. Mais parfois, c'est un réel inconvénient, surtout si le produit n'est pas dans nos moyens.

Les psychologues conseillent de prêter une attention particulière au contexte. Le produit se trouve-t-il juste à côté d'un autre qui a un prix encore plus scandaleux (un « leurre ») pour vous donner l'impression que celui que vous désirez est plus abordable ? Quelle est votre humeur du moment ? Achetez-vous pour vous remonter le moral ? Ou voulez-vous impressionner la personne qui vous accompagne ? Prenez une décision consciente et réfléchie, autant que possible. Cela vous amènera peut-être encore à acheter le produit le plus cher, mais pour des raisons bien pesées. C'est le genre de logique illogique que Dan Ariely apprécierait sans doute.

Concepts clés

La théorie de la comparaison sociale
– Leon Festinger

L'irrationalité prévisible
– Dan Ariely

À quoi bon ?

Irving Yalom • Emmy van Deurzen • Viktor Frankl • Abraham Maslow • Carl Rogers

La plupart d'entre nous se pose cette question de temps à autre, soit de manière philosophique soit avec une pointe de désespoir ; l'idée que la vie n'a pas de sens est souvent au cœur de la dépression. Il n'est pas facile d'y répondre, sauf pour ceux qui adhèrent à une conception religieuse des choses, qui propose une vision cosmique de l'univers et de son sens. Cependant, depuis le XIXe siècle, le déclin de l'influence de la religion dans le monde occidental en a conduit plus d'un à prendre conscience que, sans religion, la vie n'a pas de but apparent. Comme l'a dit le philosophe Jean-Paul Sartre en 1965, *« Tout existant naît sans raison, se prolonge par faiblesse et meurt par rencontre… Naître n'a pas de sens; mourir n'a pas de sens. »* C'est en comprenant cela, disent les psychothérapeutes existentialistes, que nous trouvons du sens.

Les mythes du monde entier font penser que la quête de sens est aussi vieille que de l'humanité, et qu'« existence » et « sens » sont inextricablement liés. Comme l'ont souligné des philosophes comme Martin Heidegger, nous pensons qu'une personne a une raison d'exister, comme une paire de ciseaux par exemple. On avait besoin de quelque chose pour couper facilement, alors on a inventé les ciseaux. Tout est fabriqué dans un but précis, raisonne-t-on, ce qui signifie que les êtres humains aussi doivent être fabriqués dans un but précis. Sauf que l'on n'arrive pas à savoir lequel. Pourquoi sommes-nous sur terre ?

Cosmique ou personnel ?

Le psychothérapeute existentialiste **Irving Yalom** avance qu'il nous est essentiel de trouver un sens, parce que c'est le sens qui nous aide à forger des valeurs, des idéaux et des buts. Il fournit un cadre général à la vie et, même si la question semble au premier abord être « Quel est le sens de la vie ? », c'est en réalité « Quel est le sens de Ma vie ? » C'est la question à laquelle nous essayons de répondre. On pourrait répondre à la première dans un cadre cosmique, lié à Dieu, mais les existentialistes réfutent cette solution. Nous sommes seuls, disent-ils, sans but ou intention prédéfinis, et nous sommes responsables de ce

« Il n'y a aucun "sens", aucun grand dessein dans l'univers, aucune règle de vie autres que ceux que l'individu se crée. »
Irving Yalom

« Nous n'avons pas de destin tout tracé, et chacun de nous doit décider comment se construire une vie aussi pleine, heureuse et digne d'être vécue que possible. » Irving Yalom

que nous faisons de notre vie. En ce sens, les psychothérapeutes existentialistes placent une responsabilité énorme sur les épaules de leurs patients. Nous sommes entièrement libres, disent-ils ; et c'est au travers de choix faits librement que chacun de nous se construit une vie qui a un sens. Sans « loi suprême » sur laquelle s'appuyer, nous devons inventer notre raison d'être. Et ce, comme le note Yalom, dans un monde où *« on ne peut compter que sur soi-même pour se protéger »*.

Cela paraît plutôt alarmant, mais c'est le but. Avec la liberté totale vient l'angoisse. « Comment saurai-je si j'ai fait le bon choix ? Puis-je me faire confiance ? » La psychothérapeute **Emmy van Deurzen** dit que l'angoisse est le côté obscur de la liberté ; elles constituent les deux faces d'une même pièce. Si j'accepte la voie religieuse, je n'ai qu'à la suivre, mais si tout est ouvert, je risque de faire n'importe quoi ! La liberté n'est pas qu'une question de choix ; la liberté totale, y compris la liberté de choisir de vivre ou de mourir, donne le vertige. C'est trop, et cela peut nous paralyser. Le philosophe Søren Kierkegaard décrivait un homme sur une falaise, qui avait peur pour deux raisons : parce qu'il pourrait tomber, mais aussi parce qu'il pourrait céder à l'impulsion de sauter. Nous sommes au bord de l'abîme, disent les existentialistes, et libres de choisir, même entre la vie et la mort. Tout est permis, et nous ne pouvons nous fier qu'à nous-mêmes.

La psychothérapie existentielle est la seule forme de thérapie qui s'inspire de la philosophie et se voit comme l'instrument concret de l'existentialisme. Pour elle, le fait que chacun d'entre nous soit libre, et par là-même invité à trouver un sens à sa vie, est

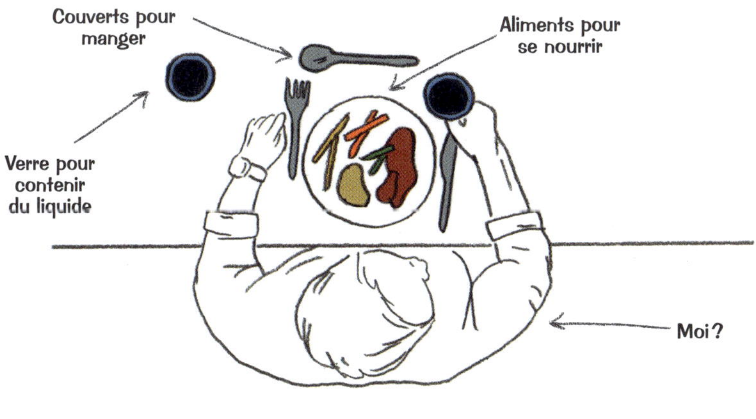

Nous nous prenons pour des objets, et croyons que nous avons été « faits » dans un but précis, mais en fait nous naissons comme ça, sans la moindre raison, disent les existentialistes.

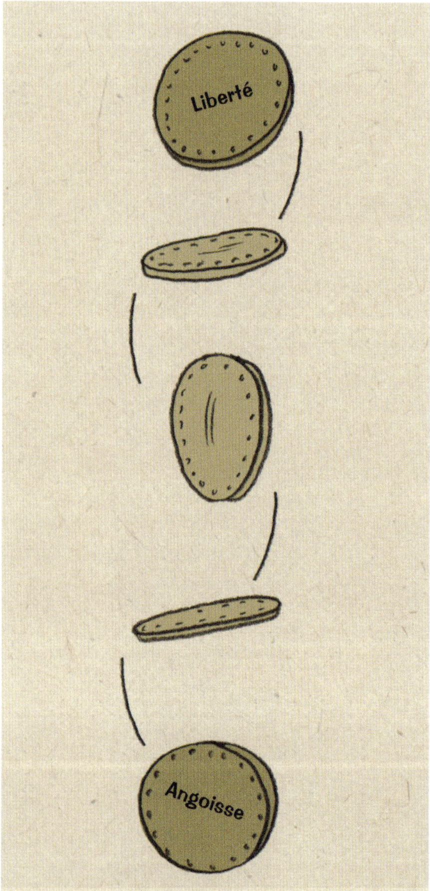

la clé de la compréhension du bonheur ou du désespoir. Nous trouverons sans cesse des motifs d'angoisse et nous devons choisir soit d'ignorer ce sentiment et continuer à avancer, soit de le fuir et opter pour la sécurité d'une vie tranquille. Mais si l'on recule, on devient une sorte de mort-vivant. Si on fuit la vie, et si de peur on court se cacher, dit van Deurzen, on se retrouve démuni, démotivé et désespéré. Cela mène à la dépression. Il faut trouver le courage d'agir, plutôt que de tomber dans une attitude d'évitement ou de se réfugier dans les médicaments. Tout l'art consiste à régler la corde de notre angoisse exactement comme il faut pour qu'elle soit assez tendue pour nous donner vie, mais pas assez pour nous perturber.

Toujours le choix

Le psychothérapeute **Viktor Frankl** affirmait que nous avons toujours le choix, même quand tout semble perdu. Frankl a obtenu son diplôme de psychiatre dans les années 1920 et s'est mis à travailler presque exclusivement avec des patients suicidaires avant d'être envoyé en camp de concentration pendant la Seconde Guerre mondiale. Quand auparavant il avait vu des patients libres qui voulaient mourir, il était maintenant au milieu de personnes emprisonnés qui – en dépit des pires conditions qu'on puisse imaginer – se battaient pour survivre. Dans une telle situation, quand il ne vous reste plus rien, disait Frankl, il faut faire trois choses : considérer son sort avec un froid détachement, développer des stratégies pour survivre, et – c'est le plus important – trouver une raison de vivre pour les minutes qui viennent et, au-delà, le reste de sa vie. C'est absolument essentiel. Cela peut être l'humour noir, un coucher de soleil fugacement entrevu, mais extraordinairement beau, ou le souvenir de quelqu'un qu'on aime. Frankl lui-même a décidé de penser à sa femme, qui était aussi en camp de concentration, comme ses parents et son frère, et il n'avait aucun moyen de savoir s'ils étaient vivants. Sa tâche dans le camp, détaillée dans son livre *Man's Search for Meaning*,

« S'il y a un sens à la vie, il faut qu'il y ait un sens à la souffrance et à la mort, mais nul ne peut dire à un autre quel est ce sens. »
Viktor Frankl

(La quête de sens de l'être humain) était l'étoffe des cauchemars. Selon lui, si on trouve un but même pour ce niveau de souffrance, on peut non seulement survivre, mais progresser en tant qu'être humain, comme beaucoup de gens qu'il a rencontrés ont réussi à le faire. Frankl conseillerait, quand on est confronté à la souffrance (ou l'angoisse), de s'engager dans la situation, sachant qu'on est toujours libre de choisir au moins une chose : son attitude vis-à-vis de cette situation. On décide ainsi du sens qu'on va lui donner, et cela permet de transformer les défis en accomplissements. Il citait l'exemple d'un homme appelé Jerry Long, qui s'était brisé la nuque en plongeant à l'âge de dix-sept ans et s'était retrouvé paralysé. Long a écrit : *« Je considère que ma vie est pleine de sens et riche de projets. L'attitude que j'aie adoptée dès ce jour fatidique est devenue mon credo pour la vie : je me suis brisé la nuque, mais cela ne m'a pas brisé… ! Je sais que, sans cette souffrance, le progrès que j'ai accompli aurait été impossible. »*

Le progrès dont parle Frankl est la forme de progrès personnel que les psychothérapeutes **Abraham Maslow** et **Carl Rogers** appellaient « accomplissement de soi ». On y parvient quand on reste fidèle à soi-même et que l'on choisit les valeurs qui guident notre vie, plutôt que d'accepter aveuglément celles que nous transmettent les autres ou les institutions. Yalom suggérait cependant que cela ne suffit pas à trouver du sens, et que quatre autres facteurs peuvent aussi jouer. L'altruisme, ou s'occuper des autres d'une façon qui contribue à rendre le monde meilleur, nous aidera a donner un sens à notre vie. De même l'engagement pour une cause, que ce soit la famille, le pays ou un mouvement politique, éducatif ou scientifique. L'hédonisme, ou le plaisir en son sens le plus noble, comme l'émerveillement ressenti par Frankl devant la beauté sublime d'un coucher de soleil alors qu'il était en camp de concentration, nous rappelle la nature miraculeuse qui nous entoure. Enfin, la créativité – ce talent qui nous permet non seulement d'améliorer le travail, le jeu, les relations et la vie des autres, mais aussi de transformer la pire des tragédies en triomphe personnel - nous aide à donner un sens à notre vie. *« Le bonheur ne peut être poursuivi ; il ne peut que s'ensuivre »* dit Frankl. Mais le sens et le but peuvent – et doivent – être librement choisis.

Concepts clés

Liberté et angoisse
– Emmy van Deurzen
Trouver du sens
–Viktor Frankl

Comment m'améliorer ?

P. 160 : Pourquoi je n'arrive pas à perdre du poids ?

P. 164 : J'ai peur d'évoluer dans ma carrière. Comment puis-je changer ça ?

P. 168 : Comment puis-je être plus créatif/ve ?

P. 172 : Parler en public, quel enfer !

P. 176 : Dois-je faire du droit, comme le veut mon père, ou créer un groupe de rock ?

P. 180 : J'ai du mal à gérer les moments difficiles...

Chapitre 5

Pourquoi je n'arrive pas à perdre du poids ?

Susie Orbach • Donald Winnicott

On pourrait croire que c'est un problème personnel lié au manque de volonté, mais pour bien des experts, ce n'est pas le cas. N'oublions pas que le marché mondial des produits amaigrissants pèse des centaines de milliards d'euros, donc si l'on cesse de faire le régime, cela va à l'encontre des intérêts commerciaux de ceux qui les fabriquent. Est-ce un peu à cause des publicités que vous pensez qu'il vous faut maigrir, et sinon que vous n'êtes pas à la hauteur ? Nous sommes nombreux/se à avoir honte d'être trop gros.se et d'être incapables d'aller au bout d'un régime. Mais se flageller pour y arriver, est-ce la bonne méthode ?

Il semblerait que plus on fait le régime, plus on grossit. D'après l'*International Food Information Council Foundation* (Conseil international d'information sur l'alimentation), en 2011, plus de 75 % de la population des États-Unis essayait soit de perdre du poids, soit d'éviter d'en prendre. En dépit de leurs efforts, près de 70 % des Américains étaient considérés comme en surpoids ou obèses. Ces chiffres sont révélateurs de la honte liée au surpoids et, comme le dirait tout psychothérapeute, la honte n'a jamais motivé grand monde.

Le corps comme projet

La psychothérapeute **Susie Orbach** a écrit *Le poids : un enjeu féministe*, un ouvrage emblématique sur notre relation à la nourriture paru en 1978 et récemment mis à jour. Le livre décrit comment le corps féminin a été transformé en objet, et comment les femmes elles-mêmes sont encouragées à partager cette vision. Il faut améliorer son corps, nous disent en permanence les industries de la santé, de la minceur et de la beauté, et il ne tient qu'à nous de le rendre plus svelte, éclatant et séduisant.

Ainsi le corps des femmes leur devient étranger ; elles se mettent à se méfier de lui et de ses besoins, à le détester peut-être. Les appétits, qu'ils soient émotionnels ou physiologiques, deviennent suspects. On nous dit qu'il faut contrôler le corps. C'est un message dangereux. Le contrôle s'inscrit dans un continuum : quand on essaie de trop contrôler le corps, les choses prennent parfois un tour inattendu. Récemment, comme l'ont noté Orbach et d'autres, les hommes ont été victimes de la même objectification et rêvent soudain d'abdominaux sculptés et de pectoraux bien dessinés de la même façon que les femmes aspirent depuis longtemps à avoir la taille fine et une poitrine « parfaite » (dont la norme varie avec la mode, ce qui la rend impossible à atteindre et à conserver).

Autrefois, on acceptait plus facilement l'idée que les corps prennent toutes sortes de formes, comme on le voit dans les musées du monde entier. Aujourd'hui, cependant, l'image du corps « idéal » s'est réduite à une forme unique pour chacun des sexes :

la femme grande et mince, mais avec une poitrine généreuse, et l'homme bien sculpté, aux abdominaux de rêve. Ce physique stéréotypé s'expose aujourd'hui partout, de New York à Pékin, au mépris de la culture ou des caractéristiques physiques locales. En 1995, quand on a introduit la télévision pour la première fois dans la province de Nadroga, aux îles Fidji, la région n'avait jamais connu qu'un seul cas de troubles de l'alimentation. Trois ans plus tard, 69 % des adolescentes disaient faire le régime pour maigrir, et 74 % déclaraient se sentir « trop grosses ou trop grasses ».

Modelés sur des modèles

Beaucoup de sociétés modernes entretiennent le culte des célébrités, qui implique la constante vénération (ou le dénigrement) de ces *people* « parfaits ». Regardez comme ils « gèrent », nous dit-on, que ce soit en termes d'exercice, d'alimentation ou de régimes, et vous pourriez faire de même ! Les magazines et autres sites Internet occultent la chirurgie esthétique (sauf à l'occasion, pour une star soudain déchue) ou le fait que beaucoup d'images sont retouchées, souvent contre la volonté des femmes concernées. Quand un magazine pour hommes a publié en couverture la photo d'une très maigre Kate Winslet aux jambes interminables, en 2003, l'actrice a affirmé *« C'est trop retouché… Je ne ressemble pas à ça, et je ne souhaite surtout pas y ressembler. »*

Nous sommes submergé.es par ce qu'Orbach appelle la « mono-imagerie » de l'homme et de la femme parfaits, fabriquée par la télévision, le cinéma, la publicité, les panneaux publicitaires, les magazines et les sites Internet, mais encore plus par les réseaux sociaux. En s'identifiant à ces stéréotypes, beaucoup d'adolescents cherchent à afficher la même apparence sur les photos qu'ils publient sur les réseaux sociaux, et leur pose peu naturelle trahit l'artificialité des originaux. Ils imitent les célébrités et les top models, puis comparent entre eux leurs *selfies* avec les images de leurs idoles. La théorie de la comparaison sociale de Festinger (voir p.151) veut qu'on se forme une image de soi-même – de qui l'on est – en se comparant aux autres, ce qui comprend une part d'évaluation. On décide si l'on est acceptable ou non en se jugeant d'après les normes ambiantes. Beaucoup d'adolescents sont ainsi conduits à développer une image négative de leur corps, qui peut ensuite contaminer toute leur perception de soi.

Ce phénomène n'est pas cantonné aux adolescents – beaucoup d'études montrent que les adultes aussi jugent leur corps d'après ce qu'ils voient dans les médias. Une étude

« Autrefois, les gens savaient qu'ils avaient un problème avec leur corps et leur alimentation, et ils venaient consulter. Maintenant, cela va tout simplement de soi. »

Susie Orbach

La Française moyenne mesure

1, 62 m

et pèse

62,4 kg

Un mannequin moyen mesure

1,78 m

et ne pèse que

55 kg

Partout dans les médias, des images de femmes occidentales blanches, grandes et incroyablement maigres dominent la représentation de la beauté, au mépris des véritables caractéristiques physiques des femmes qui lisent ces magazines. Cette mono-imagerie, ou esthétique de la beauté unique, est irréelle ; des images de mannequins déjà maigres sont retouchées pour illustrer des formes impossibles. En leur comparant leur corps réel, les femmes ont invariablement l'impression qu'elles « se laissent aller » et beaucoup s'embarquent dans des régimes de famine ou se font refaire une partie du corps, le nez, les yeux, les lèvres ou les seins, à grand renfort d'argent et de souffrances.

de 2006 menée par Hesse-Biber, Leavy et autres suggère qu'un adulte qui a accès à de nombreux « médias d'idéal minceur » voit la minceur comme socialement désirable. L'insatisfaction qui en découle les conduit à avoir recours à des régimes amincissants et à la chirurgie esthétique pour essayer de correspondre à ces normes impossibles. On en vient rapidement à croire que les formes retouchées de ces hommes et ces femmes « parfaits » sont non seulement réalistes, mais à notre portée.

Créer des corps

Il y a peut-être aussi un niveau plus profond de troubles liés à notre corps qui peut affecter notre relation à la nourriture. Orbach attire notre attention sur le « faux *self* » que se crée, d'après le psychanalyste **Donald Winnicott**, un enfant ignoré, négligé ou maltraité dans l'espoir de se faire aimer. L'enfant pense que c'est plus ou moins de sa faute si le parent ne l'aime pas – il n'y a probablement rien à aimer chez lui. Pour Orbach, on fait la même chose avec son corps, en réponse à la façon dont on a été tenu, soigné et touché dans la petite enfance. On est consolé, bercé, changé ; tout cela est absorbé physiquement et donne à notre corps un sentiment de sécurité. À l'inverse, un contact brusque ou inapproprié génère de l'insécurité. Si les besoins physiques ont été satisfaits, on prend confiance et l'on se sent autorisé à ressentir ces besoins, à les exprimer et à les voir satisfaits. On est sûr que nos appétits seront comblés avec plaisir – qu'ils sont normaux et bons. Mais si ces appétits ont été ignorés ou se sont heurtés à de la colère, on se dit qu'ils sont honteux et l'on essaie de les rejeter. On essaie de développer un « faux corps » qui a moins de besoins. Puisque c'est impossible, le corps devient source de crise et d'insécurité constantes.

Le rapport au corps peut être déstabilisé de plusieurs façons et à des âges différents, la conséquence étant un rapport déséquilibré à la nourriture. Un appétit normal peut être diabolisé, et la nourriture devenir une obsession. Le monde attend, prêt à nous abreuver de critiques, disant que nous sommes responsables de ce qui « cloche » dans notre corps et nous nous jetons dans l'action avec quelque programme de développement personnel. *« On se voit comme un agent, pas comme une victime »*, dit Orbach, et on s'applique à perfectionner son image pour la faire correspondre aux images irréelles qui nous entourent. On ne voit pas qu'on se met des chaînes et, tel un Houdini, on tente de s'en libérer. Comme on ne peut jamais atteindre notre but impossible, on n'échappe pas à l'effet yoyo et on continue à osciller entre l'espoir qu'on sera un jour « assez mince » et le désespoir que nous cause notre incapacité à y parvenir.

Quelle est la solution ?

À en croire Orbach, nous ne posons pas la bonne question – il ne s'agit pas de savoir comment perdre du poids, mais si on veut apprendre à manger pour se sentir bien dans son corps. Pour guérir son rapport à la nourriture et à un appétit normal, il faut redécouvrir les besoins véritables du corps.

Elle propose pour cela plusieurs « clés » : manger quand on a faim et manger ce que le corps a envie de manger, découvrir pourquoi on mange quand on n'a pas faim, déguster chaque bouchée, cesser de manger dès qu'on est rassasié. Trouver des moyens d'écouter son corps et accepter ses besoins ; se concentrer sur soi, pas sur le bruit que font les médias à longueur de journée. Sinon on se retrouvera piégé, éternellement, dans une vaine tentative d'atteindre une impossible perfection.

Concepts clés

Retrouver l'appétit
– Susie Orbach
Le faux *self*
– Donald Winnicott

J'ai peur d'évoluer dans ma carrière. Comment puis-je changer ça ?

Jaak Panksepp • John Bowlby • Cindy Hazan • Phillip Shaver • Milton Erickson

Le neurobiologiste Jaak Panksepp dirait que lorsque nous craignons de nous lancer dans de nouvelles expériences, c'est signe de perturbation dans l'un des systèmes émotionnels primaires du cerveau (voir p.105), ici le système de RECHERCHE, qui est peut-être le plus important de tous, car c'est lui qui nous motive à partir à l'aventure et à découvrir de nouvelles opportunités et ressources. S'il ne fonctionne plus, nous nous sentons déprimés et incapables de bouger : nous nous sentons bloqués. Découvrir ce qui a causé cette paralysie peut nous libérer. Sinon, vous pouvez aller voir un thérapeute éricksonien, qui vous fera passer sous le radar de votre inconscient pour provoquer un changement instantané.

Notre système de RECHERCHE peut soudain cesser de fonctionner après une perte grave, tels un deuil ou un divorce. Cela tient au fait que le sentiment intense de séparation viole notre besoin fondamental d'attachement et active un autre de nos systèmes émotionnels primaires, la PANIQUE. Il arrive aussi que le système de RECHERCHE d'un individu n'ait jamais marché à 100 %, parce que son besoin d'attachement n'a pas été totalement satisfait. C'est le monde de la théorie de l'attachement (voir pp. 98-102) dont les tenants, comme **John Bowlby**, pensent que nous développons des personnalités sécures ou insécures à partir de la manière dont notre entourage a répondu à nos tout premiers besoins. Ceux dont les besoins ont été satisfaits avec plaisir voyaient en leurs parents une « base sécure » d'où ils pouvaient partir en exploration. Ces bébés se mettaient à explorer en toute confiance la pièce où ils se trouvaient tandis que leur parent bavardait avec un.e ami.e, parce qu'ils se sentaient en sécurité en la présence de l'adulte et savaient pouvoir se réfugier auprès d'elle ou lui si nécessaire. À l'inverse, des tout-petits qui se sentaient insécures dans leur lien avec un parent luttaient contre leur désir d'exploration, soit car ils n'avaient pas envie de se laisser aller, soit car ils étaient incapables d'admettre qu'ils pouvaient avoir besoin de l'adulte (c'est l'image du « canard qui agite frénétiquement ses pattes sous l'eau », comme l'enfant panique même s'il a l'air parfaitement calme et détaché).

Mais je ne suis pas un.e enfant...

Il semble que le sentiment de sécurité soit acquis une fois pour toutes ; on se sent donc généralement sécure ou insécure toute la vie, sauf si on prend des mesures particulières pour modifier sa perception de soi dans le monde. C'est la découverte principale qu'a faite la psychologue Mary Main, démontrant la nature continue de nos formes d'attachement jusqu'à l'âge adulte. Les chercheurs **Cindy Hazan**

Attachement sur le lieu de travail

Attachement sécure (ou sécurisant)
La personne est heureuse, avec un fort degré de satisfaction au travail. Elle a de bonnes relations avec ses collègues, réussit sans doute bien et gagne bien sa vie. Elle place les relations personnelles au-dessus du travail, il y a donc peut-être la photo d'un proche ou deux sur son bureau.

Attachement anxieux-ambivalent
La personne a peut-être l'air préoccupé et incapable de se concentrer. Son bureau est parfois en désordre. Elle se sent probablement incomprise et sous-estimée au travail. Par peur du rejet, elle a souvent l'air inquiète.

Attachement évitant
La personne ne fait pas du sentiment et n'a pas besoin des autres, donc ni photos ni images d'aucune sorte sur son bureau. En fait, elle a certainement un bureau extrêmement bien rangé. Elle peut donner l'impression qu'elle s'isole, en travaillant, par exemple, à l'écart des collègues ou en fixant intensément l'écran de son ordinateur. Elle gagne sûrement bien sa vie, mais ne tire guère de satisfaction de son travail, en dépit des très longues journées.

et **Phillip Shaver** ont ensuite analysé comment cela affectait nos vies sentimentale et professionnelle. D'après eux, nous traitons l'amour et le travail comme deux domaines différents, mais, puisque nous sommes des êtres profondément sociaux, notre rapport aux autres n'est-il pas le même au travail qu'en amour ? Ils avançaient aussi que le travail marche plus ou moins comme l'exploration de Bowlby ; tout comme un bébé part à la conquête de quelque mystérieux raisin sec à l'horizon, un adulte va partir à la conquête de nouveaux domaines professionnels pour voir s'il y a vraiment des opportunités et si cela en vaut la peine. Une fois « grand », on a encore besoin de figures d'attachement adultes, comme petit on avait besoin d'une figure maternelle bienveillante, pour se sentir sécure et partir en exploration. Puis ils se sont demandé si la quête d'équilibre entre travail et vie privée (ou amour) reflète celui que l'on a connu autrefois en termes d'exploration et d'attachement. Autrement dit, notre rapport au travail et la notion d'équilibre vie/travail sont-ils hérités de l'enfance ?

Vérifier

Hazan et Shaver ont examiné les trois types principaux d'attachement et découvert d'intéressantes corrélations entre ceux-ci et l'attitude vis-à-vis du travail. Ceux qui, enfants, avaient un attachement sécure (50 % des personnes interrogées) indiquaient un fort degré de satisfaction au travail, les critères étant la sécurité au travail, les collègues, le salaire, les projets motivants et les possibilités d'évolution. Ils étaient confiants, aimaient leur travail et ne craignaient guère l'échec. Cependant, ils faisaient passer les relations affectives avant le travail, et ne le laissaient pas empiéter dessus. Le travail ne leur servait pas à satisfaire quelque besoin d'amour resté en suspens.

Ensuite, Hazan et Shaver ont découvert que les personnes répondant au deuxième type d'attachement, anxieux-ambivalent, subissaient un degré bien plus important d'angoisse liée à l'amour et au travail. Pour ce groupe (19 % des répondants), les préoccupations affectives avaient des répercussions sur le travail. Ceci refléterait les troubles de l'attachement de la petite enfance, qui inhibent l'exploration. Ces personnes se sentaient souvent incomprises et sous-estimées, et craignaient que les autres n'apprécient pas la qualité de leur travail et les rejettent. Elles se déconcentraient, avaient du mal à mener un projet à terme et se relâchaient si on les félicitait, signe que leur motivation première était sûrement de gagner l'admiration des autres. Leur salaire moyen était bas, même en tenant compte de leur niveau d'études. Leur besoin d'attachement non satisfait semblait rendre plus difficiles concentration au travail et évolution professionnelle.

Les membres du troisième groupe, les évitants (30 % des répondants) faisaient preuve au travail du même détachement caractéristique. Ils étaient souvent mécontents de leurs collègues, mais montraient le même degré de sécurité professionnelle et de capacité d'apprentissage que leurs homologues à l'attachement sécure. Ce groupe accordait plus de valeur au travail qu'à l'amour et avait tendance à préférer la réussite professionnelle aux succès amoureux. Comme les bébés explorateurs « évitants » qu'ils avaient un jour été, ils se concentraient sur ce qu'ils faisaient, au travail ou à la maison, plutôt que sur leur entourage.

Ils se comportaient comme s'ils n'avaient pas besoin des autres ; ils utilisaient souvent le travail pour éviter d'avoir des amis ou une vie sociale et ne profitaient pas de leurs congés parce que, loin du travail, ils angoissaient. Ils aimaient travailler seuls et, même s'ils rivalisaient avec les « sécures » en termes de salaire, étaient moins satisfaits de leur emploi. En lisant ceci, vous vous demandez peut-être comment vous-même appréhendez le travail, si vous vous êtes toujours senti.e libre (ou non) d'explorer, dans quelle mesure vous êtes attaché.e à ceux et celles qui vous entourent, quelles options vous pensez avoir au travail, et quelle place vous y occupez. Vous avez peut-être une idée de votre type d'attachement, sans savoir s'il est figé. Réjouissez-vous, il est possible de le modifier grâce à un processus appelé « attachement acquis ». Les recherches en ce domaine n'ont pas encore totalement abouti, mais il semble essentiel d'identifier son type d'attachement et de bien l'analyser pour le combattre, guérir, et vivre des relations profondes, sécurisantes et saines à l'âge adulte.

Concepts clés

Théorie de l'attachement
– John Bowlby

Attachement et travail
– Cindy Hazan et Phillip Shaver

Une autre pratique : l'hypnose

Acquérir un attachement sécure prend du temps, alors y a-t-il moyen d'accélérer les choses ? Le psychothérapeute **Milton Erickson** a compris comment on absorbe des schémas de pensée dans la petite enfance et, pour lui, la seule façon de modifier ces schémas devenus inconscients était de s'adresser directement à l'inconscient. Cependant, l'esprit inconscient refuse les instructions de l'esprit conscient (il résiste à son intervention) ; Erickson a donc inventé un langage « artistiquement flou » ou « vague » et il invitait l'inconscient à s'exprimer en utilisant contes, métaphores et injonctions paradoxales. Sa technique était basée sur un protocole d'induction et de suggestion hypnotiques en cinq phases (focalisation de l'attention ; désactivation des cadres et systèmes de croyances habituels ; connexion à l'inconscient ; processus inconscients, et réponse hypnotique). Pour faire simple, il passait sous le radar et entrait en contact avec l'inconscient.

En reconnaissant l'inconscient comme un réservoir de connaissances, qu'il voyait comme naturellement sain et plein d'intelligence positive, Erickson a découvert comment combattre et transformer certaines croyances limitantes, rapidement et sans effort ou presque. Il existe aujourd'hui plus de cent vingts instituts éricksoniens dans le monde qui utilisent ce traitement innovant. Même si ces thérapeutes ne permettent pas toujours d'atteindre un attachement pleinement sécure (même si Erickson insistait toujours sur la nécessité de créer *« une base émotionnelle stable »* dans le cabinet de consultation), ils affichent des taux de réussite étonnants dans l'amélioration de la vie de leurs patients. Comme l'a déclaré l'un d'eux : « Des choses se passent, on ne sait trop comment, mais je suis plus détendu. » Et quand la peur disparaît, l'exploration – y compris dans vos ambitions professionnelles – peut enfin commencer.

« Et je veux que tu choisisses, dans ton passé, un moment où tu étais une petite fille, une très petite fille. Et ma voix t'accompagnera. » Milton Erickson

Comment puis-je être plus créatif/ve ?

Sigmund Freud • Karl Duncker • Włodzisław Duch • Robert Sternberg Todd Lubart • Ellis Paul Torrance

---

Ce qu'il y a de très positif dans votre question, c'est qu'elle sous-entend, à juste titre, que tout le monde est créatif, et non quelques privilégiés. Les psychologues parlent de types de Créativité avec un grand C et un petit c; les grands C du monde seraient La Joconde et la théorie de la relativité, tandis que les petits c se révèlent dans la façon de s'habiller, de changer la présentation d'un rapport ou d'adapter une recette. Des petits détails, certes, mais qui émaillent notre quotidien. La Créativité implique-t-elle qu'on ait un petit plus, ou est-elle à la portée de tous ?

Si vous déroulez souvent une longue liste d'excuses pour éviter les tâches créatives, c'est peut-être que vous vous préoccupez tellement de nier votre créativité que vous ne vous rendez pas compte de l'originalité de votre liste. Ni de la conviction confiante avec laquelle vous niez vos capacités, ce qui est à coup sûr signe de créativité. La confiance en soi est fondamentale parce que la pensée créative produit des idées qui brisent les normes et s'opposent à l'opinion générale, car elle est perçue comme menaçante, que ce soit dans le choix d'un aspirateur ou dans l'affirmation que la terre tourne autour du soleil (ce qui a valu à Galilée une assignation à résidence à vie – Nicolas Copernic, initiateur de la théorie, a, quant à lui, eu la sagesse de mourir juste après l'avoir émise).

La créativité peut donc se révéler dangereuse, ce qui peut pousser à la fuir. Si, enfant, on vous a reproché les inventions fabuleuses que vous avez créées avec ce qu'il y avait dans le frigo, le jardin ou la cabane à outils, vous avez peut-être appris à garder pour vous ces fort intéressantes idées, à tel point que vous ne savez plus aujourd'hui comment les retenir quand elles surviennent. De plus, la plupart des psychologues et des neurobiologistes modernes s'accordent à dire, à l'instar de **Freud**, que la mémoire joue un rôle prépondérant dans la créativité, parce qu'apparemment tout est une affaire d'associations d'idées. Freud était célèbre pour encourager ses patients à recourir à « l'association libre », une technique qui consiste à passer d'une pensée à l'autre

« Dans une tête créatrice [...], l'entendement a retiré sa garde de devant les portes, les idées rentrent pêle-mêle et c'est seulement alors qu'il les examine dans leur ensemble. »
Friedrich Schiller, cité par Sigmund Freud dans *L'Interprétation des Rêves*

L'expérience de la bougie de Karl Duncker

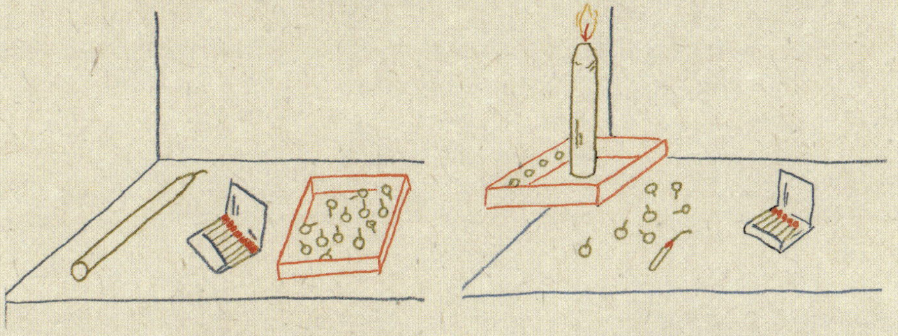

Avant — Après

Karl Duncker, théoricien de la psychologie de la forme ou gestaltisme, a inventé une expérience destinée à mesurer la capacité à penser autrement, qui aurait des répercussions sur la créativité. En effet, si la pensée ne fréquente que les sentiers battus, rien de nouveau ne peut surgir, et l'innovation est une partie essentielle de la créativité. On peut trouver une solution plus ou moins valable – inutile de multiplier des idées déconnectées de la réalité ou incapables de résoudre un problème. Même en musique ou en littérature, la créativité a besoin de cohérence, de forme et de quelque principe directeur.

L'expérience de Duncker était très simple. Il a donné à chacun des sujets une bougie, une pochette d'allumettes et une boîte de punaises, et leur a demandé de fixer la bougie sur un mur tapissé de liège de manière à ce qu'une fois la bougie allumée, la cire ne coule pas sur le sol.

La solution est la suivante : vider la boîte de punaises, en utiliser quelques-unes pour fixer la boîte au mur, puis mettre la bougie debout dans la boîte et l'allumer. Ceux qui souffrent de « fixité fonctionnelle » ne verront pas, semble-t-il, que la boîte contenant les punaises peut être utilisée séparément et risquent d'essayer en vain de fixer la bougie au mur avec des punaises trop courtes. On peut toujours essayer, non ? Apparemment non. Ce n'est pas créatif, c'est complètement idiot. On pourrait dire qu'avec la solution « correcte », la bougie n'est pas vraiment fixée au mur, c'est la boîte. C'est de la triche ! N'a-t-il pas dit qu'il fallait fixer la bougie au mur ? Hélas, on aura beau argumenter, ce sera dans le vide, malgré la créativité inhérente de solutions alternatives.

« Le commun des mortels ne rejette pas des idées créatives par malice ou par entêtement. C'est plutôt qu'ils ne voient pas, ou refusent de voir, que l'idée proposée représente une pensée pertinente et évoluée. » Robert Sternberg et Todd Lubart

et à les exprimer à haute voix. En étant attentif à toutes les « idées involontaires » qui surgissaient au fil des associations, Freud était en mesure d'analyser les tourments de ses patients.

Les idées créatives ressemblent beaucoup à cela : elles surgissent, dit Freud, quand on fait taire son Moi rationnel et qu'on laisse des connexions plus irrationnelles, inconscientes, s'établir et faire surface. Il s'agira moins ici d'essayer de faire quelque chose, que « d'arrêter les frais », et c'est exactement le genre de pensée moins fixe qui plairait à Duncker (voir p.169)

Comment ça marche ?

Le spécialiste en neurosciences cognitives **Włodzisław Duch** affirme que la pensée créative fonctionne selon des processus identifiables dans le cerveau. Tout commence par une période préparatoire au cours de laquelle on présente consciemment (à son cerveau) toutes les informations pertinentes, ce qui active les circuits neuronaux correspondants dans la zone du langage et va aussi interagir avec d'autres zones liées aux stimuli extérieurs (ou *inputs*) visuels, auditifs, somato-sensoriels et moteurs. Ces « sous-réseaux » sont désormais amorcés et commencent à s'activer, s'excitant mutuellement (plus d'activité) et formant toutes sortes de connexions tout en en inhibant d'autres. En cas de problème vraiment ardu, Dutch conseille de prendre son temps, car on aura besoin de « périodes d'incubation » pendant lesquelles l'activité soutenue des circuits cérébraux signifie que l'on fait beaucoup d'associations éphémères ; certaines vivront peu et mourront vite, d'autres seront remarquées et mémorisées. Dutch souligne que le stade d'incubation est ce que l'on a coutume d'appeler « l'imagination » et, semble-t-il, un processus largement inconscient. À ce stade peuvent succéder des jours entiers d'impasse et même de désespoir, l'inhibition prenant temporairement les rênes. Paradoxalement, c'est une bonne chose : ce faisant, on réduit l'activité des circuits cérébraux d'amorçage pour en recruter de nouveaux qui pourraient se révéler utiles. Pendant ce temps, les associations les plus intéressantes parviennent à l'attention du bout de cerveau « exécutif central » et sont amplifiés par des filtres émotionnels, ce qui conduit à de nouvelles associations et un feu d'artifice de brillantes idées. Et voilà !

« Nous sommes tous d'accord, votre théorie est folle. La question qui nous divise, c'est de savoir si elle l'est suffisamment. »
Niels Bohr

Comment puis-je apprendre à faire mieux ?

Pour les psychologues **Robert Sternberg** et **Todd Lubart**, il y a choses que l'on peut faire pour accompagner le processus de combinaison imagination-filtre décrit par Dutch. Premièrement, il faut maîtriser le sujet au mieux, car on ne peut pas dépasser un champ de connaissances si on en ignore l'original. Deuxièmement, il faut pratiquer certaines compétences intellectuelles, dont la capacité à envisager les choses de divers points de vue et à reconnaître les idées qui en valent la peine. Troisièmement, il faut adopter un style de pensée « législatif » c'est-à-dire penser neuf et penser bien, pas neuf et idiot. Quatrièmement, il faut cultiver certains traits de personnalité : être obstiné, croire en soi et être prêt à affronter les obstacles. Cinquièmement, il faut si possible trouver un environnement favorable. Sixièmement enfin, il faut avoir le désir intrinsèque de le faire ; il faut être vraiment motivé.

L'un des pionniers de la recherche sur la créativité, **Ellis Paul Torrance**, disait que cette motivation était capitale. Il a suivi deux cent onze personnes pendant plus de vingt-deux ans pour une étude sur la créativité de l'enfance à l'âge adulte. L'une des sources de créativité les plus importantes, d'après lui, *« semble de tomber amoureux de quelque chose – un rêve, une vision de l'avenir »*. Certains ont un rêve et une vision claire de l'avenir, mais ils n'en sont pas amoureux – ils ont l'impression que ce n'est « pas vraiment eux ». Alors si on veut une Créativité, Torrance dit qu'il faut d'abord chercher notre identité véritable, puis identifier ce que l'on aime véritablement, et foncer. Ainsi, on éliminera automatiquement tous les conseils de Sternberg et Lubart sans même avoir l'impression de faire un effort. Ce sera comme une partie de plaisir.

Bien sûr, dit Freud, notre créativité est liée au jeu ; tous les enfants jouent et laissent libre cours à leur imagination, mais, devenu adulte, on comprend qu'il faut « grandir », et on garde pour soi les fantaisies qui surgissent encore dans les rêves et rêveries.

Pour lui, nos *« pensées involontaires »* risquent de rencontrer une résistance des plus violentes et, d'abord et avant tout, la nôtre. Il décrivait un individu créatif comme un *« rêveur éveillé »*, ce qui indique la dangereuse vulnérabilité de la démarche créative. Aussi la question n'est-elle peut-être pas de savoir si l'on peut être plus créatif, mais si on l'ose...

Concepts clés

La pensée créative
– Karl Duncker

Le processus créatif
– Włodzisław Duch

Parler en public, quel enfer !

Alfred Adler

Prendre la parole en public semble tétaniser bien des gens. D'après une étude menée en 2015 aux États-Unis et au Royaume-Uni, cette angoisse arrive en tête des peurs, avant celle des araignées, de l'eau, des espaces clos, du vide, de l'avion, etc. La plupart d'entre nous se contentent donc d'éviter d'avoir à le faire, sans se rendre compte que l'évitement n'est pas la meilleure stratégie pour lutter contre ses anxiétés, il aurait même tendance à l'accentuer. Alors, pour contrer cette peur, que faut-il faire ?

Si on effectue une recherche rapide sur Internet, on trouve rapidement tout un tas d'astuces pour surmonter sa peur de parler en public. « Maîtrisez votre sujet sur le bout des doigts » est un classique, censé vous aider à retrouver le fil de votre exposé si vous êtes perdu.e ou si vous hésitez. (Ou comment accentuer la panique : « Je ne saurai jamais tout ce qu'il y a à savoir ! ») Une idée qui revient souvent aussi est « Entraînez-vous, encore et encore ! », ce qui sous-entend que parler en public est si difficile que vous feriez aussi bien de vous mettre au golf. « Faites abstraction du public » est un autre conseil courant, comme si cela allait vous permettre subitement de ne plus avoir peur des personnes en face de vous. (Le déni est un mécanisme de défense utile dans certains cas, mais nier l'existence d'un public représente un sacré défi.)

Dans les faits, il suffit d'essayer de mettre ces conseils en pratique pour se renfermer encore davantage dans ses pensées, et de porter un jugement sévère sur soi-même en se disant qu'on est « en train de tout gâcher ». Il se peut alors que l'on décide de se débarrasser de son discours ou de son exposé au plus vite ; on se met à parler de plus en plus vite, ce qui a pour effet de provoquer une respiration rapide et saccadée... qui ne fait qu'accentuer l'angoisse. La crise de panique semble toute proche. Les membres du public, quant à eux, n'ont pas conscience du problème et sont peut-être assis tranquillement, écoutant attentivement votre discours qu'ils trouvent passionnant, chose qui, bien sûr, ne vous a même pas effleuré l'esprit.

Un complexe d'infériorité

L'angoisse se nourrit d'elle-même, en un cercle vicieux, à moins qu'on ne parvienne à interrompre le processus ou à l'arrêter dès qu'il se manifeste. Le psychanalyste **Alfred Adler** en a fait l'expérience très jeune. Enfant à la santé fragile, il a failli mourir d'une pneumonie à l'âge de cinq ans. L'impression d'impuissance qui l'a alors assailli a joué un rôle clé dans sa vision de la construction du Moi. Selon lui, un sentiment d'infériorité se développe chez tous les enfants, car à un moment donné, ils se rendent compte de leur impuissance. C'est alors les efforts déployés pour obtenir le pouvoir ou les compétences qui leur font défaut qui dirigent leurs vies. Pour Adler, nous nous efforçons tous d'atteindre un but qui nous donnera un sentiment de puissance, de supériorité et d'achèvement. Et si cette image perfectionniste s'avère hors d'atteinte, nous risquons de souffrir d'un complexe d'infériorité.

Adler expliquait également que notre esprit intègre tous les éléments qui se présentent à lui (dont ce que l'on dit de nous), mais qu'il est aussi constructif : nous rassemblons des faits et leur attribuons une signification ; la vie n'aurait aucun sens si nous ne lui en conférions pas un au fur et à mesure. Toutefois, il nous arrive de tirer des conclusions d'un événement en y introduisant une part d'auto-évaluation, qui finit par devenir une composante de notre vision de nous-mêmes. Par exemple, un enfant qu'on juge constamment et qu'on estime ne pas être à la hauteur en déduira que quelque chose ne va pas chez lui ; et chaque fois qu'on lui reprochera à grands cris d'avoir échoué, cela confirmera que la conclusion à laquelle il est parvenu – à savoir « je suis inutile » ou « je suis stupide » – est juste. Cela devient une partie intégrante de ce qu'Adler nommait l'*« intelligence privée »* ou logique personnelle de chacun à propose de « qui je suis ». Elle est remplie de distorsions, mais nous ne les détectons pas. Tout paraît logique et mûrement réfléchi, mais ce n'est en réalité qu'un agrégat d'*a priori*, pas de vérités. Elle se base sur la façon immature qu'a l'enfant de comprendre les événements et est autocentrée. Elle est

Adler propose de faire comme si vous étiez un brillant orateur, comme Barack Obama. Cela vous aidera à parler naturellement et aisément de façon fluide et claire.

incapable d'envisager les autres explications possibles, comme l'idée que l'adulte qui s'est montré critiqué était peut-être fatigué, malade ou de mauvaise humeur. Une fois que nous sommes arrivés à une conclusion (« je suis inutile »), nous interprétons les situations qui semblent aller dans ce sens comme des preuves que nous avons raison de nous croire inutiles.

Le biais de confirmation de l'esprit humain implique qu'à partir de ce moment-là, nous n'analysons plus les événements et les réactions des autres qu'à travers un angle qui confirme la vision que nous avons de nous-mêmes. Nous sommes tellement focalisés sur cette idée de confirmation que nous nous retrouvons

« N'ayez pas peur de faire des erreurs, car il n'y a pas d'autre moyen d'apprendre à vivre ! »
Alfred Adler

incapables de modifier l'image que nous nous sommées créée de nous-mêmes. Si cette image dit «Je ne peux pas parler en public», il va être difficile de changer les choses, car l'idée est intégrée dans notre vision de nous-mêmes. Étonnamment, ce serait notre manière de surmonter notre sentiment d'infériorité originel, selon Adler, car nous montrons ici à quel point nous avons raison. Cela nous donne l'impression d'être supérieurs, même si le moyen que nous utilisons pour le prouver (l'angoisse devant un public) semble dire le contraire.

Faire «comme si»

Adler a mis en place plusieurs approches thérapeutiques pour modifier la vision erronée que nous avons de nous-mêmes depuis tant de temps. L'une de ces techniques, qui consiste à faire «comme si», est un bon point de départ. Dans toute situation où nous aimerions agir différemment, Adler proposait de faire comme les enfants qui se déguisent en docteur ou en sorcière, et qui prennent leur rôle tellement au sérieux qu'ils se confondent momentanément avec leur personnage. Faites «comme si» vous étiez la personne que vous voulez être, préconisait-il, car *«quand on commence à agir différemment et à se sentir différent, on devient différent»*. Au lieu de chercher à vous souvenir d'une liste de choses à effectuer à la perfection pendant votre discours, faites simplement semblant d'être quelqu'un qui parle avec calme et aisance, comme Barack Obama, par exemple. Adoptez sa posture et sa voix, et observez ce qu'il se passe. Adler prétendait que si vous agissez comme si vous étiez confiant.e, assuré.e et extraverti.e – ou quelque qualité dont vous pensez être dépourvu.e –, vous le serez.

C'est une manière de laisser votre corps et votre comportement montrer le chemin ; votre esprit les rattrapera plus tard et intégrera cette nouvelle façon d'agir, qui deviendra à terme une habitude. On peut ainsi utiliser une nouvelle attitude pour se forger de nouvelles croyances sur ce que nous sommes et ce que nous faisons.

Les bienfaits de l'échec

Il existe une autre approche, qui nous oblige à aborder la question de façon radicalement différente. Le professeur de pleine conscience Gil Fronsdal vous raconterait l'histoire d'un maître de méditation très réputé, qui a subi un échec retentissant alors qu'elle donnait un discours lors d'un événement prestigieux. Elle était âgée et très fatiguée, après avoir pris soin de son partenaire malade pendant de longs mois, et elle avait conduit toute la nuit pour se présenter au colloque. Sur scène, elle s'est montrée à plusieurs reprises incapable de poursuivre son discours. Le public a commencé à s'agiter et une personne s'est levée. «Attendez, a-t-elle dit, vous êtes en train d'assister à quelque chose d'important, vous êtes les témoins de l'échec de l'un des plus vieux maîtres du bouddhisme en Amérique.» Ce qui était incroyable, dirait Fronsdal, c'était sa façon très

> *«Être humain signifie se sentir inférieur.»*
> Alfred Adler

« Autorisez-vous à vivre ce moment exactement tel qu'il est, et d'être exactement qui vous êtes. »
Jon Kabat-Zinn (professeur de pleine conscience)

calme de reconnaître son échec ; elle n'a pas cherché à se défendre ou à nier l'évidence, elle l'a simplement acceptée. Son rapport apaisé à l'échec s'est avéré une leçon bien plus puissante que n'importe quel discours.

« Comment réagissons-nous face à l'échec », s'interroge Fronsdal ? Selon lui, nous pouvons le découvrir grâce à la méditation, car lorsque nous tentons de nous concentrer sur notre respiration, par exemple, nous nous rendons compte que chaque fois que nous essayons de focaliser notre attention sur le souffle, notre esprit s'évade. Que se passe-t-il alors ? Nous mettons-nous en colère, essayons-nous encore ou abandonnons-nous ? La méditation nous donne l'opportunité de nous confronter à l'échec et de prendre conscience de la façon dont nous y réagissons. Peut-être verrons-nous passer des pensées automatiques telles que « Je suis inutile, j'échoue même à ça », mais désormais, nous serons en mesure de *voir* cette pensée, clairement, et de faire remonter à la surface, peut-être pour la première fois, ces postulats cachés que nous avons à propos de nous-mêmes. Accéder à l'échec à travers la méditation nous offre un moyen sans danger de l'expérimenter, car elle permet d'admettre l'échec, de comprendre que ce n'est pas grave, et qu'on peut retourner à nos occupations après. On peut ainsi apprendre à accepter l'échec. Une fois qu'on y est parvenu, il n'y a plus de raison d'avoir peur de quoi que ce soit.

Concepts clés

Faire « comme si »
– Alfred Adler

Accepter l'échec
– L'approche de la pleine conscience

Dois-je faire du droit, comme le veut mon père, ou créer un groupe de rock ?

Karen Horney • Abraham Maslow • Carl Rogers

Au risque de déplaire à votre père, vous aurez le soutien absolu de tous les psychothérapeutes humanistes, car ils tiennent l'accomplissement personnel pour le but ultime de toute vie humaine. Mais cela n'a rien de facile, car cela implique que vous reconnaissiez qui vous êtes réellement derrière toutes les défenses que vous avez érigées au cours de votre vie. Vous avez peut-être l'impression que votre souhait émane d'un désir authentique, mais Karen Horney prétendait qu'au moins trois « moi » sont à l'œuvre en nous : un vrai moi, un moi idéalisé et un moi méprisé. Alors, lequel des trois rêve de devenir une star du rock ?

La notion d'*authenticité* n'est pas nouvelle. Dans la Grèce antique, Aristote expliquait que l'âme humaine porte en elle un potentiel qui doit être déployé, et que c'est le but ultime de la vie. Cette idée a été reprise par les psychologues humanistes et existentialistes, qui ne se sont pas uniquement intéressés aux patients souffrant de névroses, comme le faisait Freud, mais aussi à ceux qui se sentaient relativement bien, mais qui attendaient davantage de la vie, qui voulaient la vivre pleinement.

L'accomplissement personnel

C'est l'analyste allemande **Karen Horney** qui a établi le pont entre les approches psychanalytique et humaniste de la question. Elle était en désaccord avec Freud sur de nombreux points, et elle pensait notamment que les notions de sûreté et de sécurité sont bien plus importantes dans la construction de soi que les désirs sexuels. Horney croyait également que, dès la naissance, nous tendons vers l'accomplissement personnel, mais que des facteurs sociaux (dont les souhaits des parents et les normes sociales) viennent parasiter notre développement et nous éloignent du chemin que nous aurions pris naturellement.

Selon Horney, nous naissons tous avec un moi intrinsèque et son développement initial dépend de la manière dont nous sommes « en accord » avec nos parents. Si nous sommes très semblables à eux, nous grandissons et devenons naturellement la personne que nous étions destinés à être à la naissance ; mais si nous sommes différents, nous sommes façonnés par eux et développons un moi éloigné de notre moi initial. Cette sensation d'être modelés nous procure une angoisse profonde, qui altère notre capacité à nous montrer spontanés avec les autres. Elle nous oblige aussi à dissimuler nos véritables sentiments et à adopter une attitude conforme à celle qu'on attend de nous.

C'est là que nous nous montrons créatifs. D'après Horney, nous développons trois formes de moi : le vrai moi, le moi idéalisé et le moi méprisé. Le vrai moi correspond

à un ensemble de potentialités et de dispositions génétiquement données, qui se déploieront en fonction de l'environnement dans lequel nous vivons. Ce vrai moi contient notre caractère, nos talents et prédispositions, et, s'il est déployé dans des conditions favorables, il livrera tout son potentiel. Toutefois, la plupart des gens n'ayant pas un départ idéal dans la vie (peu de parents vivent une existence idéale eux-mêmes), le vrai moi n'est qu'un « moi potentiel », qui aurait pu se développer dans cet univers parallèle idéal. À la place, la plupart d'entre nous développent un « moi idéalisé », né de notre besoin angoissé de nous conformer et qui est en quelque sorte une position de défense pour pouvoir avancer dans la vie.

Le moi idéalisé

Le moi idéalisé de Horney (celui que nous présentons aux autres) peut prendre trois formes : la conformité, l'agressivité ou le détachement. Les personnes conformes se voient comme aimantes, attentionnées et indulgentes. Celles qui sont agressives adoptent un moi idéalisé qui cherche à être puissant et impitoyable, et à triompher sur tous les fronts. Enfin, ceux qui ont un moi détaché s'éloignent des autres, ils apprécient la liberté et l'indépendance et ne demandent jamais d'aide à personne.

Puisque ces moi défensifs sont idéalisés, il y a un revers majeur. Il nous est impossible d'être à la hauteur de ces idéaux, et nous nous méprisons pour cela. Le moi méprisé prend le dessus lorsque nous ne parvenons pas à atteindre les objectifs irréalistes que nous nous sommes fixés, et il est responsable de nos accès d'autodépréciation. C'est également lui qui nous pousse à nous autoflageller avec la « tyrannie des devoirs ». Il s'agit de ces situations courantes (peut-être quotidiennes) où l'on se dit à soi-même « Je devrais faire... ». Alors on s'exécute, même si on n'en a pas envie, ou bien on ignore les « devoirs » et on se sent étrangement coupable.

Horney estimait que l'un des buts principaux de la psychothérapie était d'aider les gens à se détacher de leur moi idéalisé – et par là même, le moi méprisé – et à s'accepter tels qu'ils sont réellement, avec leurs qualités et leurs défauts. Pourtant, il semble incroyablement difficile de se détacher de cette vision séduisante que nous avons de nous-mêmes. Il est tellement agréable d'être la personne aimante, de recevoir les félicitations de son chef tout-puissant, ou de parcourir le monde librement... C'est de là que vient votre problème : lorsque nous souhaitons quelque chose, comme monter un groupe de rock, comment savoir si cela émane du vrai moi ou du moi idéalisé ? Même en mettant de côté la sécurité financière et les conseils de votre père afin de suivre votre propre voie, comment savoir si ce vœu est authentique ?

Le moi authentique

Abraham Maslow a décidé de s'attaquer à la question du moi authentique. Comme Horney, il pensait qu'on peut apercevoir le vrai moi dans certaines circonstances. Mais si Horney pensait qu'il n'était accessible qu'à travers la thérapie, Maslow prétendait qu'il se montre lors des « expériences paroxystiques ». Il s'agit pour lui de moments soudains de joie et de bien-être intenses, qui nous emplissent d'émerveillement. Nous nous sentons en totale harmonie avec nous-mêmes et avec le monde, nous vivons une véritable extase. Ces moments peuvent surgir d'un rien, expliquait Maslow, comme lorsqu'une mère regarde son nouveau-né avec un amour émerveillé et inconditionnel. C'est un instant d'acceptation totale et absolue. Cette idée a plus tard été reprise dans la notion de flux, ou *flow*, dans les travaux de Mihaly Csikszentmihalyi, pour qui cet état d'absorption entière et de joie spontanée était la preuve d'une passion réelle pour ce que l'on est en train de faire. Cette quête d'accomplissement de soi et d'authenticité a aussi donné naissance à la psychothérapie non-directive, « centrée sur le patient » établie par **Carl Rogers**. Selon lui, la seule personne à même de savoir ce qui est bon pour elle en termes d'accomplissement de soi est le patient lui-même.

Alors, peut-être la question que vous devez vous poser est-elle : comment vous sentez-vous lorsque vous jouez de la guitare ? Avez-vous l'impression de faire un avec l'univers, de vous sentir hors du temps et de l'espace ? Devez-vous vous forcer à vous exercer en gardant en tête votre rêve de gloire, ou prenez-vous votre guitare sans même y penser ? Maslow vous inviterait également à vous demander où vous vous trouvez dans sa hiérarchie des besoins (voir p. 54) avant d'effectuer un choix de carrière, car vous avez besoin de nourriture et de sécurité avant de rechercher l'accomplissement, et peut-être votre père se concentre-t-il sur le niveau le plus bas de l'échelle. Il se préoccupe avant tout de vous maintenir en vie et de vous mettre à l'abri, tout le reste est du bonus. Vous, en revanche, avez peut-être les yeux rivés sur le sommet de la pyramide.

Concepts clés

Le moi idéalisé
– Karen Horney

La thérapie centrée sur le patient
– Carl Rogers

« L'image idéalisée est un obstacle volontaire à son propre développement, car elle nie l'existence des défauts ou les condamne. »

J'ai du mal à gérer les moments difficiles...

Martin Seligman • Viktor Frankl • Boris Cyrulnik • Stephen Joseph • Irving Yalom

« *La vie est difficile.* » Ainsi s'ouvre le célèbre ouvrage de Scott Peck, *Le Chemin le moins fréquenté*. Cette idée semble aller à contre-courant de celle communément admise selon laquelle il faut « penser de façon positive », ce qui implique de tourner le dos aux difficultés de la vie, mais les théoriciens de la résilience affirment que c'est en réunissant ces deux conceptions qu'on peut évoluer et se transformer. La vie est difficile, confirment-ils, mais si nous accueillons l'adversité avec optimisme et foi en nous-mêmes, notre vie s'en trouvera changée pour le meilleur.

La résilience est la capacité à rebondir après une épreuve ou un malheur. C'est la différence entre sombrer dans la dépression après un an de chômage et envisager une reconversion. C'est la capacité à endurer les mauvaises nouvelles, qu'il s'agisse d'une rupture amoureuse ou de la mort d'un proche, sans se laisser envahir par le désespoir. Pour les gens qui ont traversé de longues périodes de souffrance, ou qui ont vécu un événement traumatisant, comme une agression physique, c'est le refus de laisser le traumatisme diriger sa vie. La résilience est entêtée, mais ni aveugle ni obnubilée. C'est ce qui surgit des profondeurs du désespoir pour remettre la vie sur ses rails, mais lorsque cela se produit, il s'avère souvent que la voie n'est plus la même. Voilà pourquoi plusieurs chercheurs définissent la résilience comme la capacité à s'adapter, mais aussi comme un ensemble de compétences et d'aptitudes.

L'impuissance acquise

Martin Seligman, qu'on présente souvent comme le père de la *psychologie positive*, est arrivé à la résilience en étudiant l'impuissance. Dans une expérience menée en 1975, il a placé trois groupes de personnes dans des pièces différentes d'où ils ne pouvaient pas s'échapper. Il a fait subir au premier groupe un bruit fort qui s'arrêtait lorsqu'on appuyait sur un bouton quatre fois, le second entendait également un bruit fort qui cessait de manière aléatoire et indépendante de leurs tentatives d'arrêt, et le troisième n'entendait rien. Un peu plus tard, il a fait subir aux trois groupes un bruit fort, mais en leur disant qu'ils pouvaient l'arrêter en tirant simplement un levier. Le premier et le troisième groupe ont fait cesser le bruit facilement, mais les membres du deuxième groupe n'ont rien fait : convaincus que leurs efforts ne serviraient à rien, ils ont renoncé à essayer. Cette démonstration de l'« impuissance (ou résignation) acquise » a fourni des données importantes pour l'étude de la dépression et de la motivation, mais l'expérience a aussi fait ressortir un élément étonnant. Environ un tiers des gens (et des animaux) ayant participé à des expériences de ce genre ne se sont pas résignés. Ils n'ont jamais cessé leurs efforts. Qu'est-ce qui les différenciait des autres ?

« La résilience : un tricot qui noue une laine développementale avec une laine affective et sociale. »
Boris Cyrulnik

Apprendre à gérer le stress

Dès notre plus jeune âge, nous sommes confrontés au stress, par petites touches, ce qui nous permet d'apprendre à le surmonter. Avec le soutien bienveillant des adultes qui nous entourent, nous comprenons qu'il est possible d'attendre un biberon pendant cinq minutes sans qu'un drame ne se produise ! À l'inverse, si un tout-petit pleure pendant des heures sans que personne ne vienne jamais à son secours, il va cesser de pleurer (comme les adultes qui ont renoncé à essayer d'arrêter le bruit). Quand un nourrisson fait ce qu'il peut pour obtenir de l'aide, mais qu'il ne reçoit aucune réponse, il apprend rapidement à ne plus pleurer.

Les chercheurs ont identifié deux éléments essentiels durant l'enfance qui permettent le développement de la résilience chez l'enfant et l'adulte : la qualité et la force du lien avec les personnes bienveillantes (qui répondent aux pleurs), et les messages qu'on nous transmet sur la manière d'appréhender et de réagir face à l'adversité. Si nous nous sentons soutenus et qu'on nous enseigne à voir les difficultés comme des obstacles temporaires qui seront dépassés, nous aurons tendance à nous sentir résilients « naturellement », même si on nous l'a enseigné. En revanche, si nous avons été peu soutenus et guidés dans notre enfance et si nous avons souvent eu l'impression d'être incapables de contrôler nos vies, une forme d'« impuissance acquise » s'installe et ressurgit lorsqu'une difficulté se présente à l'âge adulte.

La résilience acquise

Et, bonne nouvelle, l'impuissance acquise a été « apprise », ce qui signifie qu'on peut réapprendre différemment. Il est possible d'accroître sa résilience à tout âge de la vie. Pour Seligman, le meilleur moyen d'y parvenir est l'« optimisme acquis ». En interrogeant les sujets de ses expériences qui ne se montraient jamais résignés sur leur manière de penser, il s'est rendu compte qu'ils avaient une approche différente de la permanence, de la généralisation et de la personnalisation. Confrontés à une épreuve, ils avaient tendance à se dire : « C'est temporaire, ça ne concerne que cette situation et je peux changer la donne. » Ceux qui se laissaient gagner par l'impuissance et renonçaient pensaient plutôt : « Ça ne s'arrêtera jamais, ça va miner tout ce que j'entreprends et je ne peux rien y faire. » La première façon de penser procure un sentiment de contrôle et de puissance, tandis que la deuxième détruit toute impression de maîtrise. Ce « lieu de maîtrise » est tout aussi important que le sentiment d'optimisme, et il est intéressant

Des pensées stimulantes pour construire la résilience

Repérez les croyances fausses et stériles
« Je ne trouverai jamais d'emploi. »

↓

Évaluez leur exactitude
« Qu'est-ce qui prouve que je n'y arriverai "jamais" ? »

↓

Remplacez-les par des pensées plus justes et constructives
« C'est difficile, mais l'économie est au plus bas et cela prendra peut-être plus de temps. »

de noter que tout cela découle d'une décision personnelle, pas d'un fait extérieur. Il est en notre pouvoir de changer les choses.

Seligman a conçu un cours destiné à élever le degré de résilience de ses élèves, dans lequel il leur enseigne les techniques cognitivo-comportementales et les méthodes de résolution de problèmes nécessaires pour transformer l'impuissance acquise en résilience. Durant le programme, il encourage les étudiants à repérer leurs croyances fausses et stériles («Je ne trouverai jamais d'emploi.»), à évaluer leur exactitude (« Qu'est-ce qui prouve que je n'y arriverai "jamais"? »), et à les remplacer par des pensées plus justes et constructives (« C'est difficile, mais l'économie est au plus bas et cela prendra peut-être plus de temps.»). D'autres psychologues proposent de prêter délibérément attention aux aspects positifs, comme la famille, les amis, un bon plat, la musique..., pour rééquilibrer notre vision de ce qui nous entoure. En insistant sur ce qui est positif, les difficultés paraissent moins oppressantes. Faites appel à l'humour, aussi, car il apaise les tensions et laisse entrer une sorte de jeu créatif dans nos pensées. Il réveille la détermination et fait paraître les difficultés moins importantes.

Les bienfaits de l'adversité

Il semblerait que la résilience puissent naître de la compréhension que ce ne sont pas les événements eux-mêmes qui nous blessent ou nous submergent psychologiquement, mais le sens que nous leur donnons, comme l'a compris le psychothérapeute **Viktor Frankl** après avoir survécu aux camps d'extermination (voir p. 156). Lorsqu'il nous est impossible de modifier la situation dans le monde extérieur, c'est notre monde intérieur qu'il faut changer;

> *« Mais quand l'épreuve arrive, faut-il nous y soumettre ?*
> *Et si nous combattons, quelles armes sont les nôtres ? »*
> Boris Cyrulnik

« On peut tout enlever à un homme sauf une chose : la dernière des libertés humaines, choisir son attitude face à n'importe quelle circonstance de l'existence, choisir sa propre voie. »
Viktor Frankl

c'est la force d'adaptation de la résilience. Même si nous avons tout perdu, il nous reste la capacité de choisir et de contrôler nos pensées. Nous pouvons décider d'interpréter les événements de façon opposée à celle qui paraît la plus évidente ou que les autres essaient de nous imposer. Nous pouvons contrôler notre monde intérieur, même dans les pires moments, en décidant du sens à donner aux événements.

Le psychanalyste **Boris Cyrulnik** a passé la majeure partie de sa carrière auprès de victimes de traumatismes, qu'il s'agisse de survivants du génocide rwandais ou d'enfants des rues du Brésil. Ayant survécu à la Seconde Guerre mondiale en se cachant après que ses parents ont été déportés à Auschwitz, il est lui-même concerné par le traumatisme et la résilience. Il dit que la résilience de ceux qui ont survécu à un traumatisme représente un paradoxe, car leur souffrance est réelle et incessante, mais *« au lieu de déclencher un gémissement, elle provoque un défi »*. Il y a un embranchement sur la route, explique Seligman, où il faut prendre des décisions existentielles : faut-il renoncer ou décider d'aller de l'avant ? Tout changement extrême ouvre de nouvelles portes. Si nous sommes paralysés par la douleur, nous serons incapables d'aller voir ce qu'il y a derrière la porte, mais si nous nous disons « Je vais surmonter tout ça », nous presserons la poignée et découvrirons peut-être quelque chose de formidable, peut-être même le but de la vie, que nous avons toujours voulu trouver.

La capacité du traumatisme à faire naître une forme d'accomplissement personnel a été récemment mise en évidence dans plusieurs domaines. Le psychologue **Stephen Joseph** a eu la surprise de constater que 43 % des gens ayant survécu au naufrage du *Herald of Free Enterprise* (Royaume-Uni, 1987) affirmait avoir désormais un regard plus positif sur la vie. Le psychothérapeute **Irving Yalom** évoque quant à lui les personnes qui se lamentent : « Quel dommage qu'il ait fallu attendre que j'aie un cancer pour apprendre à vivre ! » Des études ont montré qu'il existe une « croissance post-traumatique » après de nombreux drames, parmi lesquels la maladie, le deuil, les agressions sexuelles, les attaques terroristes et les combats armés. Face à l'adversité extrême, toutes nos priorités et notre philosophie de la vie peuvent se trouver changées, et nous offrir une lucidité et des objectifs exceptionnels si nous avons le courage de prendre ce nouveau chemin. La résilience est apprise, mais c'est aussi un choix. Peut-être, comme le disait Freud, *« d'erreur en erreur, on découvre toute la vérité »*.

Concepts clés

La résilience acquise
– Martin Seligman
La croissance post-traumatique
– Stephen Joseph

Bibliographie

Chapitre 1

Je ne devrais pas, mais tu me donnes le dernier morceau de gâteau ?

Freud, A (1937) *The Ego and Mechanisms of Defence*. London: Hogarth Press and the Institute of Psycho-analysis

Freud, S (1960) *The Psychopathology of Everyday Life*. Standard edition (trans. J Strachey) Vol. 6 (1901). London: Hogarth Press

Freud, S (1961) *The Ego and the Id and Other Works*. Standard edition (trans. J Strachey) Vol. 19 (1923–1925). London: Hogarth Press

Freud, S (1963) *Introductory Lectures on Psycho-Analysis (Parts I and II)*. Standard edition (trans. J Strachey) Vol. 15 (1915–1916). London: Hogarth Press

Freud, S (1963) *Introductory Lectures on Psycho-Analysis (Part III)*. Standard edition (trans. J Strachey) Vol.16 (1916–1917). London: Hogarth Press

Nietzsche, F (2002 [1886]) *Beyond Good and Evil*. Cambridge: Cambridge University Press

J'aime rester tout.e seul.e dans mon coin. C'est bizarre ?

Jung, C G (1971 [1921]) *Psychological Types*. In *The Collected Works of C. G. Jung*, Vol. 6, 3rd edition (trans. H G Baynes). Princeton, NJ: Princeton University Press

Fishman I, Ng R and Bellugi U (2011) "Do extraverts process social stimuli differently from introverts?", *Cognitive Neuroscience*, vol. 2, no. 2, pp. 67–73

Myers, I B and Myers, P B (1995) *Gifts Differing*. Mountain View, CA: Jossey-Bass

Myers, D and Diener, E (1995) "Who is happy?", *Psychological Science*, vol. 6, no. 1, pp. 10–19

Myers Briggs, I (2000) *An Introduction to Type: A Guide to Understanding Your Results on the Myers–Briggs Type Indicator*. Oxford: Oxford Psychologists Press

Pourquoi est-ce que je fais toujours tout au dernier moment ?

Ariely, D and Wertenbroch, K (2002) "Procrastination, deadlines and performance: self-control by precommitment", *Psychological Science*, vol. 13, no. 3, pp. 219–224

Burkeman, O (2013) *The Antidote*. Edinburgh: Canongate Books

Freud, S (1990) *New Introductory Lectures on Psycho-Analysis*. New York: W W Norton & Co.

James, W (1935 [1886]) Letter to Carl Stumpf (1 Jan 1886), *The Thought and Character of William James*, Vol. 2. Westport, CT: Greenwood

Urban, T (2013) *Why Procrastinators Procrastinate*. New York: Wait But Why

Suis-je attentionné.e ou suis-je une carpette ?

Horney, K (1937) *The Neurotic Personality of Our Time*, 2nd edition. New York: W W Norton & Co.

Horney, K (1950) *Neurosis and Human Growth: The Struggle Toward Self-Realization*. New York: W W Norton & Co.

Satir, V (1988) *The New Peoplemaking*. Palo Alto, CA: Science and Behavior Books

Satir, V (1988) Interview for *Thinking Allowed with Dr. Jeffrey Mishlove*. Oakland, CA: Thinking Allowed Productions

Satir, V, Banmen, J, Gerber, J and Gomori, M (1991) *The Satir Model: Family Therapy and Beyond*. Palo Alto, CA: Science and Behavior Books

C'était juste une blague !

Arnold, M B (1960) *Emotion and Personality: Vol. 1, Psychological Aspects; Vol. 2, Neurological and Physiological Aspects*. New York: Columbia University Press

Beck, A, Davis, D and Freeman, A (2015) *Cognitive Therapy of Personality Disorders*, 3rd edition. New York: Guilford Press

Lazarus, R S (1991) "Progress on a cognitive-motivational-relational theory of emotion", *American Psychologist*, vol. 46, no. 8, pp. 819–834

Millon, T and Davis, R (1996) *Disorders of Personality: DSM IV and Beyond*, 2nd edition. New York: John Wiley & Sons

Scherer, K R, Shorr, A and Johnstone, T (eds) (2001) *Appraisal Processes in Emotion: Theory, Methods, Research*. Canary, NC: Oxford University Press

Pourquoi faut-il toujours que ça m'arrive ?

Damasio, A (1994) *Descartes' Error: Emotion, Reason, and the Human Brain*. New York: G P Putnam's Sons.

Damasio, A R (1999) *The Feeling of What Happens: Body and Emotion in the Making of Consciousness*. New York: Harcourt Brace

Deurzen-Smith, E van (1984) "Existential therapy", in W Dryden (ed.), *Individual Therapy in Britain*. London: Harper & Row.

Seligman, M E P (1991) *Learned Optimism: How to Change Your Mind and Your Life*. New York: Pocket Books

Watzlawick, P (1983) *The Situation is Hopeless, But Not Serious (The Pursuit of Unhappiness)*. New York: W W Norton & Co.

Il n'y a pas que le travail dans la vie

Csíkszentmihályi, M and Bennett, S (1971) "An exploratory model of play", *American Anthropologist*, vol. 73, pp. 45–58

Csíkszentmihályi, M (1975) *Beyond Boredom and Anxiety: Experiencing Flow in Work and Play*. Mountain View, CA: Jossey-Bass

Csíkszentmihályi, M (1990) *Flow*. New York: Harper & Row

Winnicott, D W (1989) *Playing and Reality*. London: Routledge

Winnicott, D (1990 [1986]) *Home Is Where We Start From*. New York: W W Norton & Co.

Si j'étais plus égoïste, est-ce que je m'éclaterais davantage ?

Camus, A (2006 [1956]) *La Chute*. *Paris* : éd. Gallimard

Lerner, M (1980) *The Belief in a Just World*. New York: Springer Science + Business Media

Lott, T (2009 [1996]) *The Scent of Dried Roses*. London: Penguin Books

Rowe, D (2003) *Depression: The Way Out of Your Prison*, 3rd edition. London: Routledge

Rowe, G and Gale, D (1991) "Only good people get depressed", *Self and Society*, vol. 19, no. 4, p. 1

Chapitre 2

Je regarde mon téléphone sans arrêt. J'aimerais réussir à me concentrer...

Broadbent, D E (1958) *Perception and Communication*. Oxford: Pergamon

Cherry, E C (1953) "Some experiments on the recognition of speech, with one and with two ears", *Journal of the Acoustical Society of America*, vol. 25, no. 5, pp. 975–979

Helmholtz, H von (1989 [1896]) *Physiological Optics* (2nd

German edition, trans. M Mackeben), in Nakayama, K and Mackeben, M (1989) *Vision Research*, vol. 29, no. 11, pp. 1631–1647
Skinner, B F (1938) *Behavior of Organisms*. New York: Appleton-Century-Crofts
Skinner, B F (1953) *The Possibility of a Science of Human Behavior*. New York: The Free House
Treisman, A M (1969) "Strategies and models of selective attention", *Psychological Review* vol. 76, no. 3, pp. 282–299
Treisman, A M (2014) *Anne Treisman*. Society for Neuroscience. Accessed online 20 November 2016: *https://www.sfn.org/~/media/SfN/Documents/TheHistoryofNeuroscience/Volume%208/AnneTreisman.ashx*
Wolfe, J and Robertson, L (2012) *From Perception to Consciousness: Searching w*

J'ai quarante ans et je rêve d'une Ferrari. Où est le problème ?

Erikson, E H (1963) *Childhood and Society*. New York: W W Norton & Co.
Erikson, E H (1974) *Dimensions of a New Identity*. New York: W W Norton & Co.
Jaques, E (1965) "Death and middle life crisis", *International Journal of Psychoanalysis*, vol. 46, pp. 502–514
Jensen, G H (2009) "Introduction to the Puer/Puella archetype". In S Porterfield, K Polette, K and T Baumlin (eds), *Perpetual Adolescence*. New York: Suny Press
Yalom, I (2008) *Staring at the Sun*. Mountain View, CA: Jossey-Bass.

Je suis d'un naturel calme, mais au volant, je suis parfois pris.e de fureur.

Fields, D (2015) *Why We Snap*. New York: Penguin Random House
Kahneman, D (2011) *Thinking, Fast and Slow*. London: Penguin
Panksepp, J (1998) *Affective Neuroscience*. Oxford: Oxford University Press
Panksepp, J and Biven, L (2012) *The Archaeology of Mind: Neuroevolutionary Origins of Human Emotions*. New York: W W Norton & Co.
Verduin, J (2013) *Fire and Ashes*. Podcast, 7 July. Redwood, CA: Insight Meditation Center

Pourquoi fais-je tout ça bénévolement ?

Adler, A (1956) *The Individual Psychology of Alfred Adler* (ed. H. Ansbacher and R. Ansbacher). New York: Basic Books
Adler, A (1997) *Understanding Life*. Oxford: Oneworld Publications (first published as *The Science of Living*, 1927)
Freud, S (1922) *Beyond the Pleasure Principle* (trans. C J M Hubback). London: International Psycho-Analytical Press
Maslow, A H (1970) *Motivation and Personality*. New York: Harper & Row
Maslow, A H (1973) *Dominance, Self-esteem, Self-actualization: Germinal Papers of A. H. Maslow*. Monterey, CA: Brooks/Cole
Senay, I, Albarracín, D and Noguchi, K (2010) "Motivating goal-directed behavior through introspective self-talk: the role of the interrogative form of simple future tense", *Psychological Science*, vol. 21, no. 4, pp. 499–504

Je mens toujours quand elle demande : « Est-ce que ça me fait de grosses fesses ? » Pourquoi ?

Berne, E (1964) *Games People Play: The Psychology of Human Relationships*. New York: Grove Press
Berne, E (1973) *What Do You Say After You Say Hello? The Psychology of Human Destiny*. Toronto: Bantam Books
Laing, R D (1970) *Knots*. New York: Vintage
Spitz, R A (1945) "Hospitalism: An inquiry into the genesis of psychiatric conditions in early childhood", *Psychoanalytic Study of the Child*, vol. 1, pp. 53–74
Spitz, R A (1965) *The First Year of Life: A Psychoanalytic Study of Normal and Deviant Development of Object Relations*. New York: International Universities Press.

J'ai peur de l'avion. Que puis-je faire ?

American Psychological Association (2000) "Specific phobias", in *Diagnostic and Statistical Manual of Mental Disorders IV-R*
Beck, A T (1976) *Cognitive Therapy and the Emotional Disorders*. New York: International Universities Press
Beck, J (2011) *Cognitive Behavior Therapy*, 2nd edition. New York: Guilford Press
Laker, M (2012) "Specific phobia: flight", *Activitas Nervosa Superior*, vol. 45, no. 3–4
Tortella-Feliu, M, Botella, C, Llabres, J, *et al.* (2011) "Virtual reality versus computer-aided exposure treatments for fear of flying", *Behavior Modification*, vol. 35, no. 1, pp. 3–30
Tversky, A and Kahneman, D (1973) "Availability: A heuristic for judging frequency and probability", *Cognitive Psychology*, vol. 5, no. 1, pp. 207–233

Hier, j'ai conduit excessivement vite. Où avais-je donc la tête ?

Ceccato, S, Kudielka, B M and Schwieren, C (2015) "Increased risk taking in relation to chronic stress in adults", *Frontiers in Psychology*, vol. 6, p. 2036
Freud, S (1961) *The Psychopathology of Everyday Life*. Standard edition (trans. J Strachey) Vol. 21 (1927–1931): *The Future of an Illusion, Civilization and its Discontents, and Other Works*. London: Hogarth Press
Siegel, D (2013) *Brainstorm*. New York: Penguin
Van Kleef, G, Homan, A, Finkenauer, C *et al.* (2011) "Breaking the rules to rise to power", *Social Psychological and Personality Science*, vol. 2, no. 5, pp. 500–507
Zuckerman, M (1994) *Behavioral Expressions and Biosocial Bases of Sensation Seeking*. Cambridge: Cambridge University Press
Zuckerman, M (2007) *Sensation Seeking and Risky Behavior*. Washington, DC: American Psychological Association
Zuckerman, M (2008) "Personality and sensation seeking", in G J Boyle, G Matthews and D H Saklofske (eds), *The Sage Handbook of Personality Theory and Assessment. Vol. 1: Personality Theories And Models*, pp. 379–398. London: Sage

Pourquoi est-ce que je continue à regarder un feuilleton télé tous les soirs ?

Dunbar, R (2004) *Grooming, Gossip, and the Evolution of Language*. London: Faber & Faber
Dunbar, R (2004) "Gossip in evolutionary perspective", *Review of General Psychology*, vol. 8, no. 2, pp. 100–110
Kubey, R and Csíkszentmihályi, M (2002) "Television addiction is no mere metaphor", *Scientific American*, vol. 286, no. 2, pp. 74–80
White, E B (1982 [1938]) *One Man's Meat*. London: HarperCollins
Zeigarnik, B (1927) "Das Behalten erledigter und

unerledigter Handlungen" ("On finished and unfinished tasks"), *Psychologische Forschungen*, vol. 9, no. 1

Je me comporte bizarrement face aux parents de mon ami.e. Pourquoi ?

Daehnert, C (1998) "The false self as a means of disidentification", *Contemporary Psychoanalysis*, vol. 34, pp. 251–271

Goffman, E (1956) *The Presentation of Self in Everyday Life*. Edinburgh: University of Edinburgh Social Sciences Research Centre

Miller, A and Ward, R N (1997) *The Drama of the Gifted Child: The Search for the True Self*. New York: Basic Books

Miller, A (1990) *Banished Knowledge: Facing Childhood Injuries*. New York: Doubleday

Winnicott, D W (1965) *The Maturational Processes and the Facilitating Environment*. New York: International Universities Press

Winnicott, D W (1987) "Ego distortion in terms of true and false self", in *The Maturational Processes and the Facilitating Environment*. Madison, CT: International Universities Press

Pourquoi est-ce que j'achète toujours la même marque ?

Kahneman, D (2011) *Thinking, Fast and Slow*. London: Penguin

MacLean, P D (1990) *The Triune Brain in Evolution: Role in Paleocerebral Functions*. New York: Plenum Press

Kahneman, D and Tversky, A (eds) (2000) *Choices, Values and Frames*. New York: Cambridge University Press

Tversky, A and Kahneman, D (1981) "The framing of decisions and the psychology of choice", *Science*, vol. 211, no. 4481, pp. 453–458

Watson, J (1913) "Psychology as the behaviorist views it", *Psychological Review*, vol. 20, pp. 158–177

Watson, J B (1922) "What cigarettes are you smoking, and why?", *JWT News Bulletin*, pp. 1–17. JWT Archives, Newsletter Collection, 1910–2005, 1916–1922.

Watson, J B (1924) *Behaviorism*. New York: W W Norton & Co.

Watson, J (1961) "Psychologists in marketing", *Marketing and Social Research Newsletter of the Psychological Corporation*, 1958. JWT Archives, Dawkins (Colin) Papers, 1776–1986

Watson, J B and Rayner, R (1920) "Conditioned emotional reactions", *Journal of Experimental Psychology*, vol. 3, no. 1, pp. 1–14

Chapitre 3

Pourquoi je ne trouve pas l'amour ?

Fromm, E. (1956) *The Sane Society*. London: Routledge & Kegan Paul

Fromm, E (1957) *The Art of Loving*. New York: Harper & Row

Fromm, E (1976) *To Have or To Be?* New York: Harper & Row

May, R (1969) *Love and Will*. New York: W W Norton & Co.

May, R (1994 [1975]) *The Courage to Create*. New York: W W Norton & Co.

May, R (2009) "Rollo May on existential psychotherapy", *Journal of Humanistic Psychology*, vol. 49, no. 4, pp. 419–434

Plato (2001 [c. 380 BCE]) *Symposium* (trans. S. Benardete) Chicago, IL: University of Chicago Press

Pourquoi ce nouveau se montre-t-il si gentil envers moi ?

Chen, S and Andersen, S M (1999) "Relationships from the past in the present: Significant-other representations and transference in interpersonal life", in M P Zanna (ed.), *Advances in Experimental Social Psychology*, Vol. 31, pp. 123–190. San Diego, CA: Academic Press.

Erskine, R (1999) *The Psychotherapist's Myths, Dreams, and Realities*. Keynote speech from the Second World Congress for Psychotherapy in Vienna, Austria, 4 July

Fenichel, O (1945) *The Psychoanalytic Theory of Neurosis*. New York: W W Norton & Co.

Freud, S (1912) *The Dynamics of Transference*. Standard edition (trans. J Strachey), Vol. 12 (1911–1913). London: Hogarth Press

Freud, S (1955) *Studies on Hysteria*. Standard edition, Vol. 2 (1893–1895)

Nin, A (1961) *Seduction of the Minotaur*. London: Peter Owen

Comment convaincre mon ado de fille de ne pas se faire tatouer ?

Blakemore, S, Burnett, S and Dahl, R E (2010) "The role of puberty in the developing adolescent brain", *Human Brain Mapping*, vol. 31, pp. 926–933

Bruer, J T (1999) "Neural connections: Some you use, some you lose", *Phi Delta Kappan*, vol. 81, no. 4, pp. 264–277

Crews, F, He, J and Hodge, C (2007) "Adolescent cortical development: A critical period of vulnerability for addiction", *Pharmacology Biochemistry* and *Behavior, vol.* 86, no. 2, pp. 189–199

Huttenlocher, P R (1979) "Synaptic density in human frontal cortex – Developmental changes and effects of aging", *Brain Research*, vol. 163, no. 2, pp 195–205

Jensen, F and Nutt, A (2015) *The Teenage Brain: A Neuroscientist's Survival Guide to Raising Adolescents and Young Adults*. New York: HarperCollins

Siegel, D (2013) *Brainstorm*. New York: Penguin

Steinberg, L (2008) "A social neuroscience perspective on adolescent risk-taking", *Developmental Review*, vol. 28, no. 1, pp. 78–106

Je vis avec un.e imbécile...

Ainsworth, M (1985) "Patterns of attachment", *Clinical Psychologist*, vol. 38, pp. 27–29

Bowlby, J (1944) "Forty-four juvenile thieves: Their characters and home-life", *International Journal of Psychoanalysis*, vol. 25, pp. 107–108

Bowlby, J (1958) "The nature of the child's tie to his mother", *International Journal of Psychoanalysis*, vol. 39, pp. 350–373

Bowlby, J (1969) *Attachment and Loss. Vol. 1: Attachment*. New York: Basic Books

Bowlby, J (1973) *Attachment and Loss. Vol. 2: Separation Anxiety and Anger*. New York: Basic Books

Bowlby, J (1983) "Attachment and loss: Retrospect and prospect", *American Journal of Orthopsychiatry*, vol. 52, pp. 664–678

Chodorow, N (1999 [1978]) *The Reproduction of Mothering*. Berkeley and Los Angeles, CA: University of California Press

Main, M and Solomon, J (1986) "Discovery of a new, insecure-disorganized/disoriented attachment pattern", in M Yogman and T B Brazelton (eds), *Affective Development in Infancy*, pp. 95–124. Norwood, NJ: Ablex

Main, M and Weston, D (1981) "The quality of the toddler's relationship to mother and to father: Related

to conflict behavior and the readiness to establish new relationships", *Child Development*, vol. 52, pp. 932–940.
Wallin, D J (2007) *Attachment in Psychotherapy*. New York: Guilford Press
Mon couple va très bien, alors pourquoi je songe à avoir une liaison ?
Bechara, A, Damasio, H and Damasio, A R (2000) "Emotion, decision making and the orbitofrontal cortex", *Cerebral Cortex*, vol. 10, no. 3, pp. 295–307
Damasio, A (1999) *The Feeling of What Happens*. New York: Houghton Mifflin Harcourt
Damasio, A (2012) *Self Comes to Mind*. London: Vintage.
Freud, S (2001) "An infantile neurosis and other works", in *The Complete Psychological Works of Sigmund Freud*, Vol. 17. London: Vintage.
Kahneman, D (2011) *Thinking, Fast and Slow*. London: Penguin
Panksepp, J (1998) *Affective Neuroscience: The Foundations of Human and Animal Emotions*. New York: Oxford University Press
Panksepp, J (2005) "Affective consciousness: Core emotional feelings in animals and humans", *Consciousness and Cognition*, vol. 14, pp. 30–80
Solms, M and Turnbull, D (2002) *The Brain and the Inner World*. London: Karnac Books
Comment empêcher qu'il me retire de sa liste d'amis sur les réseaux sociaux ?
Ellis, A (2001) *Overcoming Destructive Beliefs, Feelings, and Behaviors: New Directions for Rational Emotive Behavior Therapy*. Amherst, NY: Prometheus Books
Ellis, A and Harper, R A (1975) *A New Guide to Rational Living*. Englewood Cliffs, NJ: Prentice-Hall
Wiener, D N (1988) *Albert Ellis: Passionate Skeptic*. Westport, CT: Praeger
Pourquoi mon chef est-il si méchant ?
Bion, W R (1961) *Experiences in Groups*. New York: Basic Books
Girard, R (1977) *Violence and the Sacred*. Baltimore, MD: Johns Hopkins University Press
Girard, R (1986) *The Scapegoat* (trans. Y. Freccero). Baltimore, MD: Johns Hopkins University Press
Garard, R (2001) *I See Satan Fall Like Lightning*. New York: Orbis Books
Jung, C G (1947) *On the Nature of the Psyche*. London: Ark Paperbacks
Jung, C G (1971 [1921]) *Psychological Types*. In *The Collected Works of C. G. Jung*, Vol. 6, 3rd edition (trans. H G Baynes). Princeton, NJ: Princeton University Press
Jung, C G (2001 [1933]) *Modern Man in Search of his Soul* (trans. W S Dell). Oxon: Routledge
Pines, M (1985) *Bion and Group Therapy*. London: Routledge & Kegan Paul
Ma famille est un cauchemar. Devrais-je couper les ponts ?
Bowen, M (1966) "The use of family theory in clinical practice", *Comprehensive Psychiatry*, vol. 7, no. 5, pp. 307–462.
Bowen, M (1985) *Family Therapy in Clinical Practice*. Lanham, MD: Jason Aronson
Bowen, M (2013) *The Origins of Family Therapy*. Lanham, MD: Jason Aronson
Friedman, E H (2007 [1999]) *A Failure of Nerve*. New York: Church Publishing Inc.
Ma moitié me ment-elle ?
Ekman, P (2003) *Emotions Revealed*, 2nd edition. New York: Owl Books
Ekman, P (2009) *Telling Lies*, 4th edition. New York: W W Norton & Co.
Goleman, D (1988) "Lies can point to mental disorders or signal normal growth", *The New York Times*, 17 May 1988
Ma chef est géniale...
Fairbairn, W R D (1946) *Object-Relationships and Dynamic Structure in an Object-Relations Theory of the Personality*. New York: Basic Books
Fairbairn, W R D (1952) *Psychoanalytic Studies of the Personality*. London: Routledge & Kegan Paul
Freud, A (1936) *The Ego and the Mechanisms of Defence*. New York: International Universities Press
Klein, M (1932) *The Psycho-Analysis of Children*. London: Hogarth Press
Klein, M (1936) "Love, guilt and reparation", in M Klein and J Riviere (eds), *Love, Hate and Reparation*. New York: W W Norton & Co.
Klein, M (1946) *Envy and Gratitude and Other Works*. London: Hogarth Press
Klein, M (1946) "Notes on some schizoid mechanisms", *International Journal of Psychoanalysis*, vol. 27, pp. 99–110

Chapitre 4
Pourquoi dis-je toujours des choses gênantes ?
Freud, S (1960) *The Psychopathology of Everyday Life*. Standard edition (trans. J Strachey) Vol. 6 (1901). London: Hogarth Press
Freud, S (1963) *Introductory Lectures on Psycho-Analysis (Parts I and II)*. Standard edition (trans. J Strachey) Vol. 15 (1915–1916). London: Hogarth Press
Norman, D A (1988) *The Design of Everyday Things* (first published as *The Psychology of Everyday Things*). New York: Doubleday
Norman, D A (1983) "Design rules based on analyses of human error", *Communications of the ACM*, vol. 26, no. 4, pp. 254–258
Reason, J (1979) "Actions not as planned", in G Underwood and R Stevens (eds), *Aspects of Consciousness, Vol. 1: Psychological Issues*. London: Wiley
Reason, J (1990) *Human Error*. New York: Cambridge University Press
Reason, J (2000) "The Freudian slip revisited", *The Psychologist*, vol. 13, no. 12, pp. 610–611
Qu'est-ce qui nous plaît vraiment dans *Harry Potter* ?
Jung, C G (1953) "Psychology and alchemy", in *The Collected Works of C. G. Jung*, Vol. 12. New York: Pantheon Books
Jung, C G (1963) *Memories, Dreams, and Reflections*. New York: Pantheon Books
Jung, C G (1968 [1948]) "The phenomenology of the spirit in fairy tales: The Archetypes and the Collective Unconscious", in *The Collected Works of C. G. Jung*, Vol. 9, Part 1. 2nd edition. Princeton, NJ: Princeton University Press.
Jung, C G (1970) *Four Archetypes*. Princeton, NJ: Princeton University Press
Kalsched, D (2013) *Trauma and the Soul: A Psycho-spiritual Approach to Human Development and its Interruption*. East Sussex: Routledge

Rowling, J K (1997) *Harry Potter and the Philosopher's Stone*; (1998) *Harry Potter and the Chamber of Secrets*; (1999) *Harry Potter and the Prisoner of Azkaban*; (2000) *Harry Potter and the Goblet of Fire*; (2003) *Harry Potter and the Order of the Phoenix*; (2005) *Harry Potter and the Half-Blood Prince*; (2007) *Harry Potter and the Deathly Hallows*. London: Bloomsbury

Winnicott, D W (1974) "Fear of breakdown", *Psychoanalytic Explorations*. Boston, MA: Harvard University Press

Je regrette d'avoir vendu cette maison.

Gilovich, T and Medvec, V H "The experience of regret: What, when and why", *Psychological Review*, vol. 102, no. 2, pp. 379–395

Hampshire, S (1959) *Thought and Action*. New York: Viking Press

Landman, J (1993) *Regret: The Persistence of the Possible*. Oxford: Oxford University Press

Perls, F S, Hefferline, R and Goodman, P (1951) *Gestalt Therapy: Excitement and Growth in the Human Personality*. New York: The Julian Press

Perls, L (1991) *Living at the Boundary: Collected Works of Laura Perls* (ed. J Wysong). Gouldsboro, ME: Gestalt Journal Press

Yontef, G (1993) *Awareness, Dialogue and Process: Essays on Gestalt Therapy*. New York: Gestalt Journal Press

Yontef, G (1995) "Gestalt therapy", in A Gurman and S Messer (eds), *Essential Psychotherapies*. New York: Guilford Press

Dois-je travailler pour le plaisir ou l'argent ?

Csíkszentmihályi, M (1990) *Flow*. New York: Harper & Row

Frank, R H (1988) *Passions within Reason the Strategic Role of the Emotions*. New York: W W Norton & Co.

Frank, R H (2016) "The incalculable value of finding a job you love", *The New York Times*, 22 July

Jex, S (2002) *Organizational Psychology*. New York: John Wiley

Maslow, A (1943) "A theory of human motivation", *Psychological Review*, vol. 50, no. 4, pp. 370–396

McClelland, D (1978) "Managing motivation to expand human freedom", *American Psychologist*, vol. 33, no. 3, pp. 201–210

McClelland, D (1987) *Human Motivation*. Cambridge: Cambridge University Press

Pourquoi j'achète toujours ce qu'il y a de plus cher ?

Ariely, D (2008) *Predictably Irrational*. New York: Harper Collins

Festinger, L (1954) "A theory of social comparison processes", *Human Relations*, vol. 7, no. 2, pp. 117–140

Plassmann, H and Weber, B (2015) "Individual differences in marketing placebo effects", *Journal of Marketing Research*, vol. 52, no. 4, pp. 493–510

Richins, M (2013) "When wanting is better than having", *Journal of Consumer Research*, vol. 40, pp. 1–18

À quoi bon ?

Frankl, V (2006 [1946]) *Man's Search for Meaning*. Boston, MA: Beacon Press

Maslow, A (1968 [1962]) *Toward a Psychology of Being*. New York: Van Nostrand

Rogers, C (1961) *On Becoming a Person*. Boston, MA: Houghton Mifflin

Rogers, C (1980) *A Way of Being*. Boston, MA: Houghton Mifflin

Van Deurzen, E (2001) *Existential Counselling and Psychotherapy in Practice*. London: Sage

Van Deurzen, E (2009) *Everyday Mysteries: Existential Dimensions of Psychotherapy*, 2nd edition. London: Routledge

Yalom, I (1980) *Existential Psychotherapy*. New York: Basic Books

Yalom, I (1989) *Love's Executioner*. New York: Basic Books

Yalom, I (2008) *Staring at the Sun*. Mountain View, CA: Jossey-Bass

Chapitre 5

Pourquoi je n'arrive pas à perdre du poids ?

Addley, E (2003) "Faking it", *The Guardian*, 10 January. Accessed online 20 November 2016: https://www.theguardian.com/film/2003/jan/10/pressandpublishing.media

BBC News (2003) "Magazine admits airbrushing Winslet", *BBC News*, 2 January. Accessed online 20 November 2016: http://news.bbc.co.uk/1/hi/entertainment/2643777.stm

Becker, A (1995) *Body, Self, and Society: The View from Fiji*. Pennsylvania, PA: University of Pennsylvania Press

Becker, A, Burwell, R, Gilman, S E, *et al.* (2002) "Eating behaviours and attitudes following prolonged exposure to television among ethnic Fijian adolescent girls", *British Journal of Psychiatry*, vol. 180, no. 6, pp. 509–514

Coleman, S E (2007) "Digital photo manipulation: A descriptive analysis of codes of ethics and ethical decisions of photo editors", *Dissertation Archive*, paper 178

Festinger, L (1954) "A theory of social comparison processes", *Human Relations*, vol. 7, no. 2, pp. 117–140

Hesse-Biber, S, Leavy, P, Quinn, C E and Zoino, J (2006) "The mass marketing of disordered eating and Eating Disorders: The social psychology of women, thinness and culture", *Women's Studies International Forum*, vol. 29, pp. 208–224

Mleyba (2015) "Photos: Great fakes", *The Denver Post*, 4 January. Accessed online 10 November 2016: http://photos.denverpost.com/2015/04/01/great-fakes-famous-doctored-photographs/#37

Matthews, J (2011) *2011 Food and Health Survey: Consumer Attitudes Toward Food Safety, Nutrition and Health*. Washington DC: International Food Information Council Foundation. Accessed online 20 November 16:
http://www.foodinsight.org/2011_Food_Health_Survey_Consumer_Attitudes_Toward_Food_Safety_Nutrition_Health

NHS Choices (2015) "Britain: the fat man of Europe", 29 December. Accessed online 20 November 2016:
http://www.nhs.uk/Livewell/loseweight/Pages/statistics-and-causes-of-the-obesity-epidemic-in-the-UK.aspx

Orbach, S (1978) *Fat is a Feminist Issue*. New York: Paddington Press

Orbach, S (1980) *Hunger Strike*. New York: W W Norton & Co.

Orbach, S (2002) *On Eating*. London: Penguin

Orbach, S (2009) *Bodies*. New York: Picador

Williams, Z (2016) "Susie Orbach: Not all women used to have eating issues. Now everybody does", *The Guardian*, 22 February.
Winnicott, D W (2002) *Winnicott on the Child*. Cambridge, MA: Perseus Publishing

J'ai peur d'évoluer dans ma carrière. Comment puis-je changer ça ?

Bowlby, J (1969) *Attachment and Loss. Vol. 1: Attachment.* New York: Basic Books
Bowlby, J (1973) *Attachment and Loss. Vol. 2: Separation Anxiety and Anger.* New York: Basic Books
Erickson, M and Rosen, S (1991) *My Voice Will Go With You.* New York: W W Norton and Co.
Erickson, M, Rossi, E and Rossi, S (1976) *Hypnotic Realities.* New York: Irvington
Hazan, C and Shaver, P R (1990) "Love and work: An attachment-theoretical perspective", *Journal of Personality and Social Psychology*, vol. 59, no. 2, pp. 270–280
Main, M and Solomon, J B (1986) "Discovery of an insecure-disorganized/disoriented attachment pattern", in T Berry and M Yogman (eds), *Affective Development in Infancy.* Westport, CT: Ablex Publishing
Panksepp, J (1998) *Affective Neuroscience.* Oxford: Oxford University Press

Comment puis-je être plus creatif/ve ?

Bohr, N (1958) quoted in Kaku, M and Thomspons, J (1998) *Beyond Einstein.* Oxford: Oxford University Press
Duch, W (2007) "Creativity and the brain", in A-G Tan (ed.), *A Handbook of Creativity for Teachers.* Singapore: World Scientific Publishing
Duch, W (2008) "Intuition, insight, imagination and creativity", *IEEE Computational Intelligence Magazine*, vol. 2, no. 3, pp. 40–52
Duncker, K (1945) "On problem solving", *Psychological Monographs,* vol. 58, p. 5
Freud, S (1960 [1901]) *The Psychopathology of Everyday Life.* Standard edition (trans. J Strachey) Vol. 6 (1901). London: Hogarth Press
Freud, S (1913) *The Interpretation of Dreams,* 3rd edition (trans. A A Brill). New York: Macmillan
Sternberg, R J and Lubart, T I (1991) "An investment theory of creativity and its development", *Human Development,* vol. 34, no. 1, pp. 1–31
Sternberg, R J and Lubart, T I (1995) *Defying the Crowd: Cultivating Creativity in a Culture of Conformity.* New York: Free Press
Torrance, E P (1983) "The importance of falling in love with something", *Creative Child and Adult Quarterly,* vol. 8, no. 2, 72–78

Parler en public, quel enfer !

Adler, A (1924) *The Practice and Theory of Individual Psychology.* London: Routledge, Trench, Trubner & Co. Ltd
Adler, A (1936) "The neurotic's picture of the world", *International Journal of Individual Psychology,* vol. 1, no. 3, pp. 3–13
Ansbacher, H (1956) *The Individual Psychology of Alfred Adler.* New York: Basic Books
Fronsdal, G (2015) *Benefits of Failure.* Podcast, 2 November. Redwood City, CA: Insight Meditation Center. Accessed online 20 November 16: http://www.audiodharma.org/talks/audio_player/6113.html
Watts, R, Peluso, P and Lewis, T (2005) "Expanding the acting as if technique", *Journal of Individual Psychology,* vol. 61, no. 4, pp. 380–387

Dois-je faire du droit, comme le veut mon père, ou créer un groupe de rock?

Aristote (1987 [350 BCE]) *De Anima (On the Soul)* (trans. H Lawson-Tancred). London: Penguin
Horney, K (1937) *The Neurotic Personality of Our Time,* 2nd edition. New York: W W Norton & Co.
Horney, K (1945) *Our Inner Conflicts.* New York: W W Norton & Co.
Horney, K (1950) *Neurosis and Human Growth: The Struggle Toward Self-Realization.* New York: W W Norton & Co.
Maslow, A (1968 [1962]) *Toward a Psychology of Being.* New York: Van Nostrand
Rogers, C (1961) *On Becoming a Person.* Boston, MA: Houghton Mifflin

J'ai du mal à gérer les moments difficiles...

Abramson, L Y, Seligman, M E P and Teasdale, J D (1978) "Learned helplessness in humans: Critique and reformulation", *Journal of Abnormal Psychology,* vol. 87, no. 1, pp. 49–74
Cyrulnik, B (2009) *Resilience.* London: Penguin
Dalgleish, T, Joseph, S and Yule, W (2000) "The *Herald of Free Enterprise* disaster: Lessons from the first ten years", *Behaviour Modification,* vol. 24, pp. 673–699
Frankl, V (2006 [1946]) *Man's Search for Meaning.* Boston, MA: Beacon Press
Hiroto, D S and Seligman, M E P (1975) "Generality of learned helplessness in man", *Journal of Personality and Social Psychology,* vol. 31, pp. 311–327
Joseph, S (2013) *What Doesn't Kill Us.* London: Piatkus
Joseph, S, Murphy, D and Regel, S (2012) "An affective-cognitive processing model for post-traumatic growth", *Clinical Psychology and Psychotherapy,* vol. 19, pp. 316–325
Scott Peck, M (1978) *The Road Less Traveled.* Delran, NJ: Simon & Schuster
Seligman, M E P (1972) "Learned helplessness", *Annual Review of Medicine,* vol. 23, no. 1, pp. 407–412
Seligman, M E P (1992 [1975]) *Helplessness.* W H Freeman
Seligman, M (2011) *Flourish.* New York: Free Press
Seligman, M E P and Maier, S F (1967) "Failure to escape traumatic shock", *Journal of Experimental Psychology,* vol. 74, no. 1, pp. 1–9
Tedeschi, R G and Calhoun, L G (1995) *Trauma and Transformation: Growing in the Aftermath of Suffering.* London: Sage
Yalom, I (1989) *Love's Executioner.* New York: Basic Books

Index

Les références aux illustrations sont indiquées en *italiques*.

accomplissement personnel 54, 56, 147, 148, 157, 176–178
acétylcholine 17–18
Accusateur (schéma d'adaptation) 24–26
achats, motivations 150–153
achèvement, besoin d' 75
adaptation, stratégies d' 24–26
addiction à la télévision 72–75
Adler, Alfred 55, 172–5
adolescence
 cerveau adolescent 69–70, 94–96
 et image du corps 161
 et séries télévisées 73–75
 et tatouages 94–97
adversité, bienfaits de l' 182–183
affirmations positives 56–58
affordance *104*, 105
agir « comme si » 174
agressivité 26, 27–29, 50–53
Ainsworth, Mary 98–99
amour 86–90
amusement et égoïsme 37–39
analyse transactionnelle 59–62
Andersen, Susan 92–93
angoisse 155, 156 *voir aussi* peur
archétypes 134–40
 archétype de l'ombre 110–13, 114, 135
 défenses archétypales 137
 magiques 134–140
argent et emploi 146–148
Ariely, Dan 20, 152
Aristote 73–74
Arnold, Magda 27–8
attachement, théorie de l' 98–102, 164–167
attention
 détournement de l' 42–45
 implicite 45
attentionnée, attitude 23–26
authentique, moi 178
autonomie au travail 147–148
« aveuglement au changement » 43
avion, peur de l' 63–66

Beck, Aaron *27*, 29, 65–66
Benedetti, Fabrizio 153
bénévolat 54–58
Berne, Eric 59–62
besoins, hiérarchie des 54–56, 146–148
biais cognitifs 63–64
Bion, Wilfred 113–114
bouc émissaire *111*, 113–114
Bowen, Murray 115–118
Bowlby, John 98–102, 164
Breuer, Josef 10
Briggs, Katharine 15, 16–17
Broadbent, Donald 42, 44

Ça (le) 11–12, 20
carences affectives dans l'enfance 61–62
célébrités, culte des 161–162
cerveau
 cerveau adolescent 69–70, 94–97
 cerveau triunique *81*, 82–83
 circuit de la COLÈRE 50–52, 53
 élagage synaptique 96–97
 et premiers liens 99
 habituation 103
 pensée créative 170
Cherry, Colin 42
choix 141–144, 156–157
clivage 123–124, 137-138
codépendance 26
cognitivo-comportementale, thérapie 66
colère : circuit de la colère 50–52, 53
communication 23–24, 59–62
comparaison avec les autres 150–152
comparaison sociale, théorie de la 150–152, 161
comportement
 bon et mauvais 37–39
 inconscient 19, 20, 22
 irrationnalité prévisible 150–153
 prise de risque 68–71
 recherche de sensations 68
concentration 42–45
conduite à risque 68–71
confiance en soi 56–58
conflit
 externe 14
 interne 14, 20–21
conformité 26
conjoint *voir* relations
contes de fées 134–135
corps, objectification du 160–162
créativité 168–171
crise de la quarantaine 46–49
Csikszentmihalyi, Mihaly 36, 72–73
Cyrulnik, Boris 183

Damasio, Antonio 31
Davis, Roger 28–29
défense morale 124–126
déni 14, 19
déplacement 14
dépression 38
désespoir 30
désirs 10–14
détachement 26
différenciation du soi 115–118
disponibilité, heuristique de 64
dissociation 137–138
dissonance 142–144
distorsions cognitives 65–66
Distracteur (schéma d'adaptation) 24–26
dopamine 17, 45, 68
 et adolescence 94–95
 et relations 103–104

dramathérapie 76–78
dramatisation 65
Duch, Wlodzislaw 170
Dunbar, Robin 74–75
Duncker, Karl 169
dynamique familiale 23–26

Eagleton, Terry 71
échec, bienfaits de l' 174–175
« effet cocktail » 42
égoïsme 37–39
Ekman, Paul 119, *120*, 121–122
élagage synaptique 96–97
Ellis, Albert 107–109
Ellis, Robert Harper 108–109
émotions 31
enfants
 dynamique familiale 23–24
 jeux 33–36
 relations avec les parents 98, 124–126
 socialisation 37–38
 théorie de l'attachement 98–102
engagement social 97
épanouissement professionnel 146–148
Erickson, Milton 167
Erikson, Erik 47–49
Erskine, Richard 91–92
estime de soi 55–56, 58
états du Moi 59–61
évaluation cognitive, théorie de l' 27–28
extravertis 15–16, 17
expressions faciales et mensonge *120*, 121–122

Fairbairn, Ronald 124–126
faire plaisir 24–26
famille
 dynamique familiale 23–26
 dysfonctionnelle 23–24
 égoïsme 37–38
 fonctionnelle 23–24
 jeux psychologiques 59–62
 relations avec la 115–118
 respect envers les parents 78–79
fantasmes 15–16
faux *self* 78, 162–163
femmes : crise de la quarantaine 47
Festinger, Leon 142–143, 150–152, 161
fidélité aux marques 80–83
Fields, Douglas 53
flow 148
formation réactionnelle 14
forme, psychologie de la *74*
Frank, Robert H. 148
Frankl, Viktor 156–157, 182–183
Freud, Anna 10, 14
Freud, Sigmund
 association libre 168–170
 développement psychosocial 119
 lapsus révélateur 130–133
 modèles relationnels 91–92, 98

principe de plaisir 11, 20–21, 54
processus inconscient 12, 19, 20, 22, 103
psychanalyse 10–14
pulsion de mort 70–71
transfert 92–93
Friedman, Edwin 117
Fromm, Erich 86
Fronsdal, Gil 174–175

Gilovich, Thomas 142–144
Girard, René 113–114
Goffman, Erving 76–78, 79
groupes 97, 113–114

habituation 103
Hampshire, Stuart 141
harcèlement au travail 110–114
Harry Potter, attrait de 134–140
Hazan, Cindy 164–166
Helmholtz, Hermann von 45
hiérarchie des besoins 54–56, 146–148
hommes : crise de la quarantaine 46–47
Horney, Karen 26, 176–98
Huttenlocher, Peter 96–97
hyperrationalité 95, 96
hypnose 10, 167
hystérie 10

idéalisation 123–126
impuissance acquise 180–181
incertitude 39
inconscient collectif 110–113, 134–135, 137
infériorité 55–56, 172–174
infractions aux règles et pouvoir 68–69
instincts primaires 51–52, 53, 70–71
interactions sociales 73–75
introvertis 15–16, 17–18

Jaques, Elliott 46–47, 49
jeu 33–36
jeux psychologiques 59–62
Jex, Steve 147
Jung, Carl
accomplissement personnel 157
archétype de l'ombre 110–13, 114, 135
archétypes 134–140
extraversion et introversion 15–17
Puer Aeternus 48, 49

Kahneman, Daniel
biais cognitifs 63–64
pensée rapide, pensée lente 52, 103, 106
Kalsched, Donald 137
King, Brian 119
Klein, Melanie 123–124
Kubey, Robert 72–73

Landman, Janet 141
lapsus 130–133
Lazarus, Richard 28
Lerner, Melvin 38–39
liberté et angoisse 155
lieu de travail
attachement 164–167
conditions de travail 147
épanouissement *vs* salaire 146–148
relations 110–114, 123–126
Lubart, Todd 171

MacLean, Paul *81*, 82–83
magiques, archétypes 134–140
Main, Mary 99–100, 164
maîtrise de soi 20
marketing : neuromarketing 82–83
Maslow, Abraham
hiérarchie des besoins 54–56, 146–148
accomplissement 54, 56, 147, 148, 157, 178
mauvaise interprétation 108–109
May, Rollo 86, 90
MBTI (Myers–Briggs Type Indicator) 15, 16–17
McClelland, David 147
mécanismes de défense 14, 19–20, 26
méditation 53, 175
Medvec, Victoria 142–144
mensonge 119–122
messages ambigus *voir* passive-agressive, attitude
métacognition 22
micro-expressions *120*, 121–122
Milkman, Katherine 20
Miller, Alice 78–79
Millon, Theodore 28–29
modèles relationnels 91–92, 98
moi (le) 11–12, 13, 20
moi idéalisé 177–178
« monde juste » 38–39
mort 47, 49, 63–66, 70–71
motivation 54–56, 146–148, 150–153
multitâche 45
Myers-Briggs Type Indicator 15, 16–17
mythes 134–140

narcissisme 69
neuromarketing 82–83
neuropsychologie *voir* dopamine ; cerveau
neurosciences et personnalité 17–18
névroses 14
Nietzsche, Friedrich 12
Norman, Donald 130
nourriture, relation à la 163
nouveauté, quête de 103–105
Nuttin, Joseph 47

objectification du corps 160–162
Ombre 110–113, 114, 135

optimisme 31, 32
Orbach, Susie 160, 161, 162–163
Ordinateur (schéma d'adaptation) 24–26
organisations : bouc émissaire 111, 113–114

Panksepp, Jaak
circuit de la COLÈRE 50–52, 53
système de RECHERCHE 51–52, 105–106, 164
systèmes primaires 50–52, 53, 105–106, 164
parents *voir* aussi famille
parent suffisamment bon 99, 124
relations avec les 98, 124–126
respect envers les 78–79
théorie de l'attachement 98–102
passive-agressive, attitude 27–29
Pavlov, chien de 80
pensée
anachronique *143*, 144
créative 170
distorsions de la 63–64
négative et positive 30–32
rapide et lente 52, 103, 106
Perls, Fritz *143*, 144
persona 110–113
personnalités, types de
Carl Jung 15–16
Erich Fromm 88–90
Myers-Briggs Type Indicator 15, 17–18
pessimisme 30–32
peur 63–66, 172–175
placebo, effet 152–153
Platon et l'amour 88–90
pleine conscience 53, 174–175
principe de plaisir 11, 20–21, 54
psychologie de la forme *74*
psychologie positive 31, 32
pensée négative 30–32
pensée positive 31
poids, perdre du 160–163
pouvoir et infraction aux règles 68–69
principe de réalité 11
prix attendu 150–152
processus inconscient 12, 19, 20, 22
procrastination 19–22
Productif 88–90
projection 14, 112–113
psychanalyse 10–14
psyché 10–14
psychothérapie existentielle 32, 154–156
psychosocial, développement *48–49*, 119
public, peur de parler en 172–175
Puer Aeternus 48, 49
pulsion de vie 70–71

quarantaine, crise de la 46–49
questions, se poser des 56–58, 66

Rationnel (schéma d'adaptation) 24–26 rationnalité 31
rationnalisation 19
réaction d'orientation 72, *73*, 75
réactions conditionnées 80–83
réalité et extraversion / introversion 15–16
Reason, James 131
récompense 103–105
aléatoire 44–45
régime 160–163
regret 141–144
relation d'objet, théorie de la 123–126
relations *voir aussi* communication ; famille
fidélité 103–106
trouver la bonne personne 86–90
jeux psychologiques 59–62
et télévision 73–75
et mensonge 119–122
perceptions du conjoint 98–102
et réseaux sociaux 107–109
modèles relationnels 91–92, 98
au travail 110–114, 123–126
représentation d'une personne marquante 92–93
réseaux sociaux
et amitié 107–109
et attention 44–45
et image du corps 161–162
résilience 180–183
acquise 180–182
risques
réels et perçus 63–66
comportement à risques 68–71
et adolescence 94–95
road rage 50–53
Rogers, Carl 178
Rowe, Dorothy 37, 38

salaire 146–148
Satir, Virginia 24–26
Schore, Allan 140
self, vrai et faux 78, 162–163
Seligman, Martin
psychologie positive 31, 32
résilience acquise 180–182
trois dimensions de la vie 58
sensations, recherche de 68
sens de la vie 154–157
Shaver, Phillip 164–166
shopping 150–153
Siegel, Daniel 69–70, 94–96
Simmons, Carolyn 39
« singe dans le cerveau » 21–22
Skinner, B.F. 44–45
soap operas, addiction aux 72–75
socialisation 37–38
solitude 88–89, 90
Solomon, Judith 99–100
souffrance 32, 157
Spitz, René 61–62
Sternberg, Robert 171
stress 181
Suppliant (schéma d'adaptation) 24–26
Surmoi (le) 11–12, 14, 20
sympathie 91–93
système de RECHERCHE 51–52, 105–156, 164
systèmes primaires 50–52, 53, 105–106, 164

téléphone et attention 42–45
télévision, addiction à la 72–75
Terrain de jeu obscur 21–22
thérapie cognitivo-comportementale 66
thérapie rationnelle émotive 107–109
Torrance, Ellis Paul 171
transactions
complémentaires *60*
croisées *61*
transfert 92–93
traumatisme et résilience 183
Treisman, Anne 42, 45
trous de mémoire 130–133
Tversky, Amos 63–64

Urban, Tim 20, 21–2

van Deurzan, Emmy 32, 155–156
van Kleef, Gerben 68–69
Verduin, Jacques 52, 53
vie, sens de la 154–157
violence 50–52, 53
voitures
conduire trop vite 68–71
et crise de la quarantaine 46–49
road rage 50–53
vrai *self* 78, 162–163

Wallin, David 101–102
Watson, John B. 80–82
Wertenbroch, Klaus 20
Wilson, Glenn 45
Winnicott, Donald 140
jeu 33–35
parent suffisamment bon 99, 124
vrai et faux *self* 78, 162–163

Yalom, Irving
sens de la vie 46, 49, 154–145
croissance post-traumatique 183

Zeigarnik, Bluma 75
Zuckerman, Marvin 68

Remerciements

Un immense merci à l'équipe d'Octopus, en particulier à Trevor Davies, Polly Poulter et Ella McLean, pour leur aide dans l'élaboration de ce livre. Merci aussi au Dr Maxine Harrison pour ses précieux conseils, à Gareth Southwell et Grace Helmer pour leurs superbes illustrations. Enfin, merci à David, Freya et à Lottie, pour leur sagesse, leurs lueurs et leur bonne humeur légendaire.